Möllenbeck/Wald (Hg.)

Christliche Philosophie?

D1727794

Thomas Möllenbeck / Berthold Wald (Hg.)

Christliche Philosophie?

Denkwege mit

C. S. Lewis und Josef Pieper

Ferdinand Schöningh

Umschlagabbildungen:
C. S. Lewis, Josef Pieper (Foto: Privatbesitz)

Bibliografische Information der Deutschen Nationalbibliothek

Die Deutsche Nationalbibliothek verzeichnet diese Publikation in der Deutschen Nationalbibliografie; detaillierte bibliografische Daten sind im Internet über http://dnb.d-nb.de abrufbar.

© 2017 Verlag Ferdinand Schöningh, ein Imprint der Brill-Gruppe
(Koninklijke Brill NV, Leiden, Niederlande; Brill USA Inc., Boston MA, USA;
Brill Asia Pte Ltd, Singapore; Brill Deutschland GmbH, Paderborn, Deutschland)

Internet: www.schoeningh.de

Einbandgestaltung: Anna Braungart, Tübingen
Printed in Germany
Herstellung: Brill Deutschland GmbH, Paderborn

ISBN 978-3-506-78480-3

INHALTSVERZEICHNIS

… und mit Josef Pieper

Vorwort

„Christliche Philosophie" steht in dem Verdacht, weder Philosophie noch christlich zu sein. Ob dieser Vorbehalt zurecht besteht, entscheidet sich an der Frage nach der Möglichkeit einer christlichen Intellektualität. Ist es wahr, dass die wirklichkeitserhellende Kraft der Philosophie in dem Maße zunimmt, wie sie durch einen Offenbarungsbezug mitbegründet ist, der sich „kontrapunktisch" zu den eigenen Möglichkeiten der Vernunft verhält? Und stimmt es, dass auf diese Weise mehr Licht auf die großen Lebensfragen des Menschen fällt, als dies im modernitätstypischen Kontext einer selbstreferentiellen Vernunft der Fall ist?

Autonomie der Vernunft und Anerkennung religiöser Überlieferungen schließen sich für Josef Pieper und C. S. Lewis nicht aus. Beide waren herausragende Zeugen einer christlichen Intellektualität, in ihren Denkwegen für jeden halbwegs gebildeten Zeitgenossen verständlich, aber gerade darin auch mit dem Potential zur Provokation wie zur Ignoranz in der akademischen Welt. Es liegt nahe, einmal zu fragen, was ihr zum christlichen Glauben hin offenes Denken charakterisiert und weiterhin zur Kenntnisnahme empfiehlt.

Die Josef Pieper Arbeitsstelle hat dazu am 4. und 5. Juli 2014 in die Theologischen Fakultät Paderborn eingeladen. Die Vorträge der Tagung zum Rahmenthema „Christliche Philosophie? Denkwege mit C. S. Lewis und Josef Pieper" werden hier mit dem gebührenden Dank an die Referenten und weitere Beiträger vorgelegt. Zu danken haben wir auch der Bank für Kirche und Caritas für die großzügige finanzielle Unterstützung der Tagung und dem Verein der Freunde und Förderer der Theologischen Fakultät Paderborn für einen Druckkostenzuschuss zur Herstellung des Bandes.

Münster/Wien November 2016

Berthold Wald und Thomas Möllenbeck

CHRISTLICHE PHILOSOPHIE?

Jörg Splett

CHRISTLICHES PHILOSOPHIEREN?

Im Disput unter Christen

Abgesehen davon, dass es in der Philosophie weniger darum geht, zu belehren als zu erinnern, liegen zu diesem Thema von mir schon einige Wortmeldungen vor [1] Neues steht also nicht zu erwarten; aber vielleicht fällt dennoch auf dies oder jenes neues Licht.

I. Vorbegriff

1. Karl Jaspers hat drei mögliche Bedeutungen des Titelworts unterschieden [2]: a) als historische Bezeichnung für das noch nicht trennende Bewusstsein eines Augustinus, Anselm, Cusanus; b) als Name für die thomistisch-scholastische Philosophie, der er freilich den philosophischen Ernst abspricht, da sie ihren Ernst im kirchlichen Offenbarungsglauben habe; c) als Kennzeichnung der abendländischen Philosophie als solcher, sofern sie im Gegensatz zur griechischen oder gar indischen und chinesischen Philosophie – von der alldurchdringenden Atmosphäre des Christlichen bestimmt ist.

Hier sei der Name enger als in der dritten und weiter als in der zweiten Bedeutung gefasst: als Bezeichnung für ein Denken, das seine geschichtliche Christlichkeit *positiv,* bejahend übernimmt, ohne sich jedoch als solches, also von sich aus, schon in den Dienst, und auf keinen Fall in die Dienstbarkeit, der Theologie zu begeben. Das heißt: ein Mensch, der Christ ist, reflektiert (methodisch-kritisch) seine Grunderfahrungen, seiner Bestimmtheit durch sein Christsein genau so bewusst wie anderer ethnischer, historischer, sozialer Bestimmtheiten seines Denkens (und ebenso, wie ein nicht-christlicher Philosoph sich seiner vielfachen, auch „weltanschaulichen" Bedingtheiten bewusst zu sein hat).

Er reflektiert mit seiner menschlichen „natürlichen" Vernunft und nach deren Prinzipien; er bezieht sich auf die Glaubensurkunden nur als auf große Dokumente menschlicher Erfahrung. Zwar darf ihm niemand verargen, dass er sie höher schätzt als die Werke eines GOETHE, SHAKESPEARE oder DOSTOJEWSKIJ, dass er sie eher heranzieht als BUDDHA oder die Upanishaden; aber er führt sie nicht als autoritatives und (wenn auch weitere: kirchliche Auslegung forderndes) „letztes" Wort Gottes (Hebr 1,1f.) in seine Argumentation ein.[3]

2. Bei PETER HENRICI finden sich sechs Grundtypen solch christlichen Denkens (1);

> „Die mittelalterliche Seinsphilosophie hat das Ineins von Glauben und Denken nicht ausdrücklich zum Problem gemacht … Man bekämpft, aus vorwiegend theologischen Gründen, die Lehre von der doppelten Wahrheit. Doch das Ineins von zwei Arten von Einsicht, das Zugleich von zwei ‚Lichtern' (*lumen rationis* und *lumen fidei*) wird selten problematisiert."[4]

(2) Auf dem Boden kartesianischer Bewusstseinsphilosophie entsteht eine deistische Philosophie des Christentums, die den Glauben (faith) mit jedem Für-wahr-Halten (belief) und die christliche Botschaft mit (der oder einer) Religion gleichsetzt. (3) Auf solche Einebnung und „Regionalisierung" folgt in KANTS Transzendentalphilosophie, der es um die Möglichkeitsbedingungen im Subjekt geht, ein Dualismus als Antwort auf die Frage nach der Koexistenz von Vernunfteinsicht und Glaube, was zur Suche nach positiven Lösungen führt. (4) Für HEGEL fallen Glauben und Denken zusammen, wobei sich im Christentum das begreifende Denken als ‚Wahrheit' religiösen Vorstellens zeigt. (5) Dagegen vertritt KIERKEGAARD den Gegensatz von Denken und Glaubensexistenz, muss indes auch den Glauben denken und tut dies negativ: als absolutes Paradox. (6) Zwischen/über Identität und Gegensatz liegt die Selbstständigkeit des Glaubens – der sich zugleich an alle wendet und dar-

um bedacht sein will. Hier fällt der Name seines Meisters: MAURICE BLONDEL.

„Die meisten Christen werden sich allerdings [hierüber] kaum je Gedanken machen" (21). Anders der philosophierende Christ. Und ihm bieten sich zwei Lösungswege an. Näherliegend erscheint eine spezifisch christliche Philosophie; doch erscheint die wie ein Zusatz, wünschenswert oder überflüssig, zum philosophischen Gesamtbau, und methodisch droht die Gefahr, das Mysterium auf seine denkbaren Dimensionen zu reduzieren. So plädiert HENRICI für eine „religiöse Philosophie" unbedingter Offenheit für das „Ganz-Andere".

3. Auf die Idiosynkrasie MARTIN HEIDEGGERS, der so etwas ein „hölzernes Eisen" genannt hat, muss man wohl nicht mehr eigens eingehen, weder auf sein (damaliges) Verständnis von Philosophie als bloßem Fragen noch auf sein Urteil, „eine denkend fragende Durcharbeitung der christlich erfahrenen Welt, d. h. des Glaubens," sei schon Theologie (auch wenn mancher theologische Kollege sich hier wiederfinden mag).

Philosophie heiße hier (ROBERT SPAEMANN) „Diskurs über letzte Fragen".[5] Oder fachlicher, wie schon gesagt: Methodisch-kritische prinzipielle Reflexion auf Grunderfahrungen. Dabei spricht „methodisch-kritisch" ihren Wissenschafts-Charakter an, meint also sie nach ihrem „Schulbegriff", dem IMMANUEL KANT ihren „Welt-Begriff" entgegenstellt.[6] Auf den Haupt- und Kernpunkt zielt „prinzipiell": auf die Was-, als Wesens- oder Wahrheitsfrage (die die Einzelwissenschaften aussparen). „Grunderfahrung" meint nichts Außergewöhnliches, sondern die „Grundierung" unseres allgemeinen Erlebens (KANT spricht von „begleiten"): dass alle Erfahrungen je unsere sind sowie Erfahrungen einer „Welt" (und darin als sie selbst: als Erfahrungen erfahren werden).[7]

Demgegenüber meint der Name „Theologie" hier weder, wie bei PLATON und ARISTOTELES, eine philosophische Disziplin noch die einzelwissenschaftliche „Durcharbeitung" von Religion und Glaube, wie es die Religionswissenschaften (unter Ausklammerung des Prinzipiellen) unternehmen, sondern Offenbarungs-, Glaubenswissenschaft.[8]

Für das Verhältnis der Philosophie zur Theologie hieße das: Sofern man, ein wenig schematisierend, Philosophie in ihrem Zug zum Prinzipiell-Allgemeinen auf geschichtliche Faktizität treffen und Theologie im Bedenken ihres geschichtlichen Faktums ins Grundsätzliche geraten sieht, eröffnet sich der Ausblick auf eine „Synthese", die das Gegenteil ein- oder wechselseitiger Aufhebung wäre, nämlich der Austausch unabschließbar weiterführenden Gesprächs. – Anders gesagt, bestimmt man (wiederum: ohne dialektische Weiterbestimmung) Philosophie als die Explikation des Reflexionsmomentes am Selbstverhältnis des Menschen, Theologie als Explikation der Reflexion seines (von JESUS CHRISTUS her eröffneten) Lebens im Gottesverhältnis, dann zeigt wieder beides sich in bleibender Differenz als untrennbar: des Menschen Selbst ist „ein Verhältnis, das sich zu sich selbst verhält, und, indem es sich zu sich selbst verhält, zu einem Andern sich verhält".[9]

II. Hegel[10]

1. In einem gewaltigen Ausgriff hat GEORG WILHELM FRIEDRICH HEGEL es unternommen, die Wahrheit des Ganzen zu denken, aufgipfelnd im Denken des Christentums als der offenbaren, absoluten Religion. Sie ist dies als Religion der Dreieinigkeit. Ursprünglich Symbol der gegensatzüberspannenden Ganzheitskraft des Lebens, ist die Trinität HEGEL zum Bild jener Identität von Identität und Nicht-Identität geworden, deren Erkenntnis alles begreiflich macht, deren Aufweis mit der Welt und diese selbst „versöhnt".

Gott ist ihm dynamische Wirklichkeit. In der Sphäre des Allgemeinen wird er vom Moment des Vaters bestimmt. Dann tritt das Moment des Sohnes hervor und treibt zur Besonderung. Aber die Kraft des Geistes umfängt auch das wirkliche Andere seiner und integriert es, so dass Gott schließlich (in besonderter Allgemeinheit und verallgemeinerter Besonderheit) erfüllte Einzelheit ist: der Geist in seiner Gemeinde. Ohne die Bildersprache des Glaubens: das Wissen seiner im Wissen des Menschen, und dies nicht als statischer Inhalt, sondern lebendigstes Leben, Prozess und Vollendung in ei-

nem: „der in sich zurückgehende Kreis, der seinen Anfang voraussetzt, und ihn im Ende erreicht."[11] – Das System im Selbstvollzug:
subsistente Philosophie.[12]

Gegen die üble Nachrede HEINRICH HEINES[13] ist zuerst klarzu-
stellen, wie ernst es HEGEL mit seinem Denken gewesen ist, und
zwar religiös-christlich nicht weniger als philosophisch. Darum verwundert es nicht, dass Christen bis heute vertreten, christliches
Philosophieren könne eigentlich nur hegelianisch sein, seit KARL
BARTHS Frage: „Warum wurde Hegel für die protestantische Welt
nicht etwas Ähnliches, wie es Thomas von Aquino für die katholische geworden ist?"[14] Genannt seien nur GÜNTER ROHRMOSER und
WOLFHART PANNENBERG.

HEGELS Begriff des Christentums war ein Hauptansatzpunkt für
die Spaltung der Hegelianer in „Rechte" und „Linke". Für die einen
bleibt bei ihm die Religion in ihrem Wesentlichen bewahrt, nur anders ausgedrückt. Für die anderen „hebt sie sich" genauso in die Philosophie „auf" wie die Kunst in die Kunstphilosophie. Kritikern, die
in dieser Fragestellung einen Übergriff auf Hegels Denken sehen, ist
entgegenzuhalten; dass er selbst „begreifen will, was ist": so hier das
christliche Credo. Das erlaubt die Frage, ob sein Gegenstand wirklich dies Credo sei und nicht ein Fehlbild.

Katholische Theologen haben ihm einen „seichten Pantheismus"
vorgeworfen; das ist unhaltbar. Doch vielleicht weniger seicht?[15]
Oder *Panentheismus,* im Sinn der Notwendigkeit von Schöpfung? –
Gott wäre nicht im mindesten weniger Gott, wenn er uns nicht geschaffen hätte – oder nach unserem Nein uns nicht Erlösung ange-
boten hätte – erst recht zu einer derart „wunderbareren Erneue-
rung". Nur solcher Freiheit gegenüber können Geist-Geschöpfe ihrerseits frei sein (sonst würden sie zusammen nur ein sachhaftunter-
personales Unum bilden).[16]

Diese Gottes-Freiheit bleibt – so selten das eigens bedacht wird –
nur in einem trinitarischen Denken gewahrt. Person nämlich sagt
Bezug. Darum merkt ROBERT SPAEMANN zu Recht an:

> „Wenn später die Neuscholastik lehrte, die ,natürliche Vernunft' kön-
> ne es zum Gedanken eines einpersönlichen Gottes bringen, so ist die-
> se Lehre unvereinbar mit dem Gedanken einer freien Schöpfung. Ein

einpersönlicher Gott hätte nämlich endliche Personen zu seinem notwendigen Korrelat."[17]
„Der philosophische Monotheismus ist daher immer ambivalent. Wenn er nicht trinitarisch wird, dann tendiert er notwendigerweise zum Pantheismus. [Womit die Absolutheit Gottes wie die Würde des Freiheits-Geschöpfs verloren wäre.] Denn der Gedanke einer einzigen, einpersönlichen Gottheit beruht auf einem Personbegriff, der seine eigenen geschichtlichen Voraussetzungen nicht mehr erinnert. Von Gott als Person war nämlich erstmals die Rede, als von drei göttlichen Personen die Rede war."[18]

2. Allerdings ist das christliche Denken nicht auf diesem Weg zur Dreieinigkeit gekommen, sondern im Nachdenken darüber, was uns in JESUS CHRISTUS geschenkt worden ist: nicht bloß ein gotterfüllter Mensch, ein Erstgeschöpf (wie die biblische Weisheit) sondern im inkarnierten Logos der Gottmensch: „Gott von Gott und Licht vom Licht." Die innergöttliche Dreieinigkeit wird in der Heilsgeschichte offenbar, und diese heißt bei den griechischen Vätern „Ökonomie" (wörtlich = Hausgesetzlichkeit).

KARL RAHNER hat dazu die berühmte Formel geprägt: „Die ,ökonomische' Trinität ist die ,immanente' Trinität und umgekehrt."[19] Da das „umgekehrt" öfters pan(en)theistisch missdeutet wird, schließe ich eine frühere Aussage an: Gott hat sich uns so mitgeteilt,

> „dass die ,immanente' Dreifaltigkeit die ,heils-ökonomische' wird und darum auch umgekehrt die von uns erfahrene ökonomische Dreifaltigkeit Gottes schon die immanente *ist*. Das will sagen, die Dreifaltigkeit des Verhaltens Gottes zu uns *ist* schon die Wirklichkeit Gottes, wie er *in* sich selbst ist: Dreipersönlichkeit."[20]

Panentheistisch indes ist HEGELS Auffassung dieses Geheimnisses: Die Logik könne man als „Darstellung Gottes" vor der Schöpfung verstehen (WW 5, 43). In Gott selbst gibt es Differenzen, Gegensätze. Im Übergang von der Logik zur Naturphilosophie treten sie aus ihm heraus. Und in der Vorrede zur Phänomenologie heißt es, dass ohne den Fortgang zu Schöpfung und Inkarnation das Leben in Gott (in der Werkausgabe „Reich des Vaters" genannt, „Reich des Sohnes" meint den Bogen von der Schöpfung bis zum Kreuzesgeschehen, mit Ostern beginnt das „Reich des Geistes"), dass also die rein immanente Trinität ein bloßes Spiel ohne Ernst wäre.[21] Ernst wird es erst durch dies ihr „immanentes Hinausgehen" (Enz. § 81: WW 8, 171).

3. Zudem konzipiert HEGEL – nicht versehentlich, sondern in bewusster Korrektur der Dogmatik – das innergöttliche Selbst-Verhältnis derart, dass das Eine, das Subjekt, sich objektiviert. Religiös gesagt: Der Vater entlässt aus sich den Sohn. Zugleich erkennt er sich in ihm. Und damit wird die Zweiheit zur Geistes-Zweieinheit, nicht als Drittes zu den Zweien, sondern eben ihr Eins: Identität von Identität und Nicht-Identität. Eigens spricht HEGEL an, dass es auf die Zahl nicht ankommt: Dreiheit, Vierheit, (FICHTESCHE) Fünfheit. Die Grundstruktur ist jedenfalls Zwei-Einheit.[22]

Zwar drängt die sich auch in der Tradition des Trinitätsdenkens immer wieder auf. So heißt es vom Geist, er sei das Band, die Gabe, der Kuss, die Liebe zwischen Vater und Sohn, statt dass er selbst liebt und geliebt wird. Gefördert wird dies durch die Verletzung des Bilderverbots in der Darstellung des Vaters: nach trinitarischen Dreiergruppen und Illustrationen zu Ps 110 im Westen vor allem beim gerühmten „Gnadenstuhl". Dreifaltigkeit: ein alter, ein junger Mann und eine Taube.[23] Aber der Glaube gilt der Dreieinigkeit, nicht dem Einssein zweier. Und schon gar nicht geht es um Subjekt-Objekt, die sich im Erkennen einen.

Darauf ist nicht nur deshalb zu insistieren, weil es die Wahrheit ist, sondern weil allein auf diese Weise Viel-Einheit derart gedacht wird, dass in der Einheit zugleich echte Gegenüber-Vielheit bleibt. Die Formel Viel-Einheit nämlich hebt die Vielheit in die Einheit auf. So ist Gedachtes mein Objekt – in mir. Es hat, in der bedenkenswerten mittelalterlichen Terminologie (die wir inzwischen in ihr Gegenteil verkehrt haben), zwar ein *esse obiectivum*, doch kein *esse subiectivum*, will sagen: es ist nur (mein) Objekt, nicht zugleich Subjekt eigenen Seins. – Wären wir also bloß Gedanken Gottes, dann wären wir zwar nicht einfachhin Er, stünden indes auch nicht wirklich Ihm gegenüber. – Die einzige Weise, wie es Einheit als Gemeinsamkeit von bleibend Zweien geben kann, ist das Begegnen von Personen.

4. Da nun im Denken (anders als in Mythen) nicht vom Ich-Du, oder besser: Du-Ich ausgegangen wird, sondern von Subjekt-Objekt, liegt in der Philosophie seit je die fast unüberwindbare Versuchung zum Einheits-Denken. Das reine Einheits-Denken aber ist eigentlich (und der eigentliche) Nihilismus. Heißt Nihilismus doch nicht, es gebe nichts (was dann ja niemand sagen könnte), sondern: Mit den Unterschieden sei nichts („eh alles gleich, egal").

Beim Entfallen aller Unterschiede bleibt nur das Eins. Und es ist dann „eines", ob man es die Fülle nennt oder Leere: leere Fülle, völlige Leere. (So ist Weiß, sei's farblos, sei es alle Farben.) Und dies droht dem Denken, weil es Subjekt-Objekt-Einung im Subjekt ist.

Im Wollen geht demgegenüber das Subjekt ins Objekt über. Das hat bezeichnende Konsequenzen: Schmutz z.B. als schmutzig erkennen ist sauber; Schmutz als Schmutz wollen beschmutzt. Daraus ergibt sich bzgl. Gottes die These der geistlichen Lehrer, dass wir Ihn nur auf unsere Weise zu denken vermögen, unter seinem Niveau, ihn aber lieben können über uns hinaus.

Was ist nun bei Person-Begegnung anders als beim Subjekt-Objekt-Gegenüber? Das Eins ist ein *Mit-Eins*, Miteinander. Zwei als solche aber sind nicht „mit", sondern gegen-über, jeder ein Ich auf das Du hin, Du für dies Du. *Mit* sind zwei erst im Blick auf Drittes, den Dritten. – Zunächst jedoch schon zum Du-Gegenüber stellt sich eine Alternative: Ist der Andere dem Ich ein Du oder ein anderes Ich (alter Ego)? Was damit gemeint ist, wird klarer im Licht einer anderen Frage: ist grundlegende geistige Aktivität das Erkennen oder das Lieben? – Hegels Denken in Frankfurt hat durchaus an der Liebe seinen Weg gefunden. Gott ist die Liebe – „aber Geist ist tiefer".[24]

> „Geist, *Liebe* Anschauung seiner im Anderen, diese *unmittelbare* Identität, daher in Form des *Gefühls* ausgedrückt dies *Anschauen* selbst; aber dies Anschauen, *diese Identität* ist nur als in der unendlichen Differenz (*bloße Empfindung* tierische Liebe – und *nachher* Verschiedenheit), aber Wahrheit nur *als in der Unterschiedenheit*, Reflexion in sich, Subjektivität, wahrhafte Unterscheidung gesetzt der Unterschiedenen; so ihre Einheit *Geist*. Anschauung dieser Einheit; z. B. Dichter, der seine Liebe besingt – nicht nur liebt, sondern sie *sich zum Gegenstand macht*; dies Geist: die Liebe wissen, *sich* in der Liebe."[25]

Ich stimme HEGEL zu, dass bloße Empfindung nur eine brüchige Hülle über unüberbrückbarer Fremdheit wäre, dass wahre Einheit Anerkennung von „Alterität" verlangt. Aber das Du soll anerkannt werden, nicht die eigene Liebe. Das Bild vom Dichter ist ein kleines einmaliges Beispiel, und noch dazu in der Dreieinigkeitslehre, in der es ja eine Person der Liebe gibt. Dennoch scheint mir hier eine Grundentscheidung Hegelschen Philosophierens sichtbar zu werden: Aufhebung der Liebe ins Erkennen hinein. (So schreibt er auch zu Beginn seiner religionsphilosophischen Vorlesungen, das höchste Gebot des Christentums sei, Gott zu erkennen,[26] während tatsächlich das Doppelhauptgebot von Liebe spricht.)

Liegt nicht darin der Grund, dass Gott nur in zwei Personen subsistiert und schließlich eigentlich nur in einer? Und liegt hier nicht auch der Grund für die Notwendigkeit seines Handelns? Denn im Erkennen regiert die Notwendigkeit. Man kann nur erkennen, was ist, in Unterwerfung unter die Realität. Im Erkennen wird die Realität als Bild (species) ins Subjekt aufgenommen („angeeignet"). Darum ist hier auch nicht vom Anderen die Rede, sondern von Widerspruch und Identität, von Ich und Nicht-Ich.

5. Andersheit wird als Widerspruch gedacht, als „Nicht". So dass Versöhnung nur als Aufhebung geschieht. Wie aber, wenn der Andere statt ein Nicht-Ich ein Du ist? Wenn also nicht vom Ich als Maß(stab) auszugehen wäre? – Dann würde sich alles umkehren. Ich hätte nicht nur den Anderen nicht als anderes Ich oder Nicht-Ich zu erkennen, sondern auch mich selbst nicht als Ich, vielmehr als Du, sein Du. – Ein Du anerkennen heißt in der Tat stets, selber dessen Du sein wollen.

So ist Andersheit anstatt ein Widerspruch die positive Gegebenheit von Mit-sein. Erst innerhalb ihrer wäre zwischen richtigem und falschem Bezug zu unterscheiden. Nicht wie bei Hegel, wo Andersheit als Negation ihre äußerste Ausprägung im Tod und im Bösen erhält. Demnach fehlt der Andersheit ihr voller Ernst, solange sie sich nicht als Bosheit realisiert. Als wäre nicht gerade Liebe der Ernstfall anerkannter Andersheit! Hier wird der Andere in seiner Andersheit als er selber bejaht; ohne dass er aneignend ins Ich hineingeholt würde noch umgekehrt dies sich in ihm finden wollte: „mein Selbstbewusstsein in ihm."

Wird jedoch Andersheit nicht im Licht solcher Liebe gesehen, dann besagt sie Widerspruch, und dessen Radikalgestalt ist – wir kommen auf die obige Alternative zurück – der Tod, nein: das Böse. Es ist die „Existenz des Widerspruchs",[27] „ein Zustand, der nicht sein soll, d.i. der aufgehoben werden soll, – aber [und damit stehen wir im Kernbereich meiner Hegel-Kritik] nicht ein solcher, der nicht eintreten soll: er ist eingetreten, indem Bewusstsein der Mensch ist."[28] Wie aber soll das Böse aufgehoben werden? Leid und Schmerz sind aufhebbar; der biblische Ausdruck dafür heißt „Verklärung". Das Böse verklären hieße, es potenzieren. Und leider bewegen wir uns damit nicht etwa bloß in akademischen Gedankenspielen. Es geht vielmehr um ein gängiges Missverständnis der gefährlichen Osternacht-Formel „felix culpa".

Das Böse ist keineswegs nur das, was nicht bleiben, sondern das, was nicht sein soll, überhaupt nicht und unter keiner Bedingung. Auch wenn es geschehen ist, hätte es niemals geschehen dürfen; und dies gerade nochmals dann, wenn es vergeben wurde. Denn zu was macht der Schuldige diese Vergebung, wenn er dem, der nicht auf seinem Recht besteht, erklärt, eigentlich habe er ihm für die Ermöglichung seiner Vergebung dankbar zu sein?

6. Meine Kernfrage an HEGEL ist also negativ die nach seiner Umdeutung des Bösen, anderseits die nach einem *positiven* Begriff von Vielheit/Andersheit, verbunden mit der These, dass ein solcher letztlich nur in Personal-Kategorien möglich ist. Und zwar derart, dass das personale Subjekt sich selbst als Zweiten (Anderen) denkt, als Du, als angeblickt. Noch deutlicher: als bejaht, sich verdankend. (Der Sohn verdankt sich dem Vater, doch der Vater verdankt sein Vater-sein zugleich dem Sohn.) Derart bedeutet Seinsvollzug Sich-Verdanken, Sich-Entgegennehmen. Das aber scheint Hegel völlig fremd zu sein. (Und ist es dies nicht der ganzen metaphysischen Tradition?)

SCHELLING kritisiert an HEGEL, dass er – in negativer Philosophie – nur die notwendigen Strukturen des Wie denke. Das sei in einer positiven Philosophie des Dass zu ergänzen und zu übersteigen: in einer Philosophie der Freiheit. Hier gibt es keine Antworten auf das Warum. (So kann man fragen und vielleicht angeben, warum jemand verliebt sei; nicht aber, warum er liebt.) Im Strukturdenken der Wissenschaft steht das Wissen aus Gründen über dem des bloßen Dass. Im Personalen bekommt das „Warum?" eine neue Bedeutung, die reinen Staunens und Dankens: „Was ist der Mensch, dass Du an ihn denkst?" (Ps 8) „Wer bin ich, dass die Mutter meines Herrn zu mir kommt?" (Lk 1,43) Demgemäß ist die positive Philosophie narrativ. Die Philosophie der Offenbarung erzählt von Unbegreiflichem (während HEGEL das religiöse Vorstellen ins Begreifen aufhebt). So knüpft SCHELLING bei ANSELM an: Credo ut intelligam. Ich glaube, und will dann verstehen. Wohlgemerkt: Verstehen, nicht begreifen. Gerade die Unbegreiflichkeit des Unbegreiflichen immer besser verstehen. (Das ist ja auch ein Dienst der Kunst: uns mit der je eigenen Fremdheit der Dinge zu konfrontieren und sie aus unserm Begriffen- und Eingeordnethaben zu befreien.)

Allerdings klingt es bei SCHELLING immer wieder theosophisch fremdartig, und bei allem Willen zur Realität bleibt er doch im Denken-über-sie. Man kennt SØREN KIERKEGAARDS anschauliche Kritik, der ihn in Berlin hören wollte und dann die Erfahrung machte, dass es mit der „Wirklichkeit" bei Philosophen so sei wie mit dem Schild „Hier wird Wäsche gemangelt" im Schaufenster eines Trödlers. Betritt man mit seiner Wäsche den Laden, ergibt sich, dass hier nur dies Schild zum Kauf steht.[29]

III. Christus-Philosophie – christliche Weltanschauung

1. „Im üblichen Wortsinn existiert eine ‚christliche Philosophie' so wenig wie eine christliche Physik", schreibt MAURICE BLONDEL in seiner berühmten *Lettre* von 1896.[30] Offenbar verstand man damals „üblicherweise" unter christlicher Philosophie Gedankengänge, die eher fromm als streng waren. Reflexionen – ähnlich wie heute Konzepte innerbetrieblicher Umstrukturierung oder neue Werbemaßnahmen „Philosophie" genannt werden – , die zudem weniger die

Sache des Denkens als den hilfsbedürftigen Leser im Auge hatten: gut gemeint.[31] Anderseits wäre Philosophie, auch und gerade strenge Philosophie, durchaus von Physik zu unterscheiden. Diese ist – unter Aussparung alles Subjektiven – exakt, so dass es im neuzeitlichen Wortverständnis schlechthin unsinnig wäre, von christlicher Physik zu reden, nicht anders als von deutscher oder männlicher ...[32] Im wirklichen Philosophieren jedoch ist der Mensch als ganzer engagiert; hier bekommen solche Adjektive Sinn – über den diskutiert werden kann. BLONDEL aber dürfte wohl jene „spezifisch christliche Philosophie" im Auge haben, der HENRICI oben (I. 2.) die „offene religiöse" vorgezogen hat.

Andererseits begegnet uns ein christliches Denken, das sich ausdrücklich als „CHRISTUS-Philosophie" präsentiert.[33] XAVIER TILLI-ETTE nimmt aus einem monastischen Briefwechsel des Mittelalters das Programmwort auf: „philosophia Christus". „Christus ist unsere Philosophie, wir haben keine andere Philosophie als Christus."[34] Dann stellt er das „Beispiel Pascals" vor: „Seine Apologetik stützt sich vor allem auf die Offenbarung und den Glauben, ist jedoch an den Ungläubigen, den Freidenker gerichtet, den sie demnach dort abholen muss, wo er steht" (36). Die nächsten Zeugen sind HAMANN Und KIERKEGAARD, schließlich SIMONE WEIL. In ihrem Schreiben an den Dominikaner ALAIN-MARIE COUTURIER fragt sie (eher rhetorisch), ob im Brief eines Bischofs MELITON an MARK AUREL der Ausdruck „unsere Philosophie" nicht bedeute: unser Logos, CHRISTUS.[35] Und immer wieder kommt Blondel zur Sprache, vor allem sein „Christismus".[36] HENRICI spricht „Unsicherheiten und offene[] Fragen" an:[37]

> „Wie der Panlogismus Hegels, so eröffnet auch der Panchristismus Blondels dem philosophischen Denken eine neue Dimension des Begreifenkönnens. Aber er öffnet diese Dimension nicht als eine Dimension des Denkens selbst, sondern sozusagen außerhalb seiner, indem er das Denken sich selbst und seine Denkgesetze auf etwas wirklich ‚Anderes' hin übersteigen läßt" (109).[38]

Ähnlich den Glauben als Basis nimmt ALVIN PLANTINGA. OLIVER WIERTZ verdeutlicht das in Kürze an seiner Stellungnahme zum seinerzeit statuierten Verifikationsprinzip des logischen Positivismus:[39] Christliche Philosophen hätten

„folgendermaßen argumentieren sollen: Aussagen wie ‚Gott ist allmächtig' sind wahr und deshalb bedeutungsvoll. Wenn solche christlichen Aussagen bedeutungsvoll sind, muss das Verifikationsprinzip falsch sein. Also ist das Verifikationsprinzip falsch" (58).

Haben wir es hier mit einem Theologie- und Philosophieverständnis aus reformatorischer Tradition zu tun (an evangelisch-theologischen Fakultäten hierzulande gibt es keine Philosophen), so zeigt sich Verwandtes auch im katholischen Feld.

2. TILLIETTE:

„In *Der Herr* betont Romano Guardini ähnlich wie Max Scheler die Notwendigkeit einer unmittelbar an Christus anknüpfenden Philosophie. Zweifellos ist es dieselbe Philosophie, die ein neuerer Kierkegaard-Interpret im Auge hat, wenn er bei Kierkegaard eine unmittelbar durch Christus bestimmte Philosophie verwirklicht sieht"[40]:
„Gott ist nicht so, wie wir uns aus eigenem Erfahren und Denken das höchste Wesen vorstellen […] Gott ist vielmehr so, wie Er in der Auferstehung [und Himmelfahrt Christi] erscheint. [...] Und von dorther gilt das auch für unseren Blick auf den Menschen."[41]
„Worin besteht etwa die christliche Bildung des Denkens? Zuerst lebt der Mensch mit seinen Gedanken in der allgemeinen Welt und nimmt als Maßstab für sie die Erfahrung der Dinge und die allgemeinen Regeln der Logik. Danach beurteilt er, was ist und was sein kann. Sobald er auf Christus stößt, zieht sich eine Entscheidung zusammen: ob er auch Diesen nach den allgemeinen Gesichtspunkten beurteilen will? [… Entschließt er sich, christlich zu werden,] dann beginnt eine ans Tiefste greifende Umformung. Sie kann beunruhigend, ja beängstigend werden; wie ein Durchgang durch Ratlosigkeit und dunkle Enge. […] Im Maße aber das Denken ausharrt, erfährt es […], dass Er wirklich – der Leser möge die philosophischen Ausdrücke zulassen; denn wenn gezeigt werden soll, daß Christus der Herr von Allem ist, muss auch gesprochen werden können, wie es jeweils nötig ist – die Kategorie ist, die alles begründet; das Koordinatensystem des Denkens, in dem alles seine Wahrheit erhält" (ebd. 570f.)

Schon hier sei angemerkt, dass vom Denken die Rede ist, nicht von Philosophie und Theologie (der Gebrauch eines philosophischen Terminus wird eigens angesprochen). ROMANO GUARDINI vertrat, dank einer Anregung MAX SCHELERS, an der philosophischen Fakultät Berlins sein Konzept christlicher Weltanschauung:

„Weltanschauung ist das Bild der Welt, wie es sich zeigt, wenn diese von der Offenbarung her gesehen wird; der Zusammenhang jener Klärungen, welche die unmittelbaren Weltprobleme aus der Offenbarung empfangen – umgekehrt meint sie den Inbegriff jener Antworten, zu denen die Offenbarung durch die Fragen der Welt veranlasst wird."[42]

Seit dem Zweiten Vatikanum und seiner Pastoralkonstitution *Gaudium et Spes* über „die Kirche in der Welt von heute", wird man diese Aufgabenstellung wohl der Theologie selbst zuordnen müssen. Die Konfrontation von Offenbarungsaussagen mit der Welt- und Zeitwirklichkeit – nicht nur im Allgemeinen, sondern auch in ihren unableitbar konkreten Gestalten – ist selbst noch eine wichtige Aufgabe der Kirche, ihres Amtes und ihrer Theologen, wenn auch die wissenschaftstheoretische Problematik dieses Sachverhalts noch manche Frage aufgibt. Ja, im Grunde konkretisiert sich hier nur jene Begegnung von Offenbarung und Welt (von Gnade und Natur zuletzt) aus der überhaupt Theologie entstanden ist und als welche Theologie besteht und lebt.[43]

„Weltanschauung" wäre demgegenüber eher als eine Art ursprüngliche Auslegung (Interpretation) von Welt zu verstehen. Sie ist dann eine apriorische Weise unseres Weltverhältnisses; doch nicht als schlechthin unveränderlicher Rahmen, da sie auch aposteriorische Komponenten enthält: Einzelerfahrungen und -entscheide vermögen sie jederzeit zu beeinflussen und sie wesentlich umzugestalten. In diesem Sinn gäbe es christliche Weltanschauung(en), gekennzeichnet durch eine gewisse Ursprünglichkeit, die sie vom wissenschaftlich ausgeformten *Weltbild* wie von der prüfend-fragenden Reflexion der *Philosophie* ebenso unterschiede wie von einer explizit theologischen Beschäftigung mit Gegenwartsfragen, der Kunst oder Literatur im Allgemeinen oder etwa mit der Weltsicht im Besonderen eines HÖLDERLIN, RILKE, PAUL CELAN oder MARK ROTHKO, BARNETT NEWMAN, EDUARDO CHILLIDA.

Demgegenüber wurden eingangs Philosophie und Theologie – prinzipiell jedenfalls – ganz klar unterschieden. Für die Theologie als Glaubenswissenschaft liefert die Offenbarungsbotschaft die *Prämissen* ihrer Arbeit und den Boden ihres *Begründens*. Die Philosophie ihrerseits ist zwar niemals voraussetzungslos; doch unterwirft sie alle Voraussetzungen eines Philosophierenden ihrer Selbst-Kritik. Die Offenbarungsurkunden sind ihr menschliche Dokumente, nicht Gottes Wort. – Und „christliche Philosophie"? – Ein Philosophieren, zu dessen *Präsuppositionen* das Christentum zählt, in dem das Christentum zwar keine Begründungen liefert, doch ein *Entdeckungsfeld* für Fragen und Probleme bildet. Es bedeutet darum keine Kritik an GUARDINI, wenn hier seine Arbeit als Theologie rubriziert wird. (So waren auch die beiden ersten Inhaber des GUARDINI-Lehrstuhls in München Theologen. Eine Verschiebung in Richtung Kulturtheorie brachte HANS MAIER ein. Nach dessen Emeritierung beginnen Schritte zur Aufhebung in Religionswissenschaft. Dafür gibt es seit 2005 in Berlin eine GUARDINI-Professur für Religionsphilosophie und Katholische Weltanschauung.)

Nehmen wir also Philosophen, genauer: akademische Lehrer der Philosophie[44] in den Blick, die zugleich für explizit christliches Philosophieren stehen.

IV Edith Stein und Josef Pieper

1. EDITH STEIN behandelt die Frage ausführlich in der Einleitung zu ihrer großen Untersuchung *Endliches und Ewiges Sein*.[45] Im Ausgang von dem *status quaestionis*, dass die Kirchenväter das Christentum selbst als ihre Philosophie bezeichnet haben; dass man „sprachüblich" das mittelalterliche Philosophieren so nennt, und dass es Versuche gab und gibt, auch den Glauben als Erkenntnisquelle zu benutzen, womit man indes aus thomistischer Sicht zum Theologen wird.

JACQUES MARITAIN hat vorgeschlagen, von einem „christlichen Zustand" der Philosophie zu sprechen. E. STEIN sieht als Aufgabe der Philosophie die Klärung unseres Erfahrens „bis auf die letzten erreichbaren Gründe" (20). Dies geschieht als Untersuchung von Sein und Seiendem als solchem: in der Metaphysik. – Und deren christlicher Zustand? – 1. Gnadenhafte Reinigung des (Geistes des) Philosophierenden (22), 2. Empfang nicht entdeckter Begriffe wie „Schöpfung".

> „Wenn der Philosoph seinem Ziel, das Seiende aus seinen letzten Gründen zu verstehen, nicht untreu werden will, so wird er durch sei-

nen Glauben genötigt, seine Betrachtungen über den Bereich dessen hinaus, was ihm natürlicherweise zugänglich ist, auszudehnen" (23).

Wie Philosophen für die Naturdinge die Naturwissenschaften befragen, sollten sie für göttliche Dinge zu den Theologen gehen – ohne dass dadurch ihre Philosophie zur Theologie würde. Als Philosophie vielmehr sieht sie sich vor neue Aufgaben gestellt: Der Schöpfungsgedanke führt zur Distinktion von Wesen und Dasein, die Botschaft von Inkarnation und Trinität zu der von Natur und Person, die Eucharistie-Lehre zu der von Substanz und Akzidens.

Soweit folgen auch Thomisten. Aber STEIN geht weiter: Bei philosophischen Fragen ohne natürliche Antwort (z. B. der „nach dem Ursprung der menschlichen Seele" – 25), kann man eine Antwort vom Glauben entgegennehmen. Das ist dann „nicht mehr *reine* und *autonome* Philosophie. Es scheint mir aber nicht berechtigt, sie nun als Theologie anzusprechen." Allerdings muss sie auf Einsichtigkeit verzichten. „Was aus der Zusammenschau von Glaubenswahrheit und philosophischer Erkenntnis stammt, das trägt den Stempel der doppelten Erkenntnisquelle, und der Glaube ist ein „dunkles Licht". STEIN übernimmt ERICH PRZYWARAS Formulierung, dass die Philosophie „durch Theologie, nicht *als* Theologie" vollendet werde (26).[46]

2. Ähnlich argumentiert JOSEF PIEPER: Statt ein christliches Philosophieren als Un-Philosophie zu verdächtigen, hätte man eher umgekehrt vom „Dilemma einer Philosophie" zu sprechen, „die weder Mythos noch Theologie kennt, und die dennoch, noch immer, das zu sein beansprucht, was Pythagoras-Platon-Aristoteles ‚Philosophie' genannt haben."[47]

Als Schüler des AQUINATEN denkt er zuerst an die mittelalterliche Philosophie: „eine nicht nur von Mönchen und Klerikern betriebene, sondern auch von der Theologie her thematisch bestimmte" (2, 431). –

„Die Bauform ‚christlicher Philosophie' kann im Ernst nur erörtert werden, wenn eine Voraussetzung als gültig angenommen ist, die hier nur namhaft gemacht, aber nicht diskutiert werden wird. Es ist die Voraussetzung, dass in Christus dem Menschen eine Auskunft zuteil geworden ist, die das Ganze der Welt und das des Daseins betrifft und also, laut Definition, den Philosophierenden angeht und die außerdem kraft eines übermenschlichen Wahrheitsanspruchs gilt" (ebd.).

Und das ist nicht bloß historisch, sondern grundsätzlich gemeint (Bd. 3 der Werkausgabe trägt den Titel „Schriften zum Philosophiebegriff"): Den Ausgangspunkt bildet die PYTHAGOREISCHE und SOKRATISCH-PLATONISCHE Unterscheidung zwischen dem Namen des Weisen (sophos), der eigentlich den Göttern vorbehalten sei, und dem des erotischen Liebhabers der Weisheit (philosophos), der aus ist auf das, was er nicht hat (3, 52f.). Was aber damals der Mythos war, auf dessen Überlieferung man sich bezog – und heute sich wohl indische Denker beziehen würden – , das kann man in der westlichen Zivilisation nur noch von Christen erfahren, „während der säkularisierte moderne Europäer und Amerikaner weder weiß, was ‚Weisheit in den göttlichen Dingen‘ exakt bedeutet, noch wo und bei wem sie etwas anzutreffen wäre" (3, 304).

Allerdings gibt es heute Philosophien [„nachmetaphysisch"], die ausdrücklich nicht mehr Philosophie im Sinn der Tradition sein wollen [ähnlich wie im Feld der Kunst]. „Sehr viel schwerer ist es, festzulegen, wann eine Philosophie ‚christlich‘ bzw. ‚nicht-christlich‘ genannt werden muß." PIEPER verweist auf Elemente aus der Glaubenstradition bei dem angeblich rein neuen Denkansatz DESCARTES‘ oder bei KANT. Schließlich SARTRE: Sein Nein zum christlichen Schöpfungsbegriff hätte ein Gorgias nie verstanden. „Man muss offenbar Christ sein, um Sartre lesen zu können."

Erst bei konsequent durchvollzogener Absage an das Programm „credo ut intelligam" käme es zu einer wirklich nicht-christlichen Philosophie. Allerdings würde damit der Titel „Philosophie" selber zur Absurdität. Oder (307) „sollte es nicht absurd sein, das ausdrückliche Absehen (disregard) von Weisheit ‚Suche nach Weisheit‘ (philo-sophia) zu nennen?"

So stellt es sich freilich nur für Christen dar, nicht für Leute, die schon im bloßen Begriff des Gott-Menschen einen Widersinn erblicken, von der „Torheit des Kreuzes" zu schweigen. Und selbst Christen werden widersprechen: „Credo quia absurdum" lautet die lang- wie weitüberlieferte Paraphrase eines Absatzes bei TERTUL-

LIAN. Mit anderen Worten: Wäre nicht deutlicher zwischen natürlichen und übernatürlichen Wahrheiten zu unterscheiden? – Und verlangt das Philosophieren zwingend die *Hinein*nahme von Offenbarungswahrheiten oder würde sie ihrer Offenheit auf das Ganze nicht ebenso – oder gar deutlicher – dadurch gerecht, dass sie sich ausdrücklich auf diese hin übersteigt? Tatsächlich finden wir das auch bei PIEPER selbst, so am Schluss eines Aufsatzes über die Hoffnung (7, 367):

> „Das heilige Buch der Christenheit hat auf jene Frage nach dem Grund unserer Hoffnung in der Weise der Verneinung geantwortet. Ich weiß sehr wohl, dass ich – nicht anders übrigens als der auf den Mythos zurückgreifende Platon – die dem Philosophierenden gesetzte Grenze überschreite, wenn ich dieser Antwort das letzte Wort gebe. Sie besagt, daß Glaube wie Hoffnung nichtig seien, ‚wenn Christus nicht auferstanden ist‘."

Wie bei E. STEIN begegnet (3, 147) der Hinweis auf den Naturphilosophen, der nicht Physiker wird, wenn er auf physikalische Erkenntnisse zurückgreift. Dass Philosophieren und Glauben keine Gegensätze sind, wie PIEPER gegen JASPERS zeigt (der ja seinerseits – Anm. 33 – einen „philosophischen Glauben" vertritt), muss nicht erörtert werden. Aber wäre nicht deutlicher zu unterscheiden zwischen der Aufnahme von Fakten (die dann philosophisch diskutiert werden) und dem Griff nach Offenbarungen, die als Argumente der Antwort eingesetzt werden?

Dass er mit dem Rückgriff nicht schon Theologe werde, begründet PIEPER damit, dass Theologie „nicht etwas Primäres" ist, sondern „die menschliche Bemühung, dieses Überlieferte zu interpretieren" (6, 298). Die Bestimmung ruft natürlich nach Präzisierung; denn interpretiert werden die heiligen Texte sowie lehramtliche Erklärungen zu ihnen durch jegliche Lektüre, theologisch, philosophisch, religionswissenschaftlich; zustimmend oder kritisch. Doch hier greift nun PIEPER zu einem Wort, das hilfreich weiterführt: Platonisch philosophieren könne man nur „von einem theologischen Kontrapunkt her", also *kontrapunktisch*.[48] – „Noch einmal: wir treiben nicht Theologie, sondern wir greifen zurück auf die Auskunft der Theologie" (6,298). – Und das sei so wenig kritisiert wie zuvor die theologische Weltanschauungslehre GUARDINIS. Demgegenüber jetzt, nach unserem Weg vom Vorbegriff an, mein eigener Vorschlag:

V. Also: Christliche Philosophie

1. Verwunderlich, dass etwa OTFRIED HÖFFE – zudem im Kontext der Einforderung verlorener Fragen – von jüdisch-christlicher Philosophie meint, sie sei „eingeengt" und nicht auf „interkulturelle Gültigkeit" verpflichtet[49] – gegenüber einer „Philosophie *tout court*". Als könnte es diese – nicht bloß, definitionsgemäß, ohne theologische *Prämissen, sondern obendrein präsuppositions*frei, also ohne Standpunkt, wirklich geben, und als griffe nicht (wie etwa beim Projekt „natürlicher Religion") bereits das Bemühen darum „zu kurz". Wie, wenn das Denken hier, statt eingeengt, entbunden würde?[50]

Im Übrigen ist die Grunderfahrung des Glaubens bislang kaum wirklich (denk)formbildend geworden. MAX SCHELERS Feststellung gilt wohl noch immer, es sei

> „zu einem philosophischen Welt- und Lebensbild, das *originär und spontan aus* dem *christlichen Erlebnis* heraus entsprungen wäre, überhaupt niemals gekommen [...] es gibt in diesem Sinne und gab nie eine ‚christliche Philosophie', sofern man unter diesen Worten nicht, wie üblich, eine griechische Philosophie mit christlichen Ornamenten, sondern eine aus der Wurzel und dem Wesen des christlichen Grunderlebnisses durch selbstdenkerische Betrachtung und Erforschung der Welt entsprungenes Gedankensystem versteht."[51]

Anderseits übersehen bescheiden-humane Agnostiker häufig, dass es bei der Wahrheitsfrage mitnichten allein um „Theorie" geht. NIETZSCHE war hierüber wünschenswert deutlich. Er erinnert die Assassinen-Devise: „Nichts ist wahr, alles ist erlaubt."[52] Wie begründet man „rein humanistisch" – auch für die Grenzfälle – die Personwürde jedes Menschen, eingeschlossen sowohl die ungeborenen und schwerstbehinderten als auch, unter den gesunden, den übelsten Verbrecher? Wie die Möglichkeit der Vergebung von Unmenschlichkeit? Wie das Ansinnen, auf Durchsetzung eigenen Rechts zu verzichten (so sehr ohne dies keine Gemeinschaft fortbestünde)? Wie schließlich Gemeinschaft mit unseren Toten (Mit-sein, statt bloßen Andenkens an sie sowie der „Übernahme der Fackel" aus ihrer Hand – ein Lebensthema GABRIEL MARCELS)?[53]

2. Christliche Philosophie? Ein Philosophieren, zu dessen Präsuppositionen = anerkannten und bejahten Voraussetzungen der christliche Glaube zählt, in dem das Christentum zwar keine (Prämissen für) Begründungen liefert, doch ein Entdeckungsfeld für Fragen und Probleme auftut – und den Blick für Zusammenhänge öffnet, die man sonst kaum fände, die sich daraufhin aber im philosophischen Disput zur Sprache bringen, argumentativ erschließen und nach ihrem Sinn-Gewicht rechtfertigen lassen.

Inhaltlich trägt das gemeinte Projekt den Titel „Anthropo-Theologie". Ausgangspunkt ist also, neuzeitgemäß, die philosophische Frage nach dem Menschen. Hat die Tradition ihn – aus griechischem Denken heraus – als Vernunftwesen gedacht und daraus seine Freiheit verstanden, so wird er hier – jüdisch-biblisch – als Freiheitswesen in den Blick genommen, also statt in Geistesallgemeinheit (raumzeitlich individuiert) als selbsthafter Jemand: Person. Statt Freiheit als Vernunftmoment erscheint hier die Vernunft als Freiheitsmoment. Ihr Zentrum ist das sittliche Bewusstsein (das Ur- oder Prinzipiengewissen; der alten Parole „Logos vor Ethos" wäre die Forderung nach einem Ethos des Logos entgegenzuhalten).

Der Gewissenserfahrung nun, in der sich charakteristisch Einsichtigkeit und unbedingtes Du-sollst verbinden, wird nur eine Theorie gerecht, die sich religiös, ja theistisch öffnet: Gewissenserfahrung ist als Gotteserfahrung zu entfalten. Im Unterschied zur Tradition philosophischer Theologie, die seit Platon vor allem kosmologisch vorgeht. (Erst JOHN HENRY NEWMAN legt einen Gottesbeweis aus der Gewissenserfahrung vor.[54])

Das absolute Wovon-her meines Unbedingt-gut-sein-Sollens: Sollen-Dürfens[55] ist als personal zu denken. (Ein Du-sollst kann nicht nur allein *an* Personen, es kann auch nur *von* personaler Wirklichkeit aus ergehen.) Und als absolute Güte. Als Schöpfer der Freiheit, und zwar „aus nichts", da Freiheit weder aus Materie stammen kann noch emanativ aus der Wesenheit des Absoluten. Auch können Freiheitswesen nicht „gemacht" werden; sie werden ins Dasein „gerufen": „volo, ut sis." Und dies – weil Selbst- und Würdewesen – nicht als Mittel zu einem Zweck, sondern als „Selbstzweck": um ihrer selbst willen (lateinisch: *sui causa;* ā = Ablativ). Ein derart unbedingtes Ja ist schließlich auch unbefristet; darin gründet die Hoffnung über den Tod hinaus. SØREN KIERKEGAARD:

> „Das Höchste, das überhaupt für ein Wesen getan werden kann […], ist, es frei zu machen. Eben dazu gehört Allmacht […]. Nur die Allmacht kann sich selber zurücknehmen, während sie hingibt, und dieses Verhältnis ist gerade die Unabhängigkeit des Empfängers. Gottes Allmacht ist darum seine Güte […]. Dieses ist das Unbegreifliche, dass die Allmacht nicht bloß das Imposanteste von allem hervorbringen kann: der Welt sichtbare Totalität, sondern das Gebrechlichste von allem hervorzubringen vermag: ein gegenüber der Allmacht unabhängiges Wesen […]. Wenn darum der Mensch das geringste selbstständige Bestehen gegenüber Gott voraus hätte (in Richtung von materia), so könnte Gott ihn nicht frei machen. Die Erschaffung aus Nichts ist […] Ausdruck der Allmacht dafür, unabhängig machen zu können. Der, dem ich absolut alles schulde, während er doch ebenso absolut alles behalten hat [statt an Macht zu verlieren], er gerade hat mich unabhängig gemacht."[56]

3. Gott aber als personal kann im Ernst nicht als pures Ich gedacht werden; stellt ‚Person' doch einen Beziehungsbegriff dar, sodass Person nur im Plural denkbar ist. Das ist oben bereits zu Hegel (II, 1) angesprochen worden.

Wie jedoch außerhalb der biblischen Tradition niemand zum Gedanken der *creatio ex nihilo* gelangt ist (nicht einmal der „göttliche" PLATON), so hat niemand außerhalb der Christenheit zur Trinität gefunden. Hier wären E. STEINS und J. PIEPERS Überlegungen bzgl. Überlieferung und „Denkaufgaben" einzubeziehen – aber ohne dass es nötig würde, auf der Anerkennung der Offenbarung als Offenbarung zu bestehen. So ist der neue Person-Begriff mit seinen Momenten Autonomie, Selbstzwecklichkeit und Unmittelbarkeit in Europa so Allgemeingut geworden wie der sprichwörtliche Aufgang des Sauerteigs im Brot.[57]

Die christliche Tradition macht mit Zusammenhängen bekannt, die einem sonst verborgen blieben, und liefert Worte dafür. Der christliche Philosoph hat sie in die Selbstreflexion einzufügen und so weit wie möglich aufzuschließen. Es geht nicht darum, sie zu be-

greifen bzw. begreiflich zu machen. Im Gegenteil. Mit SIMONE WEIL
gesagt: „Das Unbegriffene verdeckt das Unbegreifliche; darum muss
es verschwinden."[58]

* * *

Grundsätzlich erklärt BLONDEL: „Es ziemt sich, ohne falschen Re-
spekt und ohne Unbesonnenheit die Philosophie so weit zu führen,
als sie gehen kann, so weit, als sie gehen muß."[59] Also bis in die Metaphysik. Gegenüber Programmen ihrer Selbstverstümmelung durch
das „Rasiermesser" OCKHAMS[60] sei erstens daran erinnert, dass diesem Sparsamkeitsprinzip („Nicht mehr Seiende als nötig!") zunächst
der „Luxus" des Philosophierens selber zu opfern wäre. Dem zuvor
bereits die Philosophen, und zwar nicht erst als solche, sondern
schon als Menschen. Denn der Versuch, uns Geschöpfen Notwendigkeit für eine einsame und sich sehnende Gottheit zu erschleichen,
um uns Daseinsberechtigung zu verleihen, geht, wie gesagt, nicht
erst theologisch, sondern bereits philosophisch fehl.

Tatsächlich lebt der Mensch auch in „nachmetaphysischer" Zeit
metaphysisch. „Daß der Geist des Menschen metaphysische Unter-
suchungen einmal gänzlich aufgeben werde, ist ebenso wenig zu erwarten, als daß wir, um nicht immer unreine Luft zu schöpfen, das
Atemholen einmal lieber ganz und gar einstellen würden", lesen wir
bei I. KANT. Wenn so aber jedwede(r) eine Metaphysik hat, dann
wäre um deren Selbstkritik willen auch ihre reflektierte Übung zu
wünschen. Und tatsächlich zeigt sich in der analytischen Diskussion
schon längst eine Wiederkehr der zuvor verpönten „großen Fragen".[61]

Die Fragen nötigen uns – und wir wünschen uns ebenso zwingende Antworten. Eben die aber gibt es grundsätzlich nicht (weil der
Einzelne mit seiner Freiheit hier mit im Spiel ist). Aus dieser prekä-
ren Situation ein Argument für grundsätzliche Urteilsenthaltung erheben? – Das erinnert an die Fixierung auf die Limes-Perspektive im
bekannten Achill-Schildkröte-Paradox. Nur liegt die Notwendigkeit,
eine solche Selbstbornierung zu überwinden, in philosophischen
Grund-Fragen nicht so empirisch vor Augen wie angesichts des
trotzdem im Nu überholt habenden Achill. Sie wird vielmehr durch

die Selbsterfahrung der Freiheit gefordert; und diese kann nicht einmal als „innere" Erfahrung beschrieben werden, wenn damit gemeint sein soll, man habe nur, statt nach „außen", nach „innen" zu blicken; sondern sie stellt eine Erkenntnis dar, die einzig durch gewillte Deutung erreicht wird, eben als „Glaubenserfahrung": da im unverstellten Aufgang eines Sich-Zeigens zugleich Freiheit in der Anerkennung dessen ihre Selbstidentität gewinnt.[62]

Anmerkungen

[1] J. SPLETT, Gotteserfahrung im Denken. Zur philosophischen Rechtfertigung des Redens von Gott, Freiburg-München 1973 ([5]München 2005), Kap. 1: Christliche Philosophie; Freiheits-Erfahrung. Vergegenwärtigungen christlicher Anthropotheologie, Frankfurt/M. 1986 ([3]Köln 2006), Kap. 2: Christliche Philosophie?; Denken vor Gott. Philosophie als Wahrheits-Liebe, Frankfurt/M. 1996, Kap. 2: Glück, an den Grund der Religion zu rühren; Hölzernes Eisen – Stachel im Fleisch? Christliches Philosophieren, Münster 2001.

[2] Der philosophische Glaube angesichts der Offenbarung, München 1962, 61f.

[3] Inwieweit sein Denken nicht bloß natürlich-geschichtlich, sondern auch „übernatürlich": gnadenhaft christlich bestimmt ist (nicht bloß „ontisch" [was er als Christ von jedem Denkenden hoffen sollte], sondern mit Konsequenzen für das, was er erkennt und sagt), kann er – „natürlich" – nicht wissen, muss es jedoch auch nicht, sondern darf dies durchaus kompetenterem Urteil (dem der Theologen?) überlassen. Vielleicht ergeht es ihm dann ähnlich wie MOLIÈRES *Monsieur Jourdain* (dem Bürger als Edelmann [II, 4]): „Meiner Treu, da rede ich nun schon mehr als vierzig Jahre lang Prosa, ohne es zu wissen!"

[4] P. HENRICI S.J., Von der Möglichkeit christlichen Philosophierens, in: DERS., Aufbrüche christlichen Denkens, Einsiedeln 1978, 11-25, 13-16.

[5] R. SPAEMANN, Die kontroverse Natur der Philosophie, in: DERS., Philosophische Essays. Erw. Ausg. Stuttgart 1994, 104-129, 106.

[6] I. KANT, Logik (AA IX, 23-26).

[7] Schließlich gehört dazu auch gehaltlich, wie noch zu bedenken, Erfahrung von (Kontingenz und) Gründung.

[8] Im Wissen, dass in den theologischen Fakultäten nicht nur auch solche Wissenschaften begegnen, sondern darüber hinaus sich manche Vertreter der Kerndisziplinen als nur Wissenschaftler verstehen. Dazu der Verweis auf Klärungen M. SECKLERS, etwa: Theologie, Religionsphilosophie, Religionswissenschaft, in: ThQ 157 (1977) 163-176.

[9] S. KIERKEGAARD, Die Krankheit zum Tode, Düsseldorf 1957, 9 (SV XI 128). – Von CUSANUS belehrt, wird man den „Andern" durch den Nicht-Anderen (Non-

aliud) verdeutlichen. Dass diese beiden Verhältnisse nicht so unterschieden werden können, als träfen schlichtes Hinnehmen und kritische Reflexion aufeinander, dass vielmehr auf beiden Seiten von Hinnahme und Kritik gesprochen werden muss, hat besonders klar R. SCHAEFFLER gezeigt, von: Religion und kritisches Bewußtsein, Freiburg/München 1973, bis zu: Philosophische Einübung in die Theologie 1 - 3, Freiburg/München 2004.

[10] Abriss von: J. SPLETT, Die Trinitätslehre G. W. F. Hegels, Freiburg/München (1965) ³1984, Kap. V: Punkte zum Gespräch mit Hegel; DERS., Warum man doch kein Hegelianer sein sollte, in: Rev. Portug. de Filosofia 61 (2005), 1079-1096; DERS., Dreieinigkeitsphilosophie?, in: Archivio di filosofia 77 (2010) 2-3: L' Assoluto e il Divino. La teologia cristiana di Hegel, 75-93.

[11] Werke in 20 Bänden, Frankfurt/M. 1970 (WW) 3 (Phänomenologie), 584.

[12] In diesem Ausdruck lässt sich die dialektische Einheit von Gott und System vielleicht am knappsten ausdrücken. Gott ist nicht einfach (gar HEGELS) Philosophie; denn die subsistiert nicht. Aber er ist doch der Prozess, der sich in ihr vollendet und zu seinem Wesen befreit (WW 3, 27f.). Siehe für eine Gesamtdarstellung die von J. SCHMIDT in: E. CORETH / P. EHLEN / J. SCHMIDT, Philosophie des 19. Jahrhunderts (Grundkurs Philosophie 9), Stuttgart ³1997, 51-104, sowie seine Erschließung der Phänomenologie: „Geist", „Religion" und „absolutes Wissen". Ein Kommentar zu den drei gleichnamigen Kapiteln aus Hegels Phänomenologie des Geistes [mit einem Kurzkommentar zur Einleitung und den vorhergehenden Kapiteln], Stuttgart 1997 (dazu meine Rezension in ThPh 72 [1997] 427-28).

[13] Sämtl. Schriften (K. BRIEGLEB), München 1968-1975, V 197 (927-930 [Briefe über Deutschland]), VI, 471-473 (Geständnisse).

[14] K. BARTH, Die protestantische Theologie im 19. Jahrhundert. Ihre Vorgeschichte und ihre Geschichte, Zürich ³1946, § 10 (343-378) 343. Das Kapitel schließt mit den Worten: „eine große Frage, eine große Enttäuschung, vielleicht doch auch eine große Verheißung."

[15] Zu ersterem siehe J. FISCHL, Geschichte der Philosophie III (Aufklärung und deutscher Idealismus), Graz 1950, 316f.; zu letzterem: K.-S. R. LEE, Hegel und der Pantheismus, in: ThPh 74 (1999) 338-370.

[16] THOMAS V. A., De pot 3,4: „ ... ac si Deus ageret per necessitatem naturae, per quem modum ex uno simplici non fit nisi unum."

[17] R. SPAEMANN, Personen. Versuche über den Unterschied zwischen „etwas" und „jemand", Stuttgart 1996, 36.

[18] R. SPAEMANN, a. a. O., 49. Zur Sache siehe J. SPLETT, Gottes Dreieinigkeit denken? Zu Möglichkeiten trinitarischer Theologie zwischen Augustinus und Richard von St.-Victor, in: Geist und Heiliger Geist (Hg. E. DÜSING / W. NEUER / H.-D. KLEIN), Würzburg 2009, 87-104.

[19] MySal 2, 328.

[20] Schriften z. Theologie IV, 51-99 (Über den Begriff des Geheimnisses), 95.

[21] WW 3, 24: „Das Leben Gottes und das göttliche Erkennen mag also wohl als ein Spielen der Liebe mit sich selbst ausgesprochen werden; diese Idee sinkt zur Erbaulichkeit und selbst zur Fadheit herab, wenn der Ernst, der Schmerz, die Geduld und Arbeit des Negativen darin fehlt. An sich ist jenes Leben wohl die ungetrübte Gleichheit und Einheit mit sich selbst, der es kein Ernst mit dem Anderssein und der Entfremdung sowie mit dem Überwinden dieser Entfremdung ist."

[22] Wenn übrigens AUGUSTINUS von drei Personen in Gott nur sprechen will, um nicht zu schweigen (De Trin. V, 9, 10), meint er nicht die Drei, sondern den Person-Begriff – weil der kein Bezugsbegriff sei (wie Bruder, Nachbar). Das bildet auch heute ein Problem, weil nach der Definition des BOETHIUS Person ein Indi-

viduum ist, Gott aber nicht in drei Individuen existiert. Um dies Missverständnis: einen Tritheismus, zu vermeiden, hat RAHNER statt von Person von Existenzweise reden wollen.

[23] Dazu F. V. BAADER, Revision der Philosopheme der Hegel'schen Schule bezüglich auf das Christentum. Nebst zehn Thesen aus einer religiösen Philosophie, SW IX, Leipzig 1855, 289-436, 413: „So meinen Viele die Sache getroffen zu haben, wenn sie sagen, dass der Geist die Liebe, d.h. die Einheit des Vaters und des Sohnes sey, womit sie aber das Dogma oder Princip der Trinität verläugnen, indem sie statt eines dreieinigen Gottes einen zweieinigen aufstellen und dem Apostel widersprechen, welcher von dreien Zeugen der Gottheit spricht [1 Joh 5,7f.]. Womit auch der Zahlenbegriff widersprochen wird, welcher in den Sätzen: Tres faciunt collegium, und: Trinitas reducit dualitatem ad unitatem (nicht: Trinitas est unitas dualitatis), ausgesprochen ist..." Leider hat sogar K. HEMMERLE sein Trinitätsdenken so entwickelt: Sprecher, Angesprochener und Wort zwischen ihnen (als wäre der Geist statt des Sohnes das Wort). Thesen zu einer trinitarischen Ontologie, Einsiedeln 1976, jetzt: Ausgew. Schriften 2 (H.-G. GÖRTZ, K. KIENZLER, R. LORENZ), Freiburg 1996, 124-161, bes. 142ff.

[24] WW 11, 535 (Fragment zum göttlichen Dreieck).

[25] Vorlesungen 5 (W. JAESCHKE), Hamburg 1984, 17.

[26] WW 16, 42; Vorlesungen 3, 6. – W. KERN, Das Verhältnis von Erkenntnis und Liebe bei Hegel und Thomas von Aquin, in: Scholastik 34 (1959) 394-427; dann in: DERS., Geist und Glaube (Hg. K. H. NEUFELD), Innsbruck 1992, 40-75.

[27] WW 11, 373 (Zu GÖSCHELS Aphorismen).

[28] Vorlesungen 5, 42 (vgl. WW 17, 250-261). – Hängt es damit zusammen, dass Moral und Sittlichkeit bei HEGEL nicht in den Sphären des absoluten, sondern schon im objektiven Geist begegnen? Man muss nicht von LEVINAS fasziniert sein, um darüber nachdenklich zu werden.

[29] Entweder/Oder (SV I), 16.

[30] M. BLONDEL, Lettre sur les exigences de la pensée contemporaine en matière d'apologétique et sur la méthode de la philosophie dans l'étude de problème religieux: Les premiers écrits de Maurice Blondel, Paris 1956, 5-95, 47 / Zur Methode der Religionsphilosophie (H. VERWEYEN), Einsiedeln 1974, 154.

[31] Vielleicht gilt auch von der Denk-Kunst, was BENN von der Literatur meint: dass „der Gegensatz von Kunst nicht Natur ist, sondern gut gemeint". Ges. Werke in zwei Bänden (D. WELLERSHOFF), Wiesbaden 1968, 1333f. (Roman des Phänotyps, Statische Metaphysik).

[32] Anders wird es übrigens schon hier, sobald man Wissenschaft konkret betrachtet. Nicht die Ergebnisse natürlich, doch Organisation, Forschungsvorhaben, Verwertungs-Ziele werden fast immer außerwissenschaftlich bestimmt (zumeist wirtschaftlich, militärisch, politisch). Kämen hier religiös-christliche Motive ins Spiel, dann ließe sich ein solcher Sprachgebrauch vertreten (vgl. zu P. BECKMANN und H. KASPER: J. SPLETT, Leben als Mit-Sein. Vom trinitarisch Menschlichen, Frankfurt/M. 1990, Kap. 2: Wissenschaft und Religion?, bes. 37f. Von BECKMANN dann: Naturwissenschaftlicher Unterricht an katholischen Schulen. Heft 19 in Bd. 2 [Pädagogische Beiträge] von: Handbuch Katholische Schule [Hg. R. ILGNER], Köln 1992ff).

[33] X. TILLIETTE, Le Christ de la Philosophie, Paris 1990 / Philosophische Christologie (J. DISSE), Einsiedeln 1998; DERS. Le Christ des Philosophes, Paris 1998. (Siehe meine Rezension des dt. Titels in: ThPh 74 [1999], 146-148 u. J. SPLETT, Christologie – philosophisch, in: Was den Glauben in Bewegung bringt. Fundamentaltheologie in der Spur Jesu Christi (Hg. A. R. BATLOGG SJ, M. DELGADO / R. A.

SIEBENROCK, FS K. H. NEUFELD SJ), Freiburg i.Br. 2004, 423-440.) Dazu K. WOLF, Religionsphilosophie in Frankreich. Der „ganz Andere" und die personale Struktur der Welt, München 1999.

[34] Philosophische Christologie (Anm. 33), 34.

[35] S. WEIL, Lettre à un religieux, Paris 1951, 81f. / Entscheidung zur Distanz (F. KEMP), München 1988, 63.

[36] Zu M. HENRY, von ihm überaus geschätzt, siehe meine Rezension von „Ich bin die Wahrheit." Für eine Philosophie des Christentums, in: ThPh 73 (1998), 466-469.

[37] Aufbrüche christlichen Denkens (Anm. 4), 93-109: Philosophische Christologie?, 108.

[38] Siehe auch A. E. VAN HOOFF, Die Vollendung des Menschen. Die Idee des Glaubensaktes und ihre philosophische Begründung im Frühwerk Maurice Blondels, Freiburg i. Br. 1983, Teil 4, Kap. 5: Der ‚Panchristismus'. 428: Der Name „deutet auf die konkrete Lebenserfahrung im Glauben hin, in der seine Philosophie entspringt, weil er diese vom Glauben getragenen Lebensanschauung auf philosophische Weise den Nichtglaubenden gegenüber rechtfertigen will."

[39] O. WIERTZ, Christliche Philosophen als Philosophen der christlichen Gemeinschaft: Alvin Plantingas Konzept christlicher Philosophie, in: Theo-Anthropologie. Jörg Splett zu Ehren (Hg. H.-L. OLLIG), Würzburg 2006, 55-66. Dazu auch W. LÖFFLER, Bemerkungen zur zeitgenössischen „Christlichen Philosophie" in Nordamerika, in: ThPh 73 (1998), 405-414.

[40] TILLIETTE (Anm. 33): 24. Der KIERKEGAARD-Interpret ist H. GERDES.

[41] R. GUARDINI, Der Herr. Betrachtungen über die Person und das Leben Jesu Christi (1937), [16]Mainz 1997, 501f.

[42] Religion und Offenbarung I, Würzburg 1958, 13f. „Der Blick, den die Kirche im Glauben aus dem lebendigen Christus heraus und in der Fülle ihrer übertypischen Ganzheit auf die Welt tut." Unterscheidung des Christlichen, Mainz 1935, 22 ([2]963, 33).

[43] Vgl. in: R. GUARDINI, Dantes Göttliche Komödie, Mainz-Paderborn 1998, H. MERCKERS Anm. 19 über die Unausgeführtheit des theologischen Teils dort wie in der Ethikvorlesung: weil eigentlich schon geboten auf Seite (XXXIIIf.).

[44] M. MÜLLER hat wiederholt geäußert, auf seinen Grabstein gehöre statt des hohen Titels „Philosoph" die Inschrift „Lehrer der Philosophie". Kein Philosophieprofessor war C. S. LEWIS, doch sehr wohl als Philosoph ernst zu nehmen. Das hat N. FEINENDEGEN klar gemacht; aber offener nennt er ihn „Denker". Bei der Diskussion seines „Arguments from desire" und des ontologischen Arguments merkt er eigens an (kritisch gegenüber J. BEVERSLUIS wie P. KREEFT), „dass Lewis in *Mere Christianity* und *The Weight of Glory* nicht rein philosophisch argumentiert, sondern seine Argumentation in einen theologischen Rahmen einpasst." Denk-Weg zu Christus. C. S. Lewis als kritischer Denker der Moderne, Regensburg 2008, 237. Zudem scheint unsere Frage LEWIS nicht sehr beschäftigt zu haben – anders als die Wahrheit des Mythos. Darum bleibt es hier – ausnahmsweise – bei dieser Erwähnung.

[45] E. STEINS Werke (L. GELBER / R. LEUVEN O.C.D.) II: Endliches und ewiges Sein. Versuch eines Aufstiegs zum Sinn des Seins, Louvain/Freiburg i.Br. 1950.

[46] Siehe H.-B. GERL-FALKOVITZ, Unerbittliches Licht. Edith Stein –Philosophie, Mystik, Leben, Mainz 1991, 113-116; A. ZIMMERMANN, Begriff und Aufgabe einer christlichen Philosophie bei Edith Stein, in: Denken im Dialog. Zur Philosophie Edith Steins (Hg. W. HERBSTRITH), Tübingen 1991, 133-140.

[47] Über das Dilemma einer nicht-christlichen Philosophie, in: DERS., Schriften zum Philosophiebegriff (Werke in acht Bänden (B. WALD), 3), Hamburg 1995, 300-307, 304.

[48] Was heißt philosophieren?, in Bd. 3 (Anm. 47), 15-75, 61.

[49] O. HÖFFE / A. PIEPER (Hg.), F. W. J. SCHELLING, Über das Wesen der menschlichen Freiheit, Berlin 1995, 22 u. 15.

[50] Siehe P. HENRICI, Aufbrüche… (Anm. 33); JOHANNES PAUL II, Fides et ratio, Rom 1998; dazu: J. SPLETT, "Fides et Ratio", philosophisch gelesen, in: MthZ 51 (2000), 63-79.

[51] M. SCHELER, Schriften zur Soziologie und Weltanschauungslehre (GW 6), Bern 1963, 87 (Liebe und Erkenntnis).

[52] Genealogie der Moral III 24 (Kritische Studienausgabe 5, 399).

[53] Ausführlicher: J. SPLETT, „Ohne Gott ist alles erlaubt" – Eine Ethik ohne Gott? Anfragen an den neuen Humanismus, in: LebZeug 68 (2013) 141-157.

[54] J. SPLETT, Denken vor Gott. Philosophie als Wahrheits-Liebe, Frankfurt/M. 1996, Kap. 6: JOHN HENRY NEWMAN: Gewissens-Licht.

[55] Dies der rechte philosophische Gottes-Name – statt der DESCARTES und SPINOZA verdankten (klassisch selbstwidersprüchlichen) Benennung „causa sui".

[56] S. KIERKEGAARD, Die Tagebücher 1834-1855 (TH. HAECKER), München ⁴1953, 239-241; in den Ges. Werken: Eine literarische Anzeige (E. HIRSCH), Düsseldorf 1954, Anhang 124f.

[57] Allerdings zeichnet sich ab, dass durch den Schwund des Gottesglaubens auch er gefährdet wird. Doch wäre dies ein eigenes Thema.

[58] „Le non compris cache l'incompréhensible et par ce motif doit être éliminé." S. WEIL, Cahier III, Paris ²1975, 264; Cahiers. Aufzeichnungen (E. EDL / W. MATZ) 3, München 1996, 340 (dort leider: „das nicht Verstandene, nicht Verstehbare").

[59] L'Action. Essai d'une critique de la vie et d'une science pratique (1893), Paris ²1950, 406/Die Aktion (1893). Versuch einer Kritik des Lebens und einer Wissenschaft der Praktik (R. SCHERER), Freiburg/München 1965, 432.

[60] Siehe: Ockham's razor, in: EnzPhWissth II 1063-1064 (C. F. GETHMANN); dass. u. Sparsamkeitsprinzip, in: HWP VI 1094-1096, IX 1300-1304 (H. J. CLOEREN).

[61] I. KANT, Prolegomena, A 192, in: Werke in sechs Bänden (W. WEISCHEDEL). Darmstadt 1966, 3, 245. Während nun die Methode der Reduktion in den Einzelwissenschaften zu großen Erfolgen geführt hat – heute sehen wir freilich, um welchen Preis –, muss es von vornherein als irrig und gefährlich gelten, auch für eine reflektierte Gesamtsicht um der „Wissenschaftlichkeit" willen solche Eindimensionalität zu fordern. Siehe N. HINSKE, Lebenserfahrung und Philosophie, Stuttgart-Bad Cannstatt 1986, bes. Kap. VII; TH. SCHÄRTL, Vernünftig – Gott – Denken. Was Jörg Splett einer analytischen Religionsphilosophie ins Stammbuch schreiben könnte, in: Dienst an der Wahrheit (Hg. P. HOFMANN / H.-G. NISSING), Paderborn 2013, 67-88.

[62] H. KRINGS, Transzendentale Logik, München 1964, 340: „Wahr ist eine Behauptung also dann [und von daher als solche gewußt], wenn die Transzendenz [des Denkens] sich in ihr vollendet und die vermittelte transzendentale Einheit hervorgeht." Daraus ergibt sich (341): „Die ganze Wahrheit wird nicht bewiesen, sondern bezeugt. Oder besser: sie wird durch Bezeugung bewiesen. Der Tod des Sokrates liegt nicht außerhalb der Philosophie." Sowenig er nun etwa seinerseits ein „schlagendes" Argument wäre; denn so etwas gibt es innerphilosophisch nicht. Darum beendet er auch den Disput keineswegs (vgl. Phaidon 107 a-b).

D<small>ENKWEGE MIT</small> C. S. L<small>EWIS</small> …

THOMAS MÖLLENBECK

THEODIZEE, WAHRHEIT UND INTERESSE

Zum Problembewusstsein christlich freier Vernunft bei C. S. Lewis

The Problem of Pain (1940) ist das Buch, das C. S. Lewis als christlichen Apologeten berühmt gemacht hat.[1] Der Titel der deutschen Übersetzung von Josef und Hildegard Pieper lautet: *Über den Schmerz* (1978). Hier fehlt das Wort ‚Problem'. So klingt der Titel klassisch und man erwartet schon die philosophische Problematisierung des Gegenstandes: Der philosophisch Fragende entdeckt Stolpersteine auf dem Wege seiner Untersuchung einer zunächst selbstverständlich erscheinenden Sache; diese werden ihm zu Denkanstößen, weil er ein Liebhaber der Weisheit ist. Aber ist das philosophische Problematisieren notwendig? Und muss man Christ sein, um bei manchen Themen das nötige Problembewusstsein zu entwickeln?

Diese zwei Fragen mag man in einem Band zum Thema „Christliche Philosophie?" erwarten. Die erste Frage ist leicht: Beim Schmerz wird man das Philosophieren wohl kaum als unnötige Liebhaberei betrachten, als Glasperlenspiel, und den Philosophen Zeitverschwendung vorwerfen. Josef Pieper – wohl um dem erwähnten Verdachtsmoment zu begegnen – zeigt zu Beginn seiner Traktate für gewöhnlich, wie uns schon das Bedenken unseres alltäglichen Sprachgebrauchs vor die in ihm verborgenen Probleme stellt. C. S. Lewis untersucht diesen Sprachgebrauch aus einem anderen Grund. Er resümiert die klassische Theodizee-Problematik unter Berück-

sichtigung der modernen Perspektive subjektiver Selbstwahrneh-
mung und erklärt dann seinen Lösungsansatz:

> „Wenn Gott gut wäre, würde Er seine Geschöpfe vollkommen glück-
> lich machen wollen; und wenn Gott allmächtig wäre, würde Er im-
> stande sein, zu tun, was Er will. Nun aber sind die Geschöpfe nicht
> glücklich. Darum fehlt es Gott entweder an Güte oder an Macht oder
> an beidem. – [...] Die Möglichkeit, darauf zu antworten, hängt daran,
> ob ich zeigen kann, daß die Worte ‚gut‘ und ‚allmächtig‘ und viel-
> leicht auch das Wort ‚glücklich‘ mehrdeutig sind. Denn dies ist von
> Anfang an zuzugeben: wenn die alltägliche Bedeutung dieser Worte
> die sinnvollste oder die einzig mögliche Bedeutung ist, dann ist jener
> Einwand unwiderleglich.“[2]

Diese Zeilen sind allerdings erst im zweiten Kapitel zu finden, in
dem Lewis fragt, was „göttliche Allmacht" sinnvollerweise bedeutet
– was Gott tun kann, und was nicht; während er im dritten Kapitel
untersucht, was unter der „Gutheit Gottes" zu verstehen sei – was
Gott wollen kann, weil er liebt, und was nicht, weil das keine Liebe
wäre. Warum zuerst von Gottes Macht und dann erst von seiner
Güte die Rede ist, wird schon an dem Thomas-Zitat deutlich, das
diese Reflexionen einleitet: „Nichts, das in sich widerspruchsvoll ist,
fällt unter die Allmacht Gottes."[3]

Bevor Lewis jedoch den Sprachgebrauch problematisiert, macht
er etwas als Problem seiner philosophischen Untersuchung aus, was
normalerweise nicht als problematisch reflektiert wird: Natürlich ist
der Schmerz immer ein Problem für den Leidenden – aber wie wird
der Schmerz zum Problem für das Denken? Und damit kommt für
ihn die zweite Frage, die mit dem Titel des vorliegenden Bandes verknüpft ist, in den Blick: Muss man Christ sein, um über den
Schmerz mit dem ihm entsprechenden Ernst philosophieren zu
können?

Im Vorwort bittet C. S. Lewis seine Leser, sie mögen sich vor Augen halten, dass die in *The Problem of Pain* vorgelegte philosophische Untersuchung den Schmerz nur als Problem für das Denken
behandelt. Es ist etwas anderes, wenn ein Christ barmherzig ist und
einem Leidenden beisteht, als wenn er Barmherzigkeit in einer ganz
anderen Notlage beweist: in Zeiten geistiger Verwirrung klärend in
eine Debatte eingreift. Letzteres hat der Apologet Lewis in *The Pro-*

blem of Pain vor, und um welche Debatte es sich handelt, das macht er in der Einführung deutlich. Dort untersucht Lewis die Geisteshaltung, die Weltanschauung und das Gottesbild derer, die den Schmerz zum Problem für das Denken erklären.

Aber: Wird der Schmerz nicht von allen für ein Problem gehalten? Sehr wohl, gerade deshalb besteht die Aufgabe des Philosophen zunächst darin, die scheinbar selbstverständliche Feststellung, der Schmerz in der Welt sei ein Problem, ihrerseits zu problematisieren. Das ist keine intellektuelle Spielerei, die das Leiden der Menschen nicht ernst nimmt oder die existentielle Dimension des Schmerzes einklammert und ihn aufhebt in die Reflexionsebene philosophischer Abstraktion. Das Gegenteil ist der Fall: Das Problem des Schmerzes gewinnt bei Lewis eine neue, eine christliche Tiefe, die dem Wesen des Menschen und somit auch seiner Fähigkeit, Schmerz zu erfahren, entspricht.

Zum einen wählt Lewis nicht die sogenannte ‚natürliche Vernunft', sondern die christliche Religion zum Horizont seiner Untersuchung – ohne dabei eine fideistische Position zu beziehen. Und dem vorausgehend wählt er das moderne Bewusstsein, den naturalistischen *common sense*, den er zeitweise in seiner eigenen intellektuellen Entwicklung vertreten hatte, zum Ansatzpunkt, das Theodizee-Problem in einer neuen Weise zu behandeln. Diese Vorgehensweise unterscheidet sich von der klassischen Grundlegung des Problems – ohne dabei dem „chronologischen Snobismus" zu huldigen, dem Lewis selbst eine Zeit lang angehangen hatte, als er noch meinte, was früher gedacht worden war, sei schon deshalb überholt, einfach weil dies eben früher war, oder, weil man heute anders denke.[4]

Um zu sehen, wie genau das Leid in *The Problem of Pain* als Problem in den Blick kommt, erinnern wir hier zunächst an die klassischen Formulierungen des Theodizee-Problems – die richtig bleiben, wenn sie je wahr waren – bevor wir untersuchen, wie sich das moderne Problembewusstsein eines christlichen Philosophen in der geistigen Entwicklung von C. S. Lewis herauskristallisiert und in *The Problem of Pain* niedergeschlagen hat.

1. Das Leid als Problem des optimistischen Monotheismus

Als ‚Fels des Atheismus' wird das Leid mitunter bezeichnet, und je nach Sensibilität des Betrachters ist nur das Leiden der Menschen oder auch der bei anderen lebendigen Wesen in der Natur zu beobachtende Schmerz gemeint.[5]

In der zweiten *quaestio* seines später *Summa Theologiae* genannten Werkes führt Thomas von Aquin in der Perspektive klassischer Objektivität ‚das Übel' (*malum*) als ersten Einwand gegen die Existenz Gottes an:

> „Es scheint, Gott existiere nicht. Denn wenn in einem absoluten Gegensatz der eine unendlich wäre, würde der andere zerstört. Nun aber wird unter dem Namen ‚Gott' das verstanden, dass er das unendliche Gute ist. Wenn also Gott wäre, könnte man kein Übel finden. Es wird aber Übel in der Welt gefunden. Folglich existiert ‚Gott' nicht."[6]

Im Vergleich mit dem Hochmittelalter war die Ambivalenz des Göttlichen dem *common sense* der Antike durch den Polytheismus und die dualistische Gnosis wohl präsenter, so dass das bei Thomas so voraussetzungsreiche Argument der Erläuterung bedurfte. Und auch unseren Zeitgenossen, die durch die Medien mit dem Terror im Namen Gottes und der Vielfalt z.T. erschreckender Erscheinungsformen von Religion sowie mit dem naturalistischen Szientismus in Berührung kommen, liegt vielleicht die Zweiteilung der Argumentation näher, in der Laktanz das Theodizee-Problem überliefert hat. Im dritten Jahrhundert formuliert er zunächst die logisch möglichen Alternativen, ohne sich darauf festzulegen, was der Name ‚Gott' allen Ernstes zu bedeuten habe: „Gott will entweder die Übel aufheben und kann nicht; oder Gott kann und will nicht; oder Gott will nicht und kann nicht; oder Gott will und kann."[7]

Nun wollte der christliche Apologet Laktanz einen Stolperstein beseitigen, der Menschen auf dem Weg zum Glauben hindert. Daher handelt es sich bei seiner Auflistung der Alternativen nicht um eine logische Gedankenspielerei, in der alle Möglichkeiten bloß abstrakt erwogen werden. Diese Auflistung sagt zwar noch nicht alles, aber immerhin etwas über ‚Gott'. Denn die genannten Alternativen würden nicht mehr einleuchten, wenn wir – anstelle von ‚Gott' – ‚dieser

Stein' einsetzten. Der Stein kann ja z.B. nicht wollen, so dass die Formulierung ‚Der Stein will entweder ...' sinnlos wäre. Die sachlich be-
gründete Abstraktion, die Laktanz vornimmt, kommt zum Vor-
schein, wenn wir – anstelle des Wortes ‚Gott' – ‚dieser Mensch' ein-
setzen. Die Alternativen sind dann nicht nur formallogisch, sondern
auch sachlich einleuchtend. Denn wir verstehen unter ‚dieser
Mensch' ein Wesen, dass etwas können und etwas wollen kann.
Wenn ‚dieser Mensch' gut ist, dann will er die Übel aufheben, kann
aber nicht, weil ihm die Macht dazu fehlt.

Die Adressaten seiner Schrift *De ira Dei* können ‚Gott' als an-
thropomorphe Chiffre für ein Wesen lesen, das etwas können und
etwas wollen kann, dessen Eigenschaften aber noch näher zu bestimmen wären, bevor man aus Gründen der Sachlichkeit, einzelne
Alternativen ausschließen müsste. Das Theodizee-Problem für den
christlichen Apologeten besteht nun darin: Ist der christliche Glaube
an den einzigen, den allmächtigen Gott, der die Liebe ist, wahr, dann
müssen drei der aufgelisteten Alternativen ausgeschlossen werden
und die vierte wirft eben die Theodizee-Frage auf. Laktanz fährt daher bzgl. der Aufhebung der Übel fort:

> „Wenn Gott will und nicht kann, so ist er ohnmächtig; und das wider-
> streitet dem Begriffe Gottes. Wenn Gott kann und nicht will, so ist er
> mißgünstig, und das ist gleichfalls mit Gott unvereinbar. Wenn Gott
> nicht will und nicht kann, so ist er mißgünstig und ohnmächtig zu-
> gleich, und darum auch nicht Gott. Wenn Gott will und kann, was
> sich allein für die Gottheit geziemt, woher sind dann die Übel, und
> warum nimmt er sie nicht hinweg?"[8]

Es fällt auf: Das Wort ‚Gott' hat jetzt eine andere Bedeutung; und
nicht nur die Fortdauer der Übel, sondern auch ihr Ursprung wird
thematisiert – wohl nicht allein deshalb weil damit ein Ausweg aus
dem Problem schon angedeutet ist, sondern weil nun metaphysisch
der Schöpfer von allem, was ist, gemeint ist. Die jeweiligen Feststel-
lungen, die den drei logischen Schlüssen angefügt sind, sowie die
sich daraus ergebenden abschließenden Fragen, setzen jetzt offensichtlich eine Bestimmtheit des Begriffs ‚Gott' voraus, die viel weiter
geht als die bloße Unterstellung der dem Menschen und Gott gemeinsamen Attribute: ‚ein Wesen, das etwas können und etwas wol-

len kann'. Vorausgesetzt wird nun: Ohnmächtig zu sein widerstreitet dem Wesen Gottes, genauso wie missgünstig zu sein. Zum Problem kann der Ursprung und der Fortbestand der Übel werden, weil Gott weder ohnmächtig noch missgünstig ist. Positiv formuliert: Als optimistischer Monotheist hält Laktanz Gott für gut und mächtig.

Natürlich stellt die Tatsache, dass es Übel gibt, nur dann einen Denkanstoß dar für den christlichen Denker, der an einen einzigen Gott glaubt, wenn dessen Eigenschaften ebenso so wirklich sind, wie Gott selbst ist: unendlich. Der auch von religiösen Denkern gewählte Ausweg in den Glauben an eine unbegrenzte göttliche Güte, die – leider und Leid hervorbringend – nicht mit einer unendlichen Macht einhergehe, ist daher versperrt.[9]

Ist der von Laktanz und Thomas von Aquin vertretene optimistische Monotheismus nun eine Glaubensvorgabe für Juden und Christen, die den Menschen und seine Welt als gute Schöpfung des einen Gottes betrachten, der unendlich gut und mächtig ist? Oder kann auch der nicht-christgläubige Philosoph das Leid als Problem für den Leidenden und auch für den Denkenden ernst nehmen, weil es nicht zum Ganzen der Wirklichkeit passt, das er als Philosoph in den Blick nimmt? Führt schon die ‚natürliche' Blickweite die freie Vernunft – trotz des Leids – zur Annahme eines optimistischen Monotheismus; bedarf es dazu keiner ‚übernatürlichen' Offenbarung? Zu Beginn seiner *Summa theologiae* bejaht Thomas von Aquin diese Fragen. Den Beginn von *The Problem of Pain* hingegen könnte man so missverstehen, als bejahte C. S. Lewis nur die erste Frage und verneinte die folgenden.

2. Optimistischer Monotheismus und freie Vernunft (Thomas von Aquin)

In der *Summa theologiae* des Thomas von Aquin tritt das Theodizee-Problem zunächst nicht als ein Problem in Erscheinung, das sich aus dem Glauben an die Offenbarung Gottes im Alten und Neuen Bund, sondern aus der unserer natürlichen Vernunft prinzipiell erkennbaren Offenbarung des Schöpfer in seinen Geschöpfen ergibt.

Zugegeben, Thomas beginnt in der *Summa* mit dem für Theologen entscheidenden ersten Problem, ob neben der Philosophie überhaupt noch eine andere *doctrina*, eine andere Lehre notwendig und ob diese eine Wissenschaft sei. Wie nicht anders zu erwarten, bejaht Thomas diese Fragen: Die Theologie ist notwendig, weil es für den Menschen notwendig ist zu wissen, was sein letztes Ziel ist, will sagen, wozu er auf Erden ist.[10] Nur im Wissen um den Unterschied zwischen einer rein irdischen Zielbestimmung menschlicher Existenz und einer Berufung zur Gemeinschaft der Heiligen mit Gott kann der Mensch seine Gedanken und die praktischen Schritte auf seinem Lebensweg in die eine Richtung lenken, die seiner freien Vernunft voll entspricht, sowie das eine Ziel erreichen, das dem Willen als Strebevermögen eingeschrieben ist und diesem ermöglicht, vollendet frei zu sein in seinem Akt. Das für ihn und zugleich an sich zuhöchst erstrebenswerte Gut ist die Person, auf die hin der Mensch geschaffen ist. Über seine Bestimmung aufklären kann den Menschen nur der, der ihn mit diesem Ziel begnadet hat: sein Schöpfer. Daher bedarf der Mensch göttlicher Offenbarung, und die *sacra doctrina* ist die Wissenschaft, in der sie erörtert wird, indem systematisch ordnend aus Prinzipien weitere Erkenntnisse erschlossen werden.

Diese optimistische Anthropologie hat ihren Ursprung im Glauben an das in Jesus Christus offenbarte letzte Ziel, auf das hin der Mensch geschaffen ist: die *communio sanctorum* in der *visio beatifica*. Es stellen sich folglich Anschlussfragen: Inwieweit hat der Schöpfer diese göttliche Offenbarung schon der Schöpfung eingeschrieben; und kann sie mit freier Vernunft erkannt werden – *remoto Christo*? Ist die Unsterblichkeit der Seele als eine Voraussetzung ewiger Gemeinschaft natürlich erkennbar – und ihre Begnadung mit einem Auferstehungsleib ebenso? Kann uns schon die geschaffene Natur in die Gemeinschaft mit dem Schöpfer rufen?

Sicherlich werden die Christen im ersten Johannesbrief gemahnt, die Gottesliebe lasse sich nicht ohne die Nächstenliebe realisieren. Das heißt jedoch nicht, das Verhältnis geschaffener Freiheiten zueinander könne schon offenbaren, wozu endlich freie Vernunft fähig ist, wenn sie vor Gott zu stehen kommt: „Geliebte, jetzt sind wir Kinder Gottes, und noch nicht wurde offenbart, was wir sein werden. Wir wissen, dass, wenn es offenbart wird, wir gleich ihm sein werden, weil wir ihn sehen werden, gleichwie er ist." (1 Joh 3,2) Von dem im ersten Johannesbrief vorausgesetzten Entsprechungsverhältnis zwischen Sein und Erkennen her erscheint es angemessen, wenn auch schon die Berufung zur ewigen Gemeinschaft aller Heiligen mit Gott der Selbstoffenbarung des Schöpfers von Person zu Person – *cor ad cor loquitur* – also eines göttlichen Mittlers, einer göttlichen Selbstmitteilung in Person bedarf. Christliche Theologie als Kontemplation und deren Überlieferung an andere, die den Menschen auf sein Ziel vorbereitet, bedarf eines Gegenstandes der Betrachtung, der mehr ist als bloß ein Mensch, wenn das letzte Ziel die Vergöttlichung des Menschen ist.[11] Die Selbstoffenbarung Gottes, die Theologie im *gen. subj.* und *gen. obj.* und der menschliche Glaube sind dann vor allem notwendig, weil die endlich freie Vernunft ihr unendlichen Gegenüber zwar in gewisser Weise schon im Gewissen gegenübersteht, hingegen die Gestalt, in der Gott sich dem Menschen im Menschen offenbaren will, nicht aus sich selbst herausschauen kann. Denn nur der Mensch gewordene Sohn Gottes kann sagen: „Wer mich sieht, sieht den, der mich gesandt hat." (Joh 12,45)

In der ersten Quästion seiner theologischen Summe spricht Thomas auch von einer anders gearteten Notwendigkeit der *sacra doctrina*, der Lehre vom letzten Ziel des Menschen, die den Weg zur Vollkommenheit weist. Diese Notwendigkeit scheint nach Thomas auch dann gegeben zu sein, wenn die Weisheit, die sie vermittelt, durch rein menschliche Weisheitsliebe – *philosophia sive Christus non daretur* – erlangt werden könnte. Denn Thomas fügt hinzu: Wenn das Wort Gottes und somit die *sacra doctrina* auch Aspekte enthält, die menschlicher Vernunft nicht prinzipiell verborgen bleiben müssten, so bleibe ihre Offenbarung und ihre theologische Vermittlung doch notwendig, insofern nur wenige all diese Aspekte entdecken könnten und dies unter Beimischung von vielen Irrtümern. Bei aller Hochschätzung der menschlichen Vernunft und der Erkenntnisse, die sich bei den antiken Philosophen finden, ist es also gut, dass das ganze Heil des Menschen (*tota hominis salus*) nicht menschlicher Weisheit allein anvertraut ist.[12]

Die bloß faktischen Einschränkungen der Erkenntnisse freier Vernunft, die Thomas zu bedenken gibt, wird man zumindest für die Zeit *ante Christum natum* kaum leugnen können: Verglichen mit dieser Epoche der Menschheit hatten es die Menschen nach der Selbstoffenbarung Gottes leichter, die Wahrheit über Gott und die Welt zu erkennen und das ganze Heil des Menschen als Ziel freier Vernunft anzustreben. Man mag hier – und C. S. Lewis scheint etwas Ähnliches im Sinn zu haben – einwenden, wir lebten im Westen inzwischen in einer Epoche, die diesbezüglich der Zeit *ante Christum natum* immer ähnlicher wird. Denn die Philosophie des Evolutionismus prägt die Weltanschauung der Zeitgenossen und alle Versuche christlicher Theologen oder Philosophen, z.B. Karl Rahner und Teilhard de Chardin, diese Weltanschauung christlich zu interpretieren oder vielleicht auch umgekehrt das Christentum evolutionslogisch zu imprägnieren haben den *common sense* bislang nicht geprägt.

Der Klartext der *sacra pagina* kann in der Zeit *post Christum natum* nicht nur dort den Denkhorizont weiten, wo es um das Verstehen der frohen Botschaft in ihrem – menschlichem Ergründen entzogenen – Gehalt geht, sondern auch dort, wo die sogenannte „natürliche Theologie" als Fundament aller Theologie als Wissenschaft entfaltet wird. (Wir können hier nicht erörtern, ob Thomas der Überzeugung war, Aristoteles habe die Reichweite der bloßen Vernunft definitiv ausgemessen, insbesondere was die Möglichkeit angeht, innerhalb der Grenzen der bloßen Vernunft die Schöpfung als Schöpfung – als *creatio ex nihilo* mit einem Anfang der Zeit? – zu erkennen.)

Wie dem auch sei, im Klartext des Neuen Testamentes ist der *sacra doctrina*, die in diesem Zusammenhang auch *sacra pagina* genannt wird, diese Lehre aufgegeben: Gott ist die Liebe; und er hat die Welt, die er erschaffen hat, so sehr geliebt, dass er seinen einzigen Sohn nicht nur als Offenbarer des göttlichen Wesens gesandt, sondern auch hingegeben hat, die Welt zu erlösen, auf dass alle, die an ihn glauben, das ewige Leben haben. (Joh 3,16) In der Folge nun kann der Mensch sich hineinnehmen lassen in, mit und durch Jesus Christus in die ewige Gemeinschaft der Heiligen mit Gott und so das Ziel erreichen, für das er erschaffen ist.

Diesen Klartext der *sacra pagina* setzt Thomas von Aquin natürlich dort voraus, wo er jene Aspekte der *sacra doctrina* erörtert, die *mysteria stricte dicta* sind. Solche Aussagen von Gott blieben menschlicher Vernunft nicht nur prinzipiell verborgen, offenbarte der Schöpfer und Erlöser sich nicht selbst, sie entziehen sich darüber hinaus auch in der Selbstmitteilung Gottes dem begrifflichen Erfassen. Klassischerweise gilt z.B. die Trinität als ein solches *mysterium stricte dictum*, wobei die Unergründlichkeit des Geheimnisses nicht den philosophisch-theologischen Versuch – etwa bei C. S. Lewis und Jörg Splett[13] – ausschließt, die Annahme der Dreieinigkeit Gottes in den Personen des Vaters, des Sohnes und des Heiligen Geistes als einzig konsistenten Denk-Weg zu Gott zu verstehen, auf dem der Mensch erst lernt, sich selbst richtig zu verstehen: Theo-Anthropologie. Die *fides quaerens intellectum* nähert sich hier dem Mysterium, ohne Einsicht mit Durchschauen zu verwechseln.

Auch die philosophischen Argumente, die Thomas von Aquin im ersten Teil der *Summa* in den Quästionen zur Existenz und zu den Eigenschaften Gottes vorträgt und deren Überzeugungskraft nicht nur aus dem Glauben heraus einleuchten kann, versteht er nicht als ‚Durchschauen' der Gottheit, so als könne das Wesen Gottes auf den Begriff gebracht werden.

Das ist auch im dritten Artikel der zweiten Quästion in der Summe der Theologie zu sehen, wo Thomas das von ihm komprimiert formulierte Problem des Schmerzes als Argument gegen die Existenz Gottes zurückweist. In der *responsio* trägt er zunächst seine äußerst knapp gehaltenen sogenannten ‚Gottesbeweise' vor. Sie schließen vom Verursachten auf die Ursache. Da uns keine intellektuelle Anschauung des Wesens Gottes gegeben ist, und Gottes Existenz uns nicht selbstevident sei, muss die Beantwortung der Frage, ob Gott existiert, beim Menschen und seiner Welt als einer verursachten Wirklichkeit beginnen, die wir aus der Erfahrung kennen (*a posteriori*). Von ihren verursachten und somit endlichen Vollkommenheiten wird auf die überragende, ja unendliche Vollkommenheit ihrer Ursache geschlossen, eine erste Ursache, die alle ‚Gott' nennen; die sich freilich nur durch die Negation der im Verursachten verbleibenden Unvollkommenheit bezeichnen läßt. In diesem Sinne gehören auch die Quästionen 3-11 zu den sogenannten ‚Gottesbeweisen', da sie dem philosophischen Nachweis gewidmet sind, dass die Erste Ursache tatsächlich in überragender Weise jene Vollkommenheiten besitzen kann und muss, die mit dem Namen ‚Gott' verbunden sind: Einfachheit, Vollkommenheit, Gutsein, Unendlichkeit, Allgegenwart, Unwandelbarkeit, Ewigkeit und schließlich die – alle vorangegangenen Attribute bündelnde – Einzigkeit Gottes.

Auch wenn Thomas dann noch einmal einhält, um in Quästionen 12-13 daran zu erinnern, dass uns die Erkenntnis des Wesens Gottes eben nicht gegeben ist, und wir nur in analoger Redeweise von Gott sprechen können, wird insgesamt doch der Einwand gegen die Existenz Gottes, den schon vorchristliche Philosophen formulieren konnten, erhärtet.[14] Denn die im Lichte der natürlichen Vernunft in den Quästionen 1-11 gewonnene Erkenntnis des Wesens Gottes, wird im Einwand mit dem Theodizee-Problem im dritten Artikel der zweiten Quästion vorweggenommen: ‚Nun aber wird unter dem Namen ‚Gott' das verstanden, dass er das unendliche Gute ist.' – Wie kann es dann Übel überhaupt geben?

In den nachfolgenden Quästionen des ersten Teils der *Summa*, in denen Thomas die Wirklichkeit (*operationes*) Gottes untersucht (Erkennen, Leben, Wille, Liebe, Gerechtigkeit und Barmherzigkeit, Vorsehung, Vorherbestimmung, Allmacht) kommt auch der zweite Aspekt, den schon Laktanz herausgestellt hat, zur Geltung: Gott ist nicht nur unendlich gut, sondern auch unendlich mächtig. – Wieso hebt er dann die Übel nicht auf?

Der Dreh- und Angelpunkt des Theodizee-Problems, das Thomas als Einwand gegen die Existenz Gottes einführt, ist mithin – das hat die großangelegten Argumentationen in den ersten Quästionen der *Summa* gezeigt – kein reiner Glaubenssatz: Gott, der unendliche

Gute und Mächtige, existiert, und er ist die Ursache von allem Endlichen, das ist. So wie Thomas das Problem begriffen hat, stellt sich
also die metaphysische Frage, wie es überhaupt, wenn das unendlich
Gute existiert, dann noch das Gegenteil, Übel, geben könne.

Nun könnte man schließen: Die naheliegende kausale Begründung für die richtige Feststellung ‚Es wird aber Übel in der Welt gefunden‘ könnte sofort in einer von Gott verursachten Ursache lokali-
siert werden; einer Ursache, der vernünftige Freiheit eigen ist, so
dass sie verursachen kann, was ihr zuzurechnen ist – Gott jedoch
nicht verantwortlich erscheint, weil nicht er, sondern endliche Freiheit die Ursache ist.

Doch für Thomas stellt sich die Sachlage nicht so einfach dar.
Denn als zweiten Einwand gegen die Existenz Gottes hatte er ange-
führt, es sei überflüssig, die Wirklichkeit Gottes anzunehmen:

> „[…] es ist überflüssig anzunehmen, dass, was durch weniger Ursa-
> chen vollbracht werden kann, durch mehrere wurde. Nun scheint
> aber alles, was in der Welt erscheint, durch andere Ursachen voll-
> bracht werden zu können, wenn man annimmt, Gott existiere nicht,
> weil, was natürlich ist, auf die Ursache zurückgeführt werden kann,
> die Natur ist; das aber, was aus einem Vorsatz stammt, kann auf die
> Ursache zurückgeführt werden, welche menschliche Vernunft und
> Wille ist. Es besteht also keine Notwendigkeit anzunehmen, Gott
> existiere."[15]

Die Natur und die freie Vernunft sind jedoch, folgt man den fünf
Wegen, deren Richtung Thomas in eben diesem Artikel skizziert,
nur vorletzte Gründe, während allein die Ursache, die alle ‚Gott‘
nennen, als erste Ursache von allem, was ist und geschieht, gelten
kann. Daher genügt es nicht, endliche freie Vernunft als Ursache des
Übels zu postulieren, nachdem Gott als unendlich gut und mächtig
erkannt worden ist. Folglich antwortet Thomas auf den ersten Einwand, der das Theodizee-Problem aufnahm, indem er zitiert, was
Augustinus im *Enchiridion* sagt:

> „ […] ‚Gott, da er zuhöchst gut ist, erlaubte in keiner Weise irgend ein
> Übel in seinen Werken, wenn seine Allmacht und Güte nicht auch
> aus dem Übel gut machte.‘ Dies also gehört zur unendlichen Gutheit
> Gottes, dass er Übel erlaubt, um aus ihnen Gutes hervorzubringen."[16]

Die Natur und die freie Vernunft sind – wie Thomas in den metaphysischen Argumenten für die Existenz Gottes zeigen wollte –
nicht letzte Gründe, und von der ersten Ursache, die alle ‚Gott‘ nennen, wird in den nachfolgenden Quästionen der philosophischen
Gotteslehre festgestellt: Gott ist unendlich gut und mächtig. Folglich
kann er, wenn die von ihm verursachten endlich (freien) Ursachen
Übel hervorbringen, dies nur um des Guten willen, das er daraus
wirken will, zulassen.

Der optimistische Monotheismus hat hier – zumindest aus der
Perspektive eines modernen Betrachters – eine offene Flanke:
Thomas beruft sich an dieser Stelle nicht etwa auf die metaphysische
Einsicht, das *malum* könne nur ein Mangel am Guten, eine *privatio
boni* sein, wenn das unendlich Gute die Ursache aller Wirklichkeit
ist. Er hält das Übel von Gott also nicht fern, indem er es auf die
causae secundae zurückführt, auf bloß geschaffene Ursachen, die der
Vollendung des Endlichen (willentlich) entgegenstehen. Vielmehr
gibt die Berufung auf die Autorität des Augustinus eine Erklärung,
die, da sie Zukunft impliziert, in der Gott die Übel zum Guten wandeln will und kann, nicht philosophisch *a posteriori* verifiziert, sondern nur postuliert werden kann. Man kann ja nicht ernsthaft behaupten, die Erfahrung könne jeden Menschen guten Willens und
klaren Sinnes lehren, dass Gott schon jetzt in jeder wünschenswer-
ten Hinsicht ‚aus dem Übel gut machte‘.

Wer schon glaubt, kann freilich den Sachgrund der augustini-
schen Erklärung in der Selbstoffenbarung Gottes in Jesus Christus
erkennen und mit guten Gründen auf das hoffen, was er (noch)
nicht sieht, nämlich dass die sogenannte ‚glückliche Schuld‘, die *felix
culpa*, die am Osterfest besungen wird, am Ende der Zeit im escha-
tologischen ‚Gutmachen‘ Gottes offenbar wird, zusammen mit der
„Herrlichkeit der Kinder Gottes“; einem Offenbarwerden, das die
ganze Schöpfung ersehnt, da sie „bis zum heutigen Tag seufzt und in
Geburtswehen liegt.“ (Röm 8) Da die Natur und die freie Vernunft
nicht letzte Gründe oder erste Ursachen sind, zeigt der optimistische
Monotheismus hier eine offene Flanke angesichts der Theodizee-
Problematik. Ob sie theologisch in Glaube, Hoffnung und Liebe geschlossen werden kann, steht auf einem anderen Blatt.

Wir können hier nicht untersuchen, wie Thomas diese eschatologische Perspektive im Blick auf die *providentia Dei* entfaltet, doch
welche Bedeutung die Deutung der eigenen Erfahrung aus der Perspektive des Glaubens dabei hat, mag an der Erwiderung deutlich
werden, mit der Eleonore Stump auf die Kritik aller Versuche zur
Theodizee antwortet; damit schließt sie zugleich das dieser Frage ge-
widmete letzte Kapitel ihrer magistralen Studie über den Aquinaten
ab: „What reflection on Aquinas's account helps us to see is that in
evaluating this claim and others like it, hostile to theodicy, everything depends on what one takes to be dream and what one takes to
be reality."[17]

3. Fideistische Dialektik oder existentielle Problematisierung von Wahrheit und Interesse?

Auf den ersten Blick könnte man meinen, C. S. Lewis halte nicht viel
von der natürlichen Erkennbarkeit Gottes durch die freie Vernunft
und er wolle in *The Problem of Pain* nur auf dem Boden der *sacra
doctrina*, der christlichen Lehre argumentieren. Denn er gibt im ersten Kapitel zum Einstieg in die Problematik einen Überblick zur
menschheitsgeschichtlichen Entwicklung der religiösen Vorstellungen von Gott, der mit dem christlichen Gottesbild als Grundlage des
Theodizee-Problems abschließt, wobei Lewis auch noch hinzusetzt,
es sei ihm „im Folgenden an erster Stelle nicht um Argumente für
die Wahrheit des Christentums zu tun".[18] Außerdem hat er dieser
Einleitung ein Zitat von Pascal vorangestellt, in dem dessen
Verwunderung zum Ausdruck kommt angesichts der Kühnheit
mancher christlicher Apologeten, die es allen Ernstes unternehmen
„Gott zu beweisen, aus den Werken der Natur". Sie würden dadurch
in ihren Lesern den Eindruck erwecken, meint Pascal, die „Beweise
unserer Religion seien sehr schwach", und er erinnert daran, „daß
kein Buch der Heiligen Schrift jemals die Natur zu einem Gottesbeweis gebraucht"[19] habe.

Es wäre dennoch, wie wir sehen werden, ein Missverständnis,
wenn man aus dem Zitat den Schluss zöge, C. S. Lewis wolle in *The*

Problem of Pain eine – seinen anderen Büchern widersprechende – fideistische Position vertreten. Doch auch ein anderes Missverständnis ist zu vermeiden. Es ergibt sich, wenn man die Einleitung des Buches von ihrem letzten Satz her interpretiert: „Wenn wir Christen werden dann erst entsteht für uns das ‚Problem' des Schmerzes".[20] Von diesem Satz her könnte man die Einleitung als dialektischen Trick missverstehen, mit dem Lewis denen den Wind aus den Segeln nehmen wolle, die das Leid zum ‚Fels des Atheismus' erklären.

Berücksichtigt man hingegen bei der Interpretation seine geistige Autobiographie *Surprised by Joy* (1955), dann erscheint die Herangehensweise in *The Problem of Pain* als *argumentum ad hominem*, das zu einer vertieften Problemwahrnehmung führt und zugleich den Ernst der Problemerörterung erhöht, ohne auf den Anspruch zu verzichten, eine philosophische Argumentation der freien Vernunft zu sein – auch oder gerade wenn diese christlich geprägt ist.

Bevor an seine religionsgeschichtliche *tour d'horizon* in *The Problem of Pain* erinnert wird, muss jedoch die Kritik an einer bestimmten ‚natürlichen Theologie' richtig eingeordnet werden. Wozu dient das Pascal-Zitat? Es unterstreicht die Schwierigkeit, jemanden, der es nicht längst schon tut, davon zu überzeugen, er habe vom Erleben der Welt, in der er lebt, auf die Güte und Allmacht ihres Schöpfers zu schließen. C. S. Lewis will darauf hinweisen, dass eine besondere Voreinstellung gegeben ist, wenn sich der eine im Blick auf die geschaffene Natur spontan zum Glauben an den Schöpfer bewegen lässt, und der andere eben nicht – wie Lewis selbst für lange Zeit.

Die philosophisch-theologische Zurückhaltung von Pascal und Lewis sprengt nicht den Rahmen des Katholischen. So nahm z.B. auch der selige John Henry Newman eine kritische Haltung ein in Bezug auf jene natürliche Theologie, die seinerzeit unter dem Namen ‚Physical Theology' im Sinne William Paleys verbreitet war. Newman meinte, sie könne höchstens drei Eigenschaften Gottes zum Thema machen: Macht, Weisheit und Güte; wobei sie am meisten von Macht und am wenigsten von Güte spreche.[21] Wie Immanuel Kant, der hier eine insgeheim gemachte Voraussetzung aufdeckt,

konnte auch Newman die logische Überzeugungskraft des sogenannten *Argument from Design* persönlich nicht nachvollziehen: Er
glaube an Design, weil er an Gott glaube, nicht an einen Gott, weil er
Design sehe.[22] Sein eigener Ansatz, sich der Existenz Gottes vernünftig zu versichern, gründet sich auf die Erfahrung des Gewissens:
„Wäre es nicht diese Stimme, die so deutlich in meinem Gewissen
und in meinem Herzen spricht, ich würde bei der Betrachtung der
Welt zum Atheisten, Pantheisten oder Polytheisten. Ich rede hier nur
von mir selbst!"[23] Newman spricht für seine Person, wie Pascal; und
auch, was Lewis sagt, muss nicht als genereller Zweifel am Licht der
‚natürlichen Vernunft' verstanden werden, sondern als Reminis-
zenz aus seiner eigenen geistigen Biographie, die ihn sensibel
gemacht hat für das in einer religiösen Interpretation der Welt ent-
haltene Moment der freien (oder im gewissen Sinne auch notwendigen) Vernunftentscheidung:

> „sie mögen (und bei manchen ist das so) zu dem Glauben kommen,
> dass die Stimme – wie bei allem muss ich hier symbolisch sprechen –
> jene Stimme, die in Ihrem Gewissen spricht und in einigen ihrer in-
> tensivsten Freude, die manchmal so hartnäckig stumm, ‚manchmal so
> leicht zum Schweigen gebracht, und dann bei anderer Gelegenheit so
> laut und emphatisch ist, tatsächlich der nächste Kontakt zum
> Mysterium ist, den sie haben; und dem daher letztendlich zu vertrau-
> en und gehorchen, der über allem anderen zu fürchten und zu erseh-
> nen ist. Dennoch, wenn sie eine andere Art von Person sind, werden
> sie nicht zu dieser Schlussfolgerung kommen."[24]

Das notwendige Moment einer – durch die freie Vernunft verant-
worteten – Entscheidung ist es, worauf Lewis abheben wird, nicht
nur, wenn er die Deutung des Naturerlebens, sondern auch, wenn er
die Deutungen in den Blick nimmt, die im vernünftigen Nachvollziehen der religionsgeschichtlichen Schritte der Menschheit eine
entscheidende Rolle spielen.

Es handelt sich, über die von Newman benannten Schwierigkeiten mit den göttlichen Attributen hinaus, eben auch um das Problem, dass die Überzeugungskraft eines Gottesbeweises, der vom
Zustand der Natur aus argumentiert, zuvor schon eine bestimmte
Sichtweise der Natur voraussetzt: Nicht nur müssen ihre Vollkommenheiten betont und die beobachtbaren Defizite relativiert werden,

auch die Entscheidung darüber, was als Vollkommenheit erscheint, liegt bisweilen in der richtigen oder falschen Deutung. Ist z.B. die Größe und Weite des Alls eine Vollkommenheit, die zum Staunen über den (allgegenwärtigen und allmächtigen) Schöpfer anregt – gar im Sinne von Newtons *sensorium Dei*; oder ist das All eine Ungeheuerlichkeit, die dazu auffordert, an der Bedeutung der Erde mitsamt ihren Bewohnern und somit auch an der Weisheit im Aufbau des Universums zu zweifeln?

Das Erleben der Natur ist ambivalent. Und es muss gedeutet werden, um zur Erfahrung zu werden, aus der wir lernen und Schlüsse ziehen können. Der optimistische Monotheismus und der pessimistische Atheismus ergeben sich nicht aus dem reinen Erleben der Natur, sondern aus der Deutung, die dieses Erleben erfährt, aufgrund von Prinzipien und Kategorien, deren Gültigkeit nicht durch das Erleben und auch nicht durch unkritische, schlicht gemachte Erfahrung erwiesen werden kann.[25] Die Voreinstellungen, mit deren Hilfe das Erleben gedeutet und zur Erfahrung verdichtet wird, können zwar in einem bewusst durchlaufenen hermeneutischen Zirkel vernünftig hinterfragt und angepasst sowie willentlich beeinflusst werden. Aber dann ist man nicht mehr nur beim Erleben oder bei der Erfahrung der Natur, sondern bei den noologischen und metaphysischen Prinzipien und Kategorien ihrer Wahrnehmung.

Auch dann, wenn nicht jeweils eine subjektive, sondern einzig die für alle Betrachter gleiche objektive, unveränderliche, unvermeidliche, will sagen naturalistische Voreinstellung aller menschlichen Naturwahrnehmung gegeben wäre, müsste man den Versuch, ‚Gott zu beweisen aus den Werken der Natur‘ wohl für kühn halten. Denn, wie schon Thomas nüchtern konstatierte, die Natur wird vom Menschen ja keineswegs nur als ‚gut‘ erlebt bzw. erfahren: ‚Es wird aber Übel in der Welt gefunden.‘

C.S. Lewis illustriert die von Pascal gemeinte Schwierigkeit auf den ersten Seiten der Einleitung zu *The Problem of Pain* durch die Schilderung seines eigenen pessimistischen Atheismus, dessen Voraussetzungen rationalistisch-materialistischer Art gewesen waren. Die Wahrnehmung der Welt aus dieser Perspektive – in die auch

Pascal sich einfühlen konnte – führt zum Erstaunen darüber, wie man ernsthaft annehmen könne,

> „dies sei das Werk eines wohlwollenden und allmächtigen Geistes, […]: Alle Indizien weisen in die entgegengesetzte Richtung. Entweder steht überhaupt kein Geist hinter dem Universum, oder einer, dem Gut und Böse gleichgültig sind, oder ein böser Geist."[26]

Mit ‚dies' meint Lewis die unendliche Weite und Leere des Universums, den schrecklichen Zustand unserer einsamen Erde, auf der Fressen und Gefressenwerden das bloße Leben, Schmerz das ‚bewusste' Leben sowie darüber hinaus Angst vor Qual und Tod das ‚vernünftige' Leben grausam prägten, zumal die Menschen ihre Geistesgaben vor allem dazu nutzten, sich gegenseitig das Leben schwer zu machen.

Wer andere Bücher von Lewis kennt, der könnte jetzt erwarten, er beginne *The Problem of Pain* mit einem dialektischen Trick: Verbindet er als nächstes die beiden Einwände, die schon bei Thomas zu finden waren, um sie gegeneinander auszuspielen?

Wenn es – dem rationalistischen Materialismus zufolge – keinen Gott gibt, bzw. es überflüssig wäre, die Existenz eines Gottes anzunehmen, weil die Natur und die menschliche Vernunft die einzigen, will sagen hinreichenden Ursachen für alles sind, dann stellt sich das Theodizee-Problem ja gar nicht. Denn: Entweder der rationalistische Materialismus bzw. der zeitgenössische Evolutionismus sind falsch, weil es eine notwendige erste Ursache gibt, die alle ‚Gott' nennen, oder das Leid kann kein vernünftiger Grund sein, der gegen die Existenz Gottes spricht. Wie könnte es dann aber zum ‚Felsen des Atheismus' taugen, wenn die Existenz Gottes zunächst angenommen werden muss, um das in der Erfahrung der Menschen objektiv gegebene Leid als Problem für die Annahme der Existenz Gottes darzustellen? Die Beweislast wird hier umgekehrt: Der optimistische Monotheist hat dann nicht mehr das Problem, wie sich das Leid in der Welt mit der von ihm behaupteten unendlichen Güte Gottes zusammendenken lasse, und wie die Unhaltbarkeit des Materialismus bzw. Evolutionismus zu beweisen sei. Der pessimistische Atheist müsste zeigen, wie das Leid als Leid erfahren werden kann, ohne insgeheim von der Existenz eines gütigen Weltgrundes auszugehen.

Es lassen sich bei Lewis zwar Argumente dafür finden, dass der pessimistische Atheismus nur einen Teil der Wirklichkeit im Blick hat bzw. selbstwidersprüchlich argumentiert (z.B. in seinen *Broad-cast-Talks* (1942)[27] und in *Surprised by Joy*). Auch hat die freie Vernunft – nicht erst die christliche – gute Gründe für die Annahme des optimistischen Monotheismus. C. S. Lewis kam ja zu der Überzeugung, der rationalistische Materialismus, auf den sich sein pessimistischer Atheismus stützte, sei nicht vernünftig.[28]

In *The Problem of Pain* geht es Lewis jedoch nicht um die theoretische Selbstwidersprüchlichkeit einer materialistischen Problematisierung des Leids in der Welt. Er hat einen anderen Aspekt der menschlichen Vernunft im Sinn: das existentielle Eingebundensein ihrer Stellungnahmen, Deutungen und Urteile im Streit von Wahrheit und Interesse. Der eigene pessimistische Atheismus, an den er sich zu Beginn der Einleitung erinnert, steht selbstverständlich in direktem Gegensatz zur religiösen Weltdeutung, doch deren weite Verbreitung hätte ihm eigentlich zum Problem werden sollen, zum Denkanstoß:

> „Eine Frage hatte ich nie gestellt, nicht einmal im Traum. Nie hatte ich daran gedacht, daß gerade die Kraft und Selbstverständlichkeit der pessimistischen These ein neues Problem stellt. Wenn es mit dem Universum so schlecht steht oder auch nur halb so schlecht – wie in aller Welt sind menschliche Wesen je darauf verfallen, dies Universum dem Wirken eines weisen und guten Schöpfers zuzuschreiben? Die Menschen sind vielleicht Narren, aber so närrisch sind sie nicht. Die unvermittelte Herleitung von Schwarz aus Weiß, die Schlußfolgerung von einer bösen Blüte auf eine Wurzel voller Tugend, von einem sinnlosen Werk auf einen unendlich weisen Werker – das ist zu unglaublich. Das Schauspiel des Universums, wie es sich der Erfahrung darbietet, kann niemals das Fundament der Religion, es muss vielmehr immer etwas gewesen sein, dem zum Trotz die Religion sich behauptet hat, von einem ganz anderen Ursprung her."[29]

Es stehen sich also zwei Sichtweisen der Welt gegenüber, der atheistische Pessimismus und der religiöse Schöpfungsglaube; letzterer lässt sich nicht mit der Erfahrung des Universums erklaren, wie der Pessimist sie macht. Seine Deutung des Erlebten, können zwar auch religiöse Betrachter wie Pascal, Lewis und Newman nachvollziehen, ohne den pessimistischen Atheismus überzeugend zu finden. Aber

C. S. Lewis vertritt in *The Problem of Pain* nicht einen fideistischen Dezisionismus, als handele es sich in beiden Fällen um gleichermaßen vernünftige Sichtweisen. Denn nur die Entscheidung für die richtige Deutung ist vernünftig, die andere ist selbstwidersprüchlich. Das wird auch deutlich, wenn im nächsten Punkt sein eigener Denkweg bei der Interpretation rekapituliert wird.

Zuvor sollen jedoch die Entscheidungsmomente in den Blick kommen, die Lewis in seiner *tour d'horizon* der Religionen ausmacht. Wenn das ‚Schauspiel des Universums, wie es sich der Erfahrung darbietet' niemals das ‚Fundament der Religion' sein kann, sondern eher etwas ‚dem zum Trotz Religion sich behauptet hat' – was ist dann Ursprung der Religion?

In *The Problem of Pain* skizziert C. S. Lewis kurz, wie in den entwickelten Religionen drei der menschlichen Vernunft prinzipiell gegebene Elemente verbunden werden, und in der christlichen Religion noch ein viertes hinzukommt, das eine historische Dimension hat. So setzt das Christentum vier ‚Offenbarungen' voraus, denen gegenüber Menschen, die religiös wurden, sich nicht mit einer ‚willentlichen Blindheit' abgeschottet haben. Lewis stellt seine Leser vor die Entscheidung, sich zu diesen ‚Offenbarungen' zu verhalten. Sie anzunehmen, widerspricht der ‚natürlichen Vernunft' nicht; und sie beruhen auf Erfahrungen, die in dieser Welt gemacht werden können.

Gleichzeitig setzten sie jedoch eine Deutung des Erlebten oder Berichteten voraus, der man sich willentlich verschließen kann, wenn sie dem eigenen Interesse zuwider ist; die man als ‚widervernünftig' oder ‚unvernünftig' bezeichnen kann, wenn man die Vernunft halbiert bzw. auf die naturwissenschaftliche oder logische Funktionsanalyse der Welt bzw. ihrer sprachlichen Erfassung reduziert; oder die man als unzeitgemäß ausschließen kann, wenn man der Wahrheit aufgrund der epochalen Bedingtheit ihrer Erkenntnis eine begrenzte intellektuelle Haltbarkeit unterstellt.

Die in der Geschichte der Religionen gegebene Deutung des Erlebten als Erfahrung von Offenbarung entspricht demgegenüber der freien Vernunft; diese wird freilich erst dann christlich, wenn sie Jesus Christus als den Weg, die Wahrheit und das Leben gefunden und anerkannt hat, wobei der letzte Schritt in der Entwicklung der Religion mehr als alle bisherigen voraussetzt, dass der Mensch das eigene Interesse um des wahren Lebens willen überwinden kann und – seinem Gewissen folgend – will. Gleichzeitig liegen in der willentlichen Bereitschaft zur Annahme der letzten Offenbarung, die Einsicht in die Tiefe des Problems und den Sinn des Schmerzes nahe beieinander. Wie schwer allerdings die einzelnen Schritte auf dem Weg einigen Menschen fallen können, wird deutlich, wenn wir sehen, wie C. S. Lewis im Streit von Wahrheit und Interesse gerungen und wie er dies in *Surprised by Joy* beschrieben hat.

Welches sind nun die drei Elemente der entwickelten Religionen; in welchen Erfahrungen bzw. ‚Offenbarungen' liegen ihre Ursprünge? C. S. Lewis nennt: als erstes das Heilige, das *tremendum et fascinosum*, wie Rudolf Otto den Kern der Religion beschrieben hat; als zweites Sünde und Schuld, wie die Übertretung des Gesetzes heißt, das zugleich in seiner unbedingten Geltung anerkannt und doch in der Praxis des sündig schuldbeladenen Menschen nicht eingehalten wird; als drittes die Verbindung von beiden Elementen, die, so plausibel sie uns erscheinen mag, doch etwas Neues darstellt. Auf allen drei Ebenen wird das Erleben zur Erfahrung mittels einer Deutung, die dem Menschen einerseits natürlich ist, andererseits dem ersten Impuls seines Interesses widerspricht. Daher wird er auch dazu verleitet, durch andere Deutungen seines Erlebens, die Erhaltung seines Selbst zu sichern.

So bedarf das Erleben des Menschen der Deutung, wenn er das unheimlich ehrfurchtgebietende Numinose erfährt, vor dem er zurückschreckt, das ihn jedoch auch auf geheimnisvolle Weise in seinen Bann zieht: an einem besonderen Ort, der zu einem heiligen Schrein wird; im Umgang mit dem Tod oder Toten; in einem Ereignis, in dem er von einer überragenden Macht jenseits seiner selbst ergriffen wird bzw. sich ergreifen lässt. Handelt es sich bei diesen Erlebnissen nur um eine Irritation seines Vorstellungsvermögens oder begegnet darin ein transzendentes Wesen? In anderer Sprache: West den Menschen da ein Sein jenseits seines Seins an, durch welches das Wesen der Dinge und seiner Selbst seinem Zugriff entzogen erscheint, oder sind das Erschauern und die Ehrfurcht, die ihn ergreifen, Produkte seiner Imagination?

Lewis gibt seinen Lesern Beispiele für natürliche Angst aufgrund von Gefahr (z.b. durch einem Tiger im Nebenraum) auf der einen und auf der anderen Seite für die „numinose Ehrfurcht", welche von ihr unterschieden ist (z.b. wenn man glaube, ein ‚mächtiger Geist' befinde sich in demselben Raum). Die gemeinte Erfahrung des Numinosen kann aber auch eine Naturerfahrung sein, wie sie sich in Dichtung und Literatur von den Griechen bis zur Romantik, ja in Kunst und Kult aller Zivilisationen niederschlägt; oder in den biblischen Visionen und Träumen in denen die Herrlichkeit des Herrn erfahren wurde. Nach diesen Beispielen argumentiert er:

> „Nun ist diese Ehrfurcht nicht das Resultat eines Schlusses aus dem sichtbaren Universum. Es besteht keine Möglichkeit, von bloßer Gefahr auf das Unheimliche, und noch viel weniger auf das gänzlich Numinose zu schließen. [...] In dem Augenblick, da der Mensch physische Furcht hinter sich lassend Schrecken und Ehrfurcht erfährt, macht er einen Sprung und nimmt etwas wahr, was niemals so in den physischen Fakten und ihren logischen Schlussfolgerungen gegeben sein könnte wie die Furcht."[30]

Mithin ist es – da zu den Möglichkeiten des Menschen gehörig – ‚natürlich', wenn er das Numinose erfährt, aber ‚übernatürlich', insofern es nicht in den physischen Tatsachen gegeben oder durch sie verursacht ist. Lewis macht darauf aufmerksam, dass für gewöhnlich, wenn die Erfahrung des Numinosen wegerklärt und auf physische Ursachen reduziert werden soll, das zu Erklärende vorausgesetzt wird.[31] Dagegen muss man darauf bestehen: Wir haben es hier mit etwas anderem zu tun, als mit physischer Furcht. Im Versuch, diese weiter zu plausibilisieren, erinnert er, wie so oft in seinen Schriften, an die Erfahrung von Schönheit:

> „Schrecken und Ehrfurcht [...] entsprechen dem Wesen einer Interpretation, die der Mensch dem Universum gibt, oder eines Eindrucks, den er von ihm erhält; und just so wie keine Aufzählung der physischen Qualitäten eines schönen Gegenstandes je dessen Schönheit beinhalten oder einem Geschöpf ohne ästhetische Erfahrung den leisesten Hinweis geben könnte, was wir unter Schönheit verstehen, so könnte keine faktische Beschreibung einer menschlichen Umwelt das Unheimliche oder das Numinose beschreiben oder auch nur darauf hinweisen."[32]

Lewis kommt daher zu dem Schluss, dass sich zwei Sichtweisen gegenüberstehen: Entweder wir haben es mit einer Fehlleistung des menschlichen Geistes zu tun, der in Wirklichkeit nichts entspricht und die, obwohl sie keine Funktion hat, doch nicht zum Verschwinden zu bringen ist, gerade in den Geistern, die am meisten entwickelt sind, nämlich in „Dichtern, Philosophen und Heiligen". Oder „es ist eine direkte Erfahrung des wirklich Übernatürlichen, dem wir den Namen Offenbarung mit gutem Recht geben."[33]

Freilich: Das, was da offenbart wird, entspricht nicht dem menschlichen Wunsch nach Geborgenheit, Sicherheit und beruhigter Selbsthabe.

Und so verhält es sich auch mit der Erfahrung von Sünde und Schuld, die anders geartet ist als die Erfahrung des Numinosen, das durchaus ‚jenseits von Gut und Böse' erscheinen mag und in manchen Religionen und Kulten auch so verehrt worden ist. Die moralische Erfahrung des ‚Ich soll' und des ‚Ich darf nicht' bezieht sich auf ein Gesetz, das der Bestimmung durch das Subjekt entzogen ist. Gleichzeitig ist davon nicht zu trennen, die Selbsterfahrung: Ich entspreche nicht (immer) dem Gesetz, das mich verpflichtet. Wiederum macht Lewis darauf aufmerksam, wie die Versuche, diese Erfahrung von Schuld wegzuerklären, das zu Erklärende meist voraussetzen.[34] Es gilt daher anzuerkennen, dass wir es, wie zuvor bei der Erfahrung des Numinosen, mit einem Sprung zu tun haben, den die Menschheit mit der Erfahrung von Schuld und Sünde macht. Außerdem bleibt in dieser Erfahrung unabhängig von den konkreten – in den Hochkulturen gar nicht so sehr verschiedenen[35] – ethischen Vorschriften eins gleich: Die Verpflichtung durch das moralische Gesetz wird nicht als eine von Außen auferlegte erfahren, sondern als aus dem eigenen Selbst kommend. Und zugleich wird erfahren:

> „das zweite Element in der Religion ist das Bewusstsein, nicht allein eines moralischen Gesetzes, sondern eines moralischen Gesetzes, das sowohl anerkannt als auch nicht eingehalten wird. Dieses Bewusstsein ist weder eine logische noch eine unlogische Schlussfolgerung aus Tatsachenerfahrung; wenn wir es nicht dort hineinbringen würden, könnten wir es dort nicht finden. Es ist entweder eine unerklärliche Illusion oder eine Offenbarung."[36]

Wie die Erfahrung des Numinosen, so wird auch diese Erfahrung einem Wesen, das auf Selbstbestimmung aus ist, wenig willkommen sein. Wieviel mehr noch gegen seine Wünsche wäre dann die Verbindung dieser Erfahrungen! Und so scheinen der ethische Diskurs der Philosophien und die Verehrung der Götter in der Geschichte der Religionen auch einige Zeit getrennte Wege gegangen zu sein, bis in der Religion der Juden die Einheit der numinosen Macht und des moralischen Gesetzes in einem welt- und geschichtsmächtigen Gott erfahren wurde.

Im Rückblick scheint diese Verbindung ‚natürlich' zu sein, und sie ist es auch, insofern sie der Natur von Gott, Welt und Mensch entspricht. Daher haben – „obwohl die Logik uns nicht dazu zwingt" – große Einzelne in vielen Kulturen diese Verbindung realisiert, wodurch sie den „Obszönitäten und Barbareien amoralischer Götzenverehrung" und „der kalten, traurigen Selbstgerechtigkeit des bloßen Moralismus" entgingen. Auch die pagane Religiosität und der Pantheismus widerstanden in ihrer Geschichte selten der Moralität, so wie auf der anderen Seite „der Stoizismus sich *nolens volens* dazu findet, das Knie zu beugen vor Gott."[37]

Gleichwohl sind die beiden Erfahrungen verschieden – das vom Numinosen heimgesuchte Universum verhält sich ja nicht moralisch – und ihre Verbindung erscheint auf den ersten Blick so wenig wünschenswert, dass es einer eigenen Offenbarung bedurfte, um ihre Gegebenheit zu realisieren: Die Identifikation des Numinosen mit dem moralischen Gesetz kann nicht

> „aus Wunschvorstellungen erklärt werden; denn sie erfüllt niemandes Wünsche. Wir wünschen nichts weniger, als jenes Gesetz, dessen nackte Autorität ohnehin unerträglich ist, auch noch mit den unberechenbaren Ansprüchen des Numinosen ausgestattet zu sehen. Von allen Sprüngen, welche die Menschheit in ihrer religiösen Geschichte macht, ist dies sicherlich der überraschendste. […] Vielleicht nur ein einziges Volk hat als Volk den neuen Schritt mit vollkommener Entschiedenheit getan: die Juden. Noch einmal, es ist entweder eine Verrücktheit, dem Menschen angeboren und seltsam glücklich in ihren Früchten – oder es ist eine Offenbarung."[38]

Während in den ersten Elementen der entwickelten Religionen das Moment der Entscheidung, die der freien Vernunft angesichts der

Deutung ihres Erlebens aufgeben ist, leichter übersehen werden kann, ist dies nicht mehr möglich, sobald es um die Wahrnehmung einer Offenbarung geht, die als Offenbarung bezeichnet wird, und deren Offenbarer selbst nicht nur Offenbarer der Selbstoffenbarung Gottes zu sein behauptet, sondern unendlich mehr: die Selbstoffenbarung Gottes in Person, in der Gestalt eines Menschen. Dieser Mensch Jesus von Nazareth, einer aus dem Volk der Juden, denkt nicht nur ineins die numinose Urgewalt im Universum und den Urheber des Sittengesetzes, er behauptet eins zu sein mit ihm. Wer diese Behauptung glaubt, für den wird auch glaubhaft,

> „daß dieser Mann, nachdem er getötet worden, dennoch lebte, und daß sein Tod, in mancherlei Sinn unbegreiflich für menschliches Denken, einen tatsächlichen Wandel in unseren Beziehungen zu dem ‚furchtgebietenden‘ und ‚gerechten‘ Herrn bewirkt habe, und zwar einen Wandel zu unseren Gunsten."[39]

Auch das Paradox, das er die Menschen lehrte, wird – solange die eschatologische Erfahrung von Himmel und Hölle noch aussteht – (nur) von seiner Bewahrheitung in Jesus Christus her glaubhaft, widerspricht es doch der ‚natürlichen‘ Einstellung der freien Vernunft: „Denn wer sein Leben retten will, der wird es verlieren; wer aber sein Leben verliert um meinetwillen, der wird es gewinnen." (Mt 16,25) Die zunächst ‚natürlich‘ erscheinenden Instinkte des Menschen müssen gewandelt werden; wie die Beziehung zu Gott, deren Störung durch die Sünde auch die Entgleisung der Natur mit sich brachte. „Menschliche Bosheit", „Der Fall des Menschen", „Die Hölle" und „Der Himmel" werden daher in *The Problem of Pain* in eigenen Kapiteln bedacht. Das Paradox vom Leben durch den Tod hindurch, vom Sich-Gewinnen durch die Hingabe seiner selbst ist nicht absurd, aber es erscheint erst ‚natürlich‘ in der Person, in der das Menschsein in Vollendung begegnet; deren Erscheinen ist aber kein Naturereignis und daher ‚übernatürlich‘.

Auch die Existenz des Christen bleibt diesbezüglich in einer Spannung. Wenn Dietrich von Hildebrand daran erinnert: „Die *restlose* Veränderungsbereitschaft ist eine unerlässliche Voraussetzung für die Empfängnis Christi in unserer Seele"[40], dann ist ein Prozess gemeint, der nicht abschließbar ist. Das bedeutet, wie Joseph Ratzinger, auch in eschatologischer Perspektive, festgehalten hat, zweierlei:

> „Es heißt zunächst, daß der Christ die Veränderungsbereitschaft, die Metanoia nicht nach der Christwerdung als etwas Vergangenes hinter sich lassen kann, das ihn jetzt nicht mehr beträfe. Es bleibt ja in ihm das Gegeneinander zweier Gravitationskräfte: Die Gravitation des Interesses, des Egoismus und die Gravitation der Wahrheit, die Liebe. Die erste ist immer seine ‚natürliche‘ Gravitation, die sozusagen den Zustand der größeren Wahrscheinlichkeit bezeichnet. Und die zweite kann in ihm nur bleiben, wenn er immer neu gegen die Gravitation der Interessen auf die Gravitation der Wahrheit zugeht, auf sie hin veränderungsbereit ist und wenn er bis zuletzt bereit ist, sich von sich selbst weg und in Christus hinein umprägen zu lassen. In diesem Sinne darf die Flüssigkeit der Existenz nicht ab-, sie muss zunehmen. Dies bedeutet zugleich, daß die Wahrheit immer eine Richtung bleibt, ein Ziel, nie fertig gefundener Besitz wird. Christus, der die Wahrheit ist, ist in dieser Welt Weg: eben weil er die Wahrheit ist."[41]

Mit der von Lewis gegebenen Skizze der Entwicklung der Religion, wie sie in Christus kulminiert, koinzidieren zwei entscheidende Einsichten: die in die geschichtliche Gegebenheit des Fundaments, auf dem das Problem des Schmerzes zu stehen kommt, und die in die Notwendigkeit, sich zu diesem mit freier Vernunft zu verhalten.

Die in der Selbstoffenbarung Gottes in Jesus Christus vermittelte Einsicht, „die letzte Wirklichkeit sei voller Gerechtigkeit und Liebe", entspringt nicht einem metaphysischen Beweis, dass das Universum Werk eines gütigen und allmächtigen Schöpfers ist. Sie ist vielmehr historisch gegeben, d.h. eine Erfahrung wie die Erfahrung des Schmerzes selbst. Es geht also nicht um das Problem, wie der optimistische Theismus mit dem in der Welt erfahrenen Schmerz zusammen gedacht werden kann, sondern wie die Erfahrung Jesu Christi und die Erfahrung des Schmerzes miteinander gegeben sind. Daher kann Lewis feststellen: „In gewissem Sinn wird das Problem des Schmerzes durch das Christentum eher geschaffen als gelöst".[42]

Die Notwendigkeit nun, sich zu diesem historischen Fundament des Theodizee-Problems mit freier Vernunft zu verhalten, beschreibt C. S. Lewis in den Alternativen menschlicher Stellungnahme zum Anspruch des Offenbarers im sogenannten „Jesus-Trilemma", auf das wir hier nicht eingehen müssen, weil es Lewis in diesem Zusammenhang nicht in erster Linie um einen Beweis der christlichen Religion geht.[43] Worauf es ankommt, ist: Auch hier steht die freie Vernunft vor einer Entscheidung, nämlich ob sie den Anspruch dieser Selbstmitteilung, göttliche Offenbarung zu sein, für glaubwürdig halten, will sagen ob sie christlich freie Vernunft werden soll oder nicht. Denn Lewis meint, die Argumente, die er vorträgt, „begründen keine logisch zwingende Denknotwendigkeit. Auf jeder Stufe der religiösen Entwicklung ist es denkbar, daß der Mensch rebelliert – wenn auch nicht ohne Vergewaltigung seiner eigenen Natur, so doch ohne ins Absurde zu geraten."[44] ‚Alles hängt‘, wie Eleonore Stump formulierte, ‚davon ab, was man für einen Traum, und, was man für Realität hält.‘

Aus der Sicht von C. S. Lewis ist die Entscheidung für die richtige Deutung zwar vernünftig in dem Sinne, dass sie nicht „gegen den Reichtum und die Tiefe unvoreingenommener Erfahrung" gerichtet ist. Außerdem hat sie „den Geschmack von Realität". Denn, obwohl Menschen sie nicht hätten ersinnen oder schaffen können, lässt sich doch im Rückblick feststellen: „Sollte je irgendeine Botschaft aus dem Herzen der Wirklichkeit uns erreichen, dann müßten wir erwarten, in ihr genau jene Unerwartetheit zu finden, jene ‚willkürliche‘ dramatische Ungeradheit, die wir auch im christlichen Glauben finden."[45] Aber die vor- oder anti-christliche Deutung ist nicht absurd, weil sie in einer gewissen Hinsicht nicht ‚selbst‘-widersprüchlich ist: Das Interesse des Selbst scheint in ihr gewahrt zu bleiben, solange sie ihre Wahrheit behaupten kann. Wie schwer es dennoch sein kann, an dieser Deutung festzuhalten, das wird deutlich, wenn im nächsten Punkt Lewis' eigener Denkweg skizziert wird, wie er ihn in *Surprised by Joy* beschrieben hat.

4. Metanoia zum Theodizee-Problem christlich freier Vernunft

In seiner geistigen Autobiographie deckt C. S. Lewis den Selbstwiderspruch auf, in den er selbst sich als pessimistischer Atheist auf dem Fundament seines rationalistischen Materialismus begab, wenn er Gott für das Übel in der Welt anklagte:

„Zu dieser Zeit lebte ich, wie so viele Atheisten oder Anti-Theisten, in einem Wirbel von Widersprüchen. Ich behauptete, Gott existicre nicht. Außerdem war ich schr zornig auf Gott, weil er nicht existierte. Und genauso war ich wütend auf ihn, weil er eine Welt geschaffen hatte. In welchem Maß kam dieser Pessimismus, dieser Wunsch, nicht zu sein, von Herzen? […] So, wie ich damals über das Universum dachte, war, es zu verdammen, vernünftig. Gleichzeitig erkenne ich heute, daß meine Sicht eng mit einer gewissen Schlagseite in meinem Temperament zusammenhing."[46]

Lewis gibt, weil er es an sich selbst so erfahren hat, zu Bedenken, dass die Weltanschauung, der man anhängt, nicht nur etwas über die Welt sagt, sondern auch über ihren Betrachter, der frei ist, seine Vernunft durch sein Temperament bestimmen zu lassen. Die mehr oder minder rationalen Motive, die Lewis benennt, und auf die wir weiter unten zu sprechen kommen, sollen jedoch weder als Entschuldigung für Denkfehler noch als Beleg für die grundsätzliche Irrationalität der Entscheidung für eine Weltanschauung gelten. Seine Autobiographie *Surprised by Joy* beschreibt den „Denk-Weg zu Christus"[47] vielmehr als Läuterungs- und Bekehrungsweg der freien Vernunft, auf dem nicht-rationale Motive, irrationale Voreinstellungen und der Begriff von Vernunft reflektiert, kritisiert und, wenn nötig, mehr oder minder freiwillentlich überwunden werden.

In den Radioansprachen der Kriegsjahre erörtert Lewis, warum es unmöglich ist, das Böse böse oder die Übel übel zu nennen, ohne gleichzeitig von einem optimistischen Monotheismus auszugehen.[48] Freilich muss man nicht schon Theist sein, um den Widersinn des Pessimismus zu entdecken. Es genügt schon, nur des einen (in der Sicht von Theisten ‚göttlichen') Attributes ansichtig zu werden, auf das ihn Bergson aufmerksam gemacht hatte: „notwendige Existenz".

„Mit anderen Worten, ein göttliches Attribut, das notwendiger Existenz, tauchte auf meinem Horizont auf. Es war immer noch, und noch lange danach, dem falschen Subjekt zugewiesen; dem Universum, nicht Gott. Doch das bloße Attribut hatte an sich schon ungeheures Potential. Sobald man die absurde Vorstellung aufgegeben hat, die Wirklichkeit sei eine willkürliche Alternative zum ‚Nichts', gibt man es auf, ein Pessimist (oder auch ein Optimist) zu sein. Es macht keinen Sinn, das All anzuklagen oder zu loben, noch, in der Tat, irgendetwas darüber zu sagen. Selbst wenn du dabei bleibst, ihm wie Prometheus oder Hardy Herausforderungen entgegenzuschleudern, bleibt es doch, da du ein Teil davon bist, noch dasselbe All, das durch dich, ‚ruhig die Flüche gegen sich selbst deklamiert' – eine Sinnlosigkeit, die, wie mir scheint, Lord Russells bewegenden Essay ‚The Worship of a Free Man' nichtig macht."[49]

Länger als der ‚absurde Gedanke'[50], die Wirklichkeit sei eine willkürliche Alternative zum ‚Nichts', hielt sich eine andere Art von Widersprüchlichkeit in ihm: „Die beiden Hemisphären meines Geistes standen im schärfsten Gegensatz zueinander." Auf der einen Seite war seine Imagination mit Dichtungen und Mythen angefüllt; auf der anderen Seite erfüllte ihn ein wendiger, aber geistloser ‚Rationalismus'. Aufgrund dieser inneren Spaltung schließen sich existentielle Sinnzuschreibung und Wirklichkeit gegenseitig aus: „Fast alles, was ich liebte, hielt ich für imaginär; fast alles, was ich für real hielt, erschien mir trost- und bedeutungslos."[51]

Wie aktuell diese innere Spaltung bleibt, kann man bei Richard Dawkins lesen, der nüchtern konstatiert, wie schwer es den Menschen für gewöhnlich falle, die Konsequenzen des evolutionistischen Weltbildes, das er ihnen empfiehlt, wirklich zu verinnerlichen: „Dies ist eine der Lektionen, die zu lernen, den Menschen am schwersten fällt. Wir können nicht zugeben, dass die Dinge weder gut noch böse, weder grausam noch freundlich sind, sondern einfach gleichgültig – indifferent gegenüber allem Leiden, bar allen Zwecks."[52]

So wenig sinnvoll es folglich unter bestimmten Denkvoraussetzungen erscheint, gegen Ungerechtigkeit und Sinnlosigkeit aufzubegehren, so würdigt Lewis doch den darin zum Ausdruck kommende Edelmut des ‚Free Man':

> „Ich kann mich nicht, und konnte mich niemals, davon überzeugen, solches Aufbegehren sei dem höchsten Geist zuwider. In Shelleys Atheismus ist etwas Heiligeres als in Paleys Theismus. Und dies ist die Lektion des Buches Hiob. Es gibt keine Erklärung des Problems ungerechten Leids: Das ist nicht der springende Punkt dieses Gedichts. Er liegt vielmehr darin, dass, wer unsere normalen Standard von ‚gut' akzeptiert und die göttliche Gerechtigkeit mit ihnen kritisiert, göttliche Zustimmung erfährt: Verurteilt werden die orthodoxen, frommen Leute, die diesen Standard doppelsinnig behandeln, um Gott zu rechtfertigen."[53]

Außerdem stellt Lewis fest, wie in der rationalistische Materialismus in einen inneren Gegensatz trieb, da er ja bestimmte Menschen und

die Natur selbst durchaus liebte, auf die Zerreißprobe stellte angesichts der transzendentalen Bestimmungen der Wirklichkeit – *ve-*
rum, *bonum* und *pulchrum*:

> „Ich kaute endlos auf dem Problem herum: ,Wie kann sie [die Natur]
> so schön sein und zugleich so grausam, wüst und sinnlos?' Daher hät-
> te ich in dieser Zeit fast mit Santayana sagen können: ,Alles, was gut
> ist, ist imaginär; alles, was wirklich ist, ist böse.' In einem gewissen
> Sinn könnte man sich nichts vorstellen, was weniger eine ,Flucht vor
> der Realität' wäre. Ich war so weit vom ,wishful thinking' entfernt,
> dass ich kaum etwas für wahr halten konnte, wenn es meinen Wün-
> schen nicht widersprach."[54]

Allerdings gibt er zu, dass die Bevorzugung des materialistischen
Rationalismus seines Lehrers Kirk als Denksystem schon etwas mit
seinen Wünschen zu tun hatte: „Er mag grausam und tödlich gewesen sein, aber wenigstens war er frei vom christlichen Gott."[55]
Warum das in seinen Augen ein Vorteil war, erklärt Lewis zum
einen mit der Furcht vor dem lebendigen Gott, die ihm eingebläut
wurde während der in mancher Hinsicht traumatisierenden Zeit seines ersten Internatsaufenthaltes. Diese Furcht wurde später durch
die Lektüre von Shaw, Voltaire und Lukrez rationalisiert und, wie
Lewis zugibt, in seiner Erinnerung übertrieben.

Zum anderen macht er seine charakterliche Disposition dafür
verantwortlich, „dass ich viel mehr vor Schmerzen fliehen, als Glück
erreichen wollte". Sein Verlangen, nicht fremdbestimmt zu werden,
war immer heftiger als sein Wille, etwas für sich zu erlangen.
Thomas hätte gesagt, unter den irrationalen Kräften der Seele, die –
wie auch Lewis sie beschreibt – zwar instinkthaft sind, aber der *ratio*
gehorchen und somit an der Freiheit teilhaben, in seinem *appetitus*
sensitivus also sei die *vis concupiscibilis* weniger stark gewesen als die
vis irascibilis. Lewis meint, er habe sich sogar „darüber empört, geschaffen worden zu sein, ohne seine eigene Erlaubnis."[56]

In seinem Essay *The Seeing eye* fragt Lewis, wie die Menschheit
Gott „erreichen oder vermeiden" kann, obwohl er seiner Schöpfung
so gegenwärtig ist, und meint, das Vermeiden sei heute leichter denn
je, da es so viele Möglichkeiten der Ablenkung gebe. Über das
,Erreichen' Gottes, könne er selbst nicht genauso gut urteilen, denn:

„ich habe nie die Erfahrung gemacht, Ausschau nach Gott zu halten. Es war eher umgekehrt; Er war der Jäger (oder so erschien es mir) und ich war das Wild. Er folgte meiner Fährte wie ein Indianer, legte unfehlbar an und schoß. Und ich bin sehr dankbar, dass die erste (bewusste) Begegnung so geschah. Das schützt einen vor den anschließenden Befürchtungen, das Ganze könnte nur Wunschdenken gewesen sein. Dies aber kann nicht sein, was man sich nicht gewünscht hat.“[57]

Seine Prädisposition gegen den christlichen Glauben ist für ihn jedoch nicht nur eine charakterliche Einstellung, sie erschien zunächst auch vernünftig. Denn

„das Universum des Materialisten hat den enormen Vorteil, dass es die Begrenzung der Verbindlichkeiten ermöglicht. Darin kann einen kein unendliches Desaster einholen. Mit dem Tod ist alles aus. Und, falls einmal dieses endliche Desaster sich größer erweisen sollte, als man zu ertragen wünscht, wäre immer der Suizid möglich. Der Horror des christlichen Universums lag darin, dass es keine Tür hatte mit der Aufschrift Exit.“[58]

Lewis erinnert auch den Mangel an Konsequenz, mit dem er den rationalistischen Materialismus und auch den Pessimismus hinter sich lässt, ohne sich zum Theismus zu bekehren. Er richtet sich in einem „Stoischen Monismus“ ein, dessen Selbstwidersprüchlichkeit er in der Auseinandersetzung mit Owen Barfield entdeckt, der ihn davon überzeugte, dass die Positionen, die sie bislang – zusammen mit anderen Autoren wie z.B. auch Russell – eingenommen hatten, „keinen Raum für eine befriedigende Erkenntnistheorie“ des *verum, bonum* und *pulchrum* ließen:

„Wir waren, im technischen Sinn des Begriffs ‚Realisten‘ gewesen, d.h. wir akzeptieren als fundamentale Realität das Universum, wie es durch die Sinne offenbart wird. Doch zugleich fuhren wir fort, für bestimmte Phänomene des Bewusstseins all die Ansprüche zu erheben, die mit einer theistischen oder idealistischen Sicht der Dinge einhergingen. Wir behaupteten, dass abstrakte Gedanken (wenn sie logischen Regeln folgten) unbestreitbare Wahrheit gewährten, dass unsere moralischen Urteile ‚gültig‘ seien und dass unsere ästhetische Erfahrung nicht bloß gefällig sei, sondern ‚wertvoll‘.“[59]

Barfield überzeugte Lewis, dass der einzig konsistente Weg, Gedanken als bloß subjektive Ereignisse zu betrachten, die behavioristische Theorie der Logik, Ethik und Ästhetik wäre. Zu dieser konnte Lewis sich aber nicht durchringen, da sein

„Geist einfach unfähig war, diesen Akt zu setzten: zu glauben, was der Behaviorist glaubt. Ich kann mein Denken ebensowenig in diese Gestalt bringen, wie ich [...] Wein aus einer Flasche in die Mulde am Boden derselben Falsche gießen kann. Ich war daher gezwungen, den Realismus aufzugeben."[60]

Auch wenn die freie Vernunft sich dazu gezwungen sieht, sich zur Anerkennung der Voraussetzungen ihrer selbst entschließen zu müssen, bleibt dies doch eine Entscheidung, die bewusst getroffen werden muss, um das Denken zu prägen. Zudem ist Lewis im Rückblick einerseits erstaunt, wie er die daraus resultierende neue Position als vom Theismus verschiedene auffassen konnte, und er vermutet eine willentliche Blindheit. Andererseits seien damals „alle Arten von Hüllen, Isolatoren und Absicherungen vorhanden gewesen, die einen befähigten, alle Annehmlichkeiten des Theismus zu haben, ohne an Gott zu glauben."[61] Das ‚Absolute', von dem die Englischen Hegelianer sprachen, war unpersönlich, „oder es wusste sich selbst (doch nicht uns?) nur in uns".[62] Die verbleibenden Widersprüche, die sich in diesem Denken ergaben, wenn man das ‚Absolute' auf den Begriff bringen wollte, galten als Beweis dafür, dass diskursives Denken das ‚Absolute' eben nicht fassen könne, da seine ‚Realität' jenseits des Reichs der ‚Erscheinungen' anzusiedeln sei. Das hatte wiederum einen beruhigenden Aspekt für ihn:

„Dort, nicht hier, war der ‚volle Glanz' hinter dem ‚Vorhang der Sinne'. Das Gefühl, das damit einherging, war sicherlich religiös. Doch dies war eine Religion, die nichts kostete. Wir konnten religiös über das Absolute reden: Aber da war nicht die Gefahr, dass es irgendetwas an uns tun könnte. Es war ‚da'; sicher und unbeweglich ‚da'. Es würde niemals ‚hier' hinkommen [...] Diese Religion war eine Einbahnstraße; ganz Eros (wie Dr. Nygren sagen würde) der hinaufdrängt, aber keine Agape, die sich hinabstürzt. Da gab es nicht zu befürchten; besser noch, nichts zu gehorchen."[63]

An dieser Stelle seiner Lebenserinnerungen, wie schon zuvor, als er erläuterte, warum – trotz aller Zerrissenheit – der materialistische Rationalismus seines Lehrers Kirk attraktiv für ihn gewesen war, kommt offensichtlich die christliche Religion ins Spiel. Sie ist der Gegenentwurf, der gemieden wird.

Hintergrund ist an diesem Punkt allerdings nicht so sehr Lewis' Furcht davor, sein endgültiges Ende genauso wenig in der Hand zu

haben, wie seine Nativität. Nicht der seiner Selbstbestimmung entzogene, in der Vergangenheit gegebene Ursprung und die in der
Zukunft unabschließbar gegebene Existenz, sondern seine Gegenwart steht auf dem Spiel. Lewis beobachtet an sich, wie er, der sich
selbst gehören will, mit jedem Schritt auf seinem bisherigen Denk-
weg klarer erkennt, dass er nicht so sein kann. Daher verlangt auch
jeder weitere Schritt auf diesem Weg eine Selbstüberwindung.

Lewis ist auch weit davon entfernt, das idealistische Denken nicht
ernst zu nehmen oder es in Bausch und Bogen zu verwerfen. Denn,
was unter dem ‚Absoluten‘ verstanden wurde, hatte durchaus ein
„wirklich heilsames Element“: Die „Qualität des Himmels“ wurde in
seiner „Transzendenz jenseits aller Endlichkeit“ spürbar. Und da
gleichzeitig davon ausgegangen wurde, die Menschen gehörten einer
anderen Sphäre an und hätten keinen Zugang zu diesem Himmel, so
hatte die existentielle Bezugnahme der Philosophen auf das ‚Absolute‘ eine Selbstlosigkeit an sich, wie

> „Dantes tugendhafter Heide, ‚im Verlangen ohne Hoffnung‘. Oder sie
> liebten, wie Spinoza, ihren Gott so, dass sie sogar unfähig waren zu
> wünschen, er möge sie zurücklieben. Ich würde es sehr bedauern,
> diese Erfahrung nicht durchlaufen zu haben. Ich denke, sie ist religi-
> öser als viele Erfahrung, die man christlich genannt hat.“[64]

Lewis meint auch, das Aufgehobenwerden im ‚Absoluten‘ sei nicht
nur intellektuell, sondern auch emotional durchaus befriedigend
gewesen, denn es ist – wie Lewis zweimal in *Surprised by Joy* fest-
stellt: „wichtiger, der Himmel möge existieren, als dass wir hineinge-
langen.“[65] Es geht hier um das, was bei religiösen Menschen die Erkenntnis der Herrlichkeit Gottes ist; die Anerkennung, dass Gott
Gott ist. Daneben verblasst die Frage, wie es mit der eigenen, nicht-
notwendigen Existenz weitergehen möge. In der entgegengesetzten
Einstellung, die er in einem Geistlichen antraf, der ungläubig war,
aber unbedingt unsterblich sein wollte und sich für nichts interes-
sierte als Beweise der Unsterblichkeit, meinte Lewis, eine ver-
achtenswerte Geisteshaltung zu erkennen, und er „entschied, alle
Gedanken oder Träume zu verscheuchen“, die zu einer solchen Mo-
nomanie führen könnten: „Die ganze Frage der Unsterblichkeit wurde mir widerwärtig. Ich schloss sie aus.“[66] Ein wichtiges Argument,

mit dem Thomas die Notwendigkeit der *sacra doctrina* begründet hatte, klammert Lewis – bevor er Christ wird – aus, weil er u.a. im Blick auf den ungläubigen ‚Geistlichen‘ die Erfahrung gemacht hat, wie die Fixierung auf das Thema den menschlichen Geist korrumpieren kann.

Die ethische Weisung, die Lewis mit dem Idealismus verband, bezog sich daher auf die Gegenwart und sie bestand darin, das Bewusstsein des absoluten Geistes von verschiedenen Positionen aus zu vervielfältigen, d.h.: obwohl man „gebunden [ist] an eine bestimmte Zeit und einen bestimmten Ort sowie an ein Bündel von Rahmenbedingungen, doch dort so zu wollen und zu denken, wie der Geist selbst es tut."[67] Das einzelne Selbst, das eine Projektion des Geistes ist, versucht – so gut es eben geht – sich seiner wahren Natur zu erinnern und sich zu diesem Geist aufzuschwingen und in ihn zurückzukehren.

So edel und selbstlos die genannte Entscheidung für die Gegenwart des Menschen und seine Endlichkeit zunächst erscheint, es gibt in dieser idealistischen Phase noch eine andere Art von Selbstabschottung, eine ‚willentliche Blindheit‘, die seiner Meinung nach jedoch nicht von Dauer sein konnte. Denn der Mensch, der sich einmal auf den Weg der praktischen Umsetzung des Idealismus im realen Leben begeben hat, muss mit Offenbarung rechnen:

> „Natürlich konnte ich nichts machen – ich hätte nicht eine Stunde widerstehen können – ohne ständigen bewussten Rückgang auf das, was ich Geist nannte. Doch die feine philosophische Unterscheidung zwischen diesem Tun und dem, was normale Leute ‚Gebet‘ nennen, bricht in sich zusammen, sobald man beginnt, es im Ernst zu tun. Man kann über den Idealismus reden, ihn sogar fühlen; aber man kann ihn nicht leben. Es gestaltete sich schlicht absurd, weiter über den ‚Geist‘ so zu denken, als sei er entweder unwissend oder untätig gegenüber meinen Annäherungen. Selbst wenn meine Philosophie wahr gewesen wäre, wie könnte die Initiative auf meiner Seite liegen?"[68]

Lewis musste erleben, dass der ‚Geist‘ „sich erhob und eine lebendige Gegenwart wurde" und dass „er schlicht sagt, ‚Ich bin der Herr‘; ‚Ich bin, der ich bin.‘; ‚Ich bin.‘" Diese Erfahrung gibt auch den Grundton vor für sein Buch *The Problem of Pain*: Lewis macht die

Erfahrung, dass „es ihm nicht länger erlaubt ist, Philosophie zu spielen."[69]

Der Ernst der Situation liegt darin, dass, wenn die Gottheit Gottes anerkannt wird, aus einem „Ideal" ein „Befehl" wird; der Befehl, dem die Menschheit inzwischen widerstrebt (so wird Lewis in den Kapiteln „Menschliche Bosheit" und „Der Fall des Menschen" in *The Problem of Pain* erläutern). Für Lewis selbst bedeutete diese Erfahrung: Insgeheim gemachte Vorbehalte, die eigene Philosophie niemals bis zu einem Grade zu leben, der die eigene Sicherheit und Zufriedenheit des Selbst gefährden könnte, halten vor der lebendigen Gegenwart Gottes nicht stand.

Dabei ging ihre Anerkennung gegen ein tiefsitzendes Bedürfnis in Lewis· „Ich wollte immer, vor allem anderen: keine ‚Einmischung'. Ich wollte (verrückter Wunsch) ‚meine Seele mein eigen nennen'."[70] Was „liebenswerte Agnostiker" fröhlich „des Menschen Suche nach Gott nennen", das wäre für Lewis daher eher die Suche „der Maus nach der Katze" gewesen; und er vermutet, „natürlicherweise Religiöse" könnten vielleicht nur schwer verstehen, worin für ihn „der Horror einer solchen Offenbarung" lag.[71]

Plausibel wird die Selbstüberwindung, die mit der Entscheidung, Gott als Gott anzuerkennen, einhergeht, wenn man, wie Lewis, zugesteht: Gott ist zwar „Vernunft" (reason), aber in der Urerfahrung des Theisten liegt noch nicht die Zusage, er werde „maßvoll" (reasonable) in seinen Ansprüchen an den Menschen sein; man kann also mit Gott auch nicht über die dem Selbst konvenient erscheinenden Rahmenbedingungen verhandeln, bevor man ihn anerkennt.[72] Die Bekehrung zum Theismus ging daher bei Lewis einher mit einem gewissen Widerwillen, den es zu überwinden galt. ‚Wishful Thinking' war auch in einer anderen bereits erwähnten Hinsicht nicht beteiligt: Das Motiv ewigen Lebens spielte keine Rolle in seiner Bekehrung. In der theistischen Deutung seines Bekehrungserlebnisses kann Lewis daher sagen, Gott habe ihm – wie in der Religionsgeschichte dem Volk der Juden – die Gnade verliehen, zum Glauben an seine Herrlichkeit zu kommen, ohne an die Herrlichkeit zu denken, die der Gläubige selbst dadurch gewinnt:

„Meine Ausbildung war wie die der Juden, denen Er sich Selbst offenbarte, Jahrhunderte bevor etwas geflüstert wurde von etwas Besserem (oder Schlechterem) jenseits des Grabes als der schattenhaften und gestaltlosen *Sheol*. Und ich träumte nicht einmal davon. Es gibt Menschen, weit bessere als ich, die die Unsterblichkeit fast zur zentralen Lehre ihrer Religion gemacht haben; ich, für meinen Teil, konnte nie sehen, wie eine Beschäftigung mit diesem Gegenstand nicht von Anfang an die ganze Sache korrumpieren würde. Ich war erzogen worden in dem Glauben, dass Gutheit nur Gutheit ist, wenn sie interesselos ist, so dass keine Hoffnung auf Belohnung oder Angst vor Strafe den Willen verunreinigt. Wenn ich diesbezüglich falsch lag (die Frage ist tatsächlich viel komplizierter als ich wahrnahm), wurde mein Irrtum höchst zartfühlend gestattet."[73]

Gleichwohl stellt die Bekehrung zum Theismus noch nicht den Kulminationspunkt seiner geistigen Biographie und auch noch nicht die Überwindung des letzten Widerstandes dar, den sein Interesse der Entdeckung der Wahrheit und der Entscheidung zu ihr entgegensetzten. Zwar kann Lewis im Rückblick sehen, dass die entscheidende hermeneutische Voraussetzung für die Anerkennung Jesu Christi, die im siebten Kapitel des Johannesevangeliums genannt wird, gegeben war, sobald er sich als Anhänger des Idealismus dazu entschlossen hatte, dem ‚Absoluten' gehorsam zu sein: „Wer bereit ist, den Willen Gottes zu tun, wird erkennen, ob diese Lehre von Gott stammt" (Joh 7,17). Bei Lewis hört sich das so an: „Wirklich, ein junger Atheist kann über seinen Glauben gar nicht vorsichtig genug wachen. Es lauern überall Gefahren für ihn. Du darfst den Willen des Vaters nicht tun, oder auch nur tun wollen, es sei denn, du bist auch bereit, ‚von der Lehre zu erfahren'."[74] Aber das heißt nicht, dass Lewis auch die *doctrina* ersehnt, die das Evangelium ist:

„Als ich dem Schluss näher kam, fühlte ich eine Widerstand, der fast so stark war, wie mein früherer Widerstand gegen den Theismus. So stark, aber kurzlebiger, da ich ihn besser verstand. Jeder Schritt den ich genommen hatte, vom Absoluten zum ‚Geist' und vom ‚Geist' zu ‚Gott', war ein Schritt auf das Konkretere, Nähere, Bindendere gewesen. Bei jedem Schritt hatte ich weniger Chancen ‚meine Seele mein eigen zu nennen'. Die Inkarnation anzuerkennen war ein weiterer Schritt in dieselbe Richtung. Sie bringt Gott näher, oder in einer neuen Weise nah. Und dies, fand ich, war etwas, das ich nicht wünschte. Doch den Grund für meine Ausflucht zu erkennen, hieß natürlich erkennen, wie schändlich und sinnlos er war."[75]

Erneut steht Lewis mithin vor der Entscheidung anzuerkennen, was er erkannt hat, obwohl es nicht seinen Wünschen entspricht. Die Wahrheit der christlichen Religion wird in seiner Lebenserfahrung nicht aufgrund von Interesse postuliert, sondern sie etabliert sich Schritt für Schritt, von Stufe zu Stufe gegen das *wishful thinking* des auf Selbstbestimmung bedachten Subjekts.

Wie sehr das Selbst der Wahrheit im Wege stehen kann, das hatte Lewis schon bei seinem ersten Schritt auf dem Denkweg erfahren; als die eine der ‚Hemisphären‘ seines Geistes, die so lange im Gegensatz zueinander standen, „getauft“ wurde. Die Erfahrung der Freude, die ihn seit der Kindheit unruhig gemacht und mit Sehnsucht erfüllt hatte, tritt beim Lesen des *Phantastes* von George MacDonald erstmals in Verbindung mit dem Ideal der Heiligkeit auf und straft alle seine bisherigen Versuche, ohne sie der Freude habhaft zu werden, Lügen; sie läßt „all meine erotischen und magischen Perversionen der Freude wie elendes Geschwätz (sordid trumpery) aussehen“. Lewis bekommt „in der Tiefe meiner Schande, in der damals unüberwindlichen Ignoranz meines Intellektes“[76] die Ahnung geschenkt, dass sein Selbst der vollen Realisierung im Wege steht:

> „Es war als spräche die Stimme, die mich vom Ende der Welt her angerufen hatte jetzt direkt neben mir. Sie war mit mir im Raum oder in meinem eigenen Körper oder hinter mir. Wenn sie sich mir einst durch Entfernung entzog, dann jetzt durch Nähe – etwas zu nah, um gesehen, zu einfach, um verstanden zu werden auf dieser Seite des Erkennens. […] Jetzt fühlte ich zum ersten Mal, dass sie sich meinem Zugriff nicht entzog, weil ich irgendetwas nicht tun konnte, sondern weil ich etwas nicht lassen konnte. Wenn ich nur aufhören, loslassen, mich selbst aufheben könnte, dann wäre sie da.“[77]

Obwohl ihm diese Einsicht, „ohne dass ich danach gefragt hätte, sogar ohne meine Zustimmung“ geschenkt wurde, musste er sich natürlich zu ihr verhalten; und so stellt er nüchtern fest: „In dieser Nacht wurde meine Imagination gewissermaßen getauft; der Rest von mir, nicht unnatürlich, brauchte länger.“[78]

Er spricht von ‚natürlichen‘ Widerständen und von der Gnade: Heiligkeit wurde ihm offenbart, als sein Intellekt unüberwindlich befangen war in Irrtum und Unwissenheit. Doch bedeutet dies nicht, es handele sich um eine ‚übernatürliche‘ Einsicht. Das Besondere an dieser Erfahrung ist vielmehr, dass der Glanz der Heiligkeit sich auf alles Irdische legt, dies in einem anderen Licht erscheinen lässt, ganz im Gegenteil zu seinen früheren Begegnungen mit der Freude ohne die Verbindung mit dem Heiligen:

> „Bis jetzt hatte jede Visitation der Freude die gewöhnliche Welt sofort zu einer Wüste gemacht [...] Sogar wenn die wirklichen Wolken die Materie der Vision gewesen waren, hatten sie doch nur an eine andere Welt erinnert; und ich mochte nicht in unsere zurückkehren. Nun sah ich, wie der strahlende Schatten aus dem Buch sich auf die reale Welt legte und auf ihr ruhte, alle Dinge wandelnd und doch selbst unverändert. Oder, genauer, Ich sah, wie die gewöhnlichen Dinge in den lichten Schatten gezogen wurden."[79]

Die ‚natürlichen' Widerstände, die es zu überwinden galt, ergeben sich aus dem Zustand der ‚gefallenen Natur'. „Der menschliche Wille", schreibt Lewis in *The Problem of Pain*, „wird nicht einmal beginnen, den Eigenwillen (self will) aufzugeben, solange alles gut läuft. Irrtum und Sünde haben ja die Eigenschaft, dass, je tiefer sie sind, desto weniger ihr Opfer ihre Existenz vermutet; sie sind ein maskiertes Übel."[80] So natürlich es folglich ist, dass die Bekehrung einen langen Weg darstellen kann, besagt dies doch nicht, dass ein „böser Mann" sich natürlich verhält: er hat vielmehr „nicht die leiseste Ahnung, dass seine Handlungen nicht ‚entsprechen', dass sie nicht in Übereinstimmung mit den Gesetzen des Universums sind."[81] Aus diesem unnatürlichen, natürlich unüberwindlichen Zustand kann Gott den gefallenen Menschen auf vielfältige Weise herausrufen: „Gott flüstert uns zu in unseren Freuden, spricht zu uns in unserem Gewissen, doch er schreit in unseren Schmerzen: Sie sind Sein Megaphon, eine taube Welt zu erwecken."[82]

Am Ziel seines Denkweges sah C. S. Lewis seine freie Vernunft gezwungen, den optimistischen Monotheismus christlicher Prägung zu übernehmen. Dabei scheint zwar der Schmerz selbst nicht die Rolle eines ‚Megaphons' gehabt zu haben – so wie Lewis seinen Charakter schildert, hätte übergroßer Schmerz diesen Weg wohl eher vor dem Ziel scheitern lassen. Gleichwohl verlangte jeder Schritt auf diesem Weg, die wachsende Bereitschaft, sich sich selbst nehmen zu lassen, die Selbstbestimmung aufzugeben. Diese Eigenschaft des Schmerzes also, die ihn – über die Erfahrung der Sinne hinaus –

subjektiv zum Problem macht, da er den Widerstand des Selbst provoziert, hat Lewis umso mehr erfahren: Die Angst, sich selbst genommen, fremdbestimmt zu werden. Darin lag der Ernst seines Denkweges, die Unmöglichkeit, weiter ‚Philosophie zu spielen'. Wissenschaft kann man vielleicht als Spiel betreiben, die Suche nach Weisheit nicht, sie kann nur aus Liebe zur Wahrheit heraus geschehen, einem Interesse an der Wahrheit, in dem das Interesse des Selbst hintangestellt wird.

Das ist ein negatives Ausschlusskriterium für die Eignung des Lesers, der das hinreichende Problembewusstsein besitzen sollte, nicht nur für den Schmerz als Problem, sondern auch für die Erläuterung seiner Ursache und seines Fortbestands. Denn dieser Ernst des Denkens, diese Entschiedenheit implizieren – in der Erfahrung von Lewis – die Bereitschaft, sich etwas über sich selbst sagen zu lassen, was man nicht hatte hören wollen, und etwas mit sich geschehen zu lassen, was man nicht selbst hat bestimmen dürfen. Von Anfang bis Ende ist *The Problem of Pain* eine Zumutung für den Leser, im besten Sinne des Wortes, und muss es sein im Problembewusstsein christlich freier Vernunft.

Vor diesem Hintergrund wird deutlich, was die Einführung, die Lewis *The Problem of Pain* voranstellt, bezweckt. Sie argumentiert nicht, der Schmerz sei kein Problem für das Denken, solange man noch nicht Christ ist. Vielmehr scheint der Ernst des Problems für das Denken gleichzeitig zu wachsen mit der Entschiedenheit der freien Vernunft, die Selbstoffenbarung Gottes in seiner Schöpfung und schließlich in der Menschwerdung Jesu Christi wahrzunehmen und anzuerkennen.

Wobei für Lewis der eine Schritt zum anderen führt: Die entschiedene Annahme der Realität des Geistes – im Gegensatz zum materialistischen ‚Realismus' – impliziert, die Angleichung des eigenen Selbst zu suchen; was zur Bereitschaft wird, Gottes willen zu tun, wenn man – in der Erhebung des eigenen Geistes – der lebendigen Gegenwart seiner Person gewahr wird; was wiederum in die Nähe der gefährlichen Erinnerung an Jesus Christus führt, die in der *sacra doctrina* wachgehalten und als Aufruf zur *metanoia* wahrgenommen wird; einem Wandel, der – zieht man theologische Schlüsse aus der Inkarnation Gottes, der Geist ist – nicht nur die Natur des Menschen, die Gott in Jesus Christus angenommen hat, betrifft, sondern jeden einzelnen einlädt, sich hineinnehmen und wandeln zu lassen, Anteil zu bekommen an der Gottheit Christi.

Die besondere Freiheit christlicher Vernunft äußert sich daher nicht nur im Ernst und der Tiefe des Problembewusstseins, sondern auch in ihrer Möglichkeit zu glauben, dass ‚Gott Übel erlaubt, um gutes hervorzubringen'. Denn dies ist nicht nur im Blick auf eschatologische Belohnung oder Bestrafung möglich: wenn der Schöpfer und Erlöser alles wiedergutmacht. Vielmehr ist im Glauben an Christus auch der Sinn der Selbsthingabe erschlossen, die er in Übereinstimmung mit dem Willen des Vater durch den Heiligen Geist in Menschwerdung, Leben und Wirken und schließlich in Tod, Auferstehung, Himmelfahrt und Geistsendung offenbarte. Da Selbsthingabe in christlicher Perspektive nur im gefallenen Menschen Überwindung kosten muss, weil sie nicht an sich *contra naturam* ist, sondern nur für ihn so erscheint, hat der Schmerz den der gefallenen Natur entsprechenden Ort der Wandlung dort, wo auch das Problembewusstsein christlich freier Vernunft kulminiert: am Kreuz. C. S. Lewis stellt daher seinem Buch *The Problem of Pain* ein Zitat von George MacDonald voran: „Der Sohn Gottes hat das Todesleiden auf sich genommen, nicht damit die Menschen nicht leiden, sondern damit ihr Leiden dem Seinen ähnlich sei."

Anmerkungen

[1] Vgl. auch den Aufsatz von René Kaufmann: Über Tod, Schmerz und die Theodizeefrage bei C. S. Lewis, in: Thomas Möllenbeck / Berthold Wald: Tod und Unsterblichkeit. Erkundungen mit C. S. Lewis und Josef Pieper, Paderborn 2015, 115-137.

[2] C.S. Lewis: The Problem of Pain (1940), London 1998; Über den Schmerz. Mit einem Nachwort von Josef Pieper. Übers. v. Hildegard und Josef Pieper, München 1978, 31.

[3] Ebd.

[4] C.S. Lewis: Surprised by Joy. The shape of my early life (1995), New York 1955; Überrascht von Freude, übers. von Christian Rendel und Gisbert Kranz, Basel 1992. Zum „chronologischen Snobismus" vgl. Surprised by Joy, 206.

[5] Lewis widmet dem Schmerz der Tiere ein eigenes Kapitel in *The Problem of Pain*. Charles Darwin begründet in seiner Autobiographie die eigene Abkehr von Pay-

leys ‚natürlicher' Theologie mit der Grausamkeit, die in der Natur anzutreffen sei. Vgl. Thomas Möllenbeck: Der Kardinalfehler. Theologische Spekulation mit Intelligent Design, in: Theologie und Glaube 98/3 (2008), 261-286.

[6] Vgl. S.th. I 2, 3: „Videtur quod deus non sit. Quia si unum contrariorum fuerit infinitum, totaliter destruetur aliud. Sed hoc intelligitur in hoc nomine deus, scilicet quod sit quoddam bonum infinitum. Si ergo deus esset, nullum malum inveniretur. Invenitur autem malum in mundo. Ergo deus non est."

[7] Des Lucius Caelius Firmianus Lactantius Schriften. Aus dem Lateinischen übersetzt von Aloys Hartl. (Bibliothek der Kirchenväter, 1. Reihe, Band 36) München 1919, 102.

[8] Ebd.

[9] Harold S. Kushner: Wenn guten Menschen Böses widerfährt, Gütersloh 2004.

[10] Vgl. Marianne Schlosser: Scientia secundum pietatem. Theologie als geistliche Wissenschaft, in: Thomas Möllenbeck / Ludger Schulte (Hg.): Spiritualität. Auf der Suche nach ihrem Ort in der Theologie, Paderborn 2017, 267-292, hier 277: „Die Bezeichnung der Theologie als ‚sacra doctrina' lässt also ihre Besonderheit durchscheinen. Die Wissenschaft von Gott wird nicht einfach ‚erworben', sondern empfangen, aus der Lehre ‚des Lehrers schlechthin', Christi, und wird auch durch ‚Lehren' weitergegeben. Jeder menschliche Lehrer ist hier zuerst einmal ein Belehrter. Diese Wissenschaft hängt vom Wort Gottes ab (daher auch ‚sacra pagina' als Ausdruck für die Theologie) und kann durch menschliche Worte weiter gegeben werden. Eine alte, in der monastischen Geistigkeit wurzelnde Auffassung von Theologie, der man etwa bei Dionysius Ps.-Areopagita oder Evagrius Ponticus begegnet, aber auch bei Bonaventura, und die auch Edith Stein faszinierte, sieht Gott als den Ur-Theologen, da er von sich selbst Kunde gibt; und wer ihn verstehen will, muss ihm nahe, d.h. begnadet und heilig sein, eben ‚Gottes Freund'."

[11] Vgl. ebd.: „‚Docere', so bemerkt Thomas von Aquin, wird grammatikalisch mit einem doppelten Akkusativ-Objekt konstruiert: Man lehrt eine Person etwas. Beide Aspekte fordern die lehrende Person heraus: die Wahrheit, von der man spricht, zu verstehen, und sich auf die Personen einzustellen, zu denen man spricht. Die doppelte Ausrichtung der theologischen Lehre stellt somit eine spezifische Anwendung des Doppelgebotes dar: Die Bemühung um die Erkenntnis Gottes entspricht der Gottesliebe; diese Erkenntnis anderen weiterzugeben, der Nächstenliebe. Nichts anderes sagt die berühmte Kurzformel: ‚Contemplari – et contemplata aliis tradere'. (Vgl. Ver. XI, 4 ad 4: ‚quod vita contemplativa sit principium doctrinae') Wie die Gottesliebe die Grundlage und Voraussetzung wahrer Nächstenliebe ist, so ist der Akt der ‚contemplatio', das ‚geistige Anschauen' (griech.: theorein), die Voraussetzung für die Weitergabe. Dabei darf man nicht übersehen, dass für Thomas von Aquin der Akt der ‚contemplatio' zwar ein Vollzug des Erkenntnisvermögens (intellectus) ist, dieser Akt aber nicht vollzogen wird, wenn die Liebe nicht dazu antreibt (caritas movens): Man muss die Wahrheit Gottes lieben, um den Blick auf sie zu heften.(Sth II II q.180 a.1) Thomas befestigt seine Ansicht mit einem Wort Jesu: ‚Wo dein Schatz ist, da ist dein Herz' (Mt 6,21). Für Bonaventura ist contemplatio ebenfalls ein Erkenntnisvorgang, wobei in seiner Sicht Erkenntnis und Liebe womöglich noch inniger zusammenwirken. Man darf hinzufügen, dass Bonaventura contemplatio vor allem als ein Erfassen dessen versteht, was Gott zu erkennen gibt, mit anderen Worten: als Handeln Gottes am Menschen. Es wird eine gnadenhafte Erkenntnis geschenkt, die den Menschen verwandelt, umgestaltet." Vgl. dazu auch: Marianne Schlosser:

Cognitio et amor. Zum kognitiven und voluntativen Grund der Gotteserfahrung nach Bonaventura, Paderborn 1990.

[12] Vgl. S.th. I 1,1: Ad ea etiam quae de deo ratione humana investigari possunt, necessarium fuit hominem instrui revelatione divina. Quia veritas de deo, per rationem investigata, a paucis, et per longum tempus, et cum admixtione multorum errorum, homini proveniret, a veritatis cognitione dependet tota hominis salus, quae in deo est. Ut igitur salus hominibus et con venientius et certius proveniat, necessarium fuit quod de divinis per divinam revelationem instruantur. Necessarium igitur fuit, praeter philosophicas disciplinas, quae per rationem investigantur, sacram doctrinam per revelationem haberi.

[13] Vgl. Jörg Splett: ‚Beyond Personality'. Der Mensch als Dreinigkeitsbild, in: Thomas Möllenbeck / Berthold Wald: Wahrheit und Selbstüberschreitung. C. S. Lewis und Josef Pieper über den Menschen, Paderborn 2011, 201-216.

[14] Josef Pieper hat diesen Aspekt der Philosophie des Thomas von Aquin in seinem Aufsatz „Über die Aktualität des Thomismus" zusammen mit dem anderen, der dem Büchlein den Titel gab, untersucht, nun beide zu finden in: Unaustrinkbares Licht. Das negative Element in der Weltansicht des Thomas von Aquin (1953), in: Berthold Wald (Hg.): Josef Pieper Werkausgabe, Bd. 2, Hamburg 2001, 112-152.

[15] Vgl. S.th. I 2, 3: „Praeterea, quod potest compleri per pauciora principia, non fit per plura. Sed videtur quod omnia quae apparent in mundo, possunt compleri per alia principia, supposito quod deus non sit, quia ea quae sunt naturalia, reducuntur in principium quod est natura; ea vero quae sunt a proposito, reducuntur in principium quod est ratio humana vel voluntas. Nulla igitur necessitas est ponere deum esse."

[16] Ebd.: Ad primum ergo dicendum quod, sicut dicit Augustinus in enchiridio, deus, cum sit summe bonus, nullo modo sineret aliquid mali esse in operibus suis, nisi esset adeo omnipotens et bonus, ut bene faceret etiam de malo. Hoc ergo ad infinitam dei bonitatem pertinet, ut esse permittat mala, et ex eis eliciat bona."

[17] Eleonore Stump: Aquinas, London-New York 2003, 478.

[18] Über den Schmerz, 18f.

[19] Ebd., 15.

[20] Ebd., 28.

[21] Vgl. John Henry Newman: Christentum und Wissenschaft, hrsg. von Heinrich Fries, übers. von Arnold Diehm, Darmstadt 1957, 66: „ein Wesen von Macht, Weisheit, Güte und sonst nichts, ist nicht sehr verschieden vom Gott der Pantheisten." Paleys Zuversicht, im 26. Kapitel seiner *Natural Theology* die Güte der Gottheit bewiesen zu haben, steht auch die Skepsis früherer und späterer Philosophen gegenüber. In seiner Kritik der reinen Vernunft meint Immanuel Kant immerhin noch, der teleologische Beweis „könnte höchstens einen Weltbaumeister, der durch die Tauglichkeit des Stoffs, den er bearbeitet, immer sehr eingeschränkt wäre, aber nicht einen Weltschöpfer, dessen Idee alles unterworfen ist, dartun" (A 627), während John Stuart Mill (Theism 1887, 94) neben der Allmacht auch noch die Güte des Schöpfers ausschließt, bevor er die Beweiskraft des Arguments zugesteht: „Dies also sind die Endergebnisse der Natürlichen Theologie bezüglich der göttlichen Attribute. Ein Wesen von großer, aber begrenzter Macht [...] welches das Glück seiner Geschöpfe anstrebt und etwas darauf achtet, welches aber andere Motive seines Handelns hatte, für die es sich mehr interessiert, und von welchem kaum angenommen werden kann, das Universum allein zu diesem Zweck geschaffen zu haben." Vgl. Möllenbeck, Kardinalfehler, 265 Anm. 14.

[22] Im Brief vom 13. April 1870 an William Robert Brownlow erklärt Newman, warum er sich in seiner *Grammar of Assent* nicht auf das *Argument from Design* stützt, um die Existenz des Schöpfers zu beweisen: „And to tell the truth, though I should not wish to preach on the subject, for 40 years I have been unable to see the logical force of the argument myself. I believe in design because I believe in God; not in a God because I see design." (Stephen Dessain (Hg.): The Letters and Diaries of John Henry Newman, Bd. XXV, Oxford 1973, 97) Zur eingeschränkten Reichweite der ‚Physikotheologie', die nach Kant der Moraltheologie bedarf, um zu einer ersten Ursache von höchster Vollkommenheit zu gelangen, vgl. *Kritik der praktischen Vernunft* (A 251f.): „Da wir diese Welt nur zu einem kleinen Teile kennen …, so können wir von ihrer Ordnung, Zweckmäßigkeit und Größe wohl auf einen *weisen, gütigen, mächtigen* etc. Urheber derselben schließen, aber nicht auf seine *Allwissenheit, Allgütigkeit, Allmacht*, u.s.w."

[23] John Henry Newman: Apologia pro vita sua. Geschichte meiner religiösen Überzeugungen, Mainz 1951, 278f: „Wenn ich in einen Spiegel blickte und darin mein Gesicht nicht sähe, so hätte ich ungefähr dasselbe Gefühl, das mich jetzt überkommt, wenn ich die lebendige, geschäftige Welt betrachte und das Spiegelbild ihres Schöpfers nicht in ihr finde. Das ist für mich eine der großen Schwierigkeiten dieser unbedingten, ersten Wahrheit, von denen ich eben gesprochen habe. Wäre es nicht diese Stimme, die so deutlich in meinem Gewissen und in meinem Herzen spricht, ich würde bei der Betrachtung der Welt zum Atheisten, Pantheisten oder Polytheisten. Ich rede hier nur von mir selbst! Es liegt mir fern, die wirkliche Kraft der Beweisgründe für die Existenz Gottes zu leugnen, die aus der allgemeinen Tatsache der menschlichen Gesellschaft und aus dem Gang der Geschichte genommen werden. Aber sie erwärmen und erleuchten mich nicht".

[24] So Lewis in seinem Essay *The Seeing Eye*, (Christian Reflections (1967), London 1991, 212f). (Übersetzung Vf.).

[25] Ähnlich wie Newman zu Beginn seiner *Apologia pro vita sua* die kindlichen Voreinstellungen nennt, die ihm den Weg zur Innerlichkeit ebneten, reflektiert auch Lewis auf die Voreinstellungen, die er in seiner Jugend zu der ihn umgebenden Welt einnahm, und die ihn dem christlichen Glauben entfremdeten: „In addition to this, and equally working against my faith, there was in me a deeply ingrained pessimism; a pessimism, by that time, much more of intellect than of temper. I was now by no means unhappy; but I had very definitely formed the opinion that the universe was, in the main, a rather regrettable institution." Und er erklärt, nachdem er von einigen frühen Erfahrungen gesprochen hat, diese Haltung wie folgt: „But it is perhaps just these early experiences which are so fugitive and, to an adult, so grotesque, that give the mind its earliest bias, its habitual sense of what is or is not plausible." (Surprised by Joy, 63f)

[26] Über den Schmerz, 17.

[27] Heute sind sie in überarbeiteter Form in *Mere Christianity* (1955) und zu deutsch in *Christentum schlechthin* (1956) zu finden.

[28] Die Selbstwidersprüchlichkeit des ‚rationalistischen Materialismus', der die eigene Rationalität durch die Voraussetzung des Materialismus negiert, hat C. S. Lewis in *Miracles* dargelegt. Vgl. dazu auch. Uwe Meixner: Die Nichtnaturalisierbarkeit der menschlichen Vernunft – nach C. S. Lewis, in: Thomas Möllenbeck / Berthold Wald: Wahrheit und Selbstüberschreitung. C. S. Lewis und Josef Pieper über den Menschen, Paderborn 2011, 49-72.

[29] Über den Schmerz, 17; im Original ist die Reihung klarer: „The direct inference from black to white, from evil flower to virtuous root, from senseless work to a workman infinitely wise, staggers belief."(The Problem of Pain, 3)

[30] The Problem of Pain, 7 (Übersetzung Vf.)

[31] Ebd., „Most attempts to explain the Numinous presuppose the thing to be explained – as when anthropologists derive it from fear of the dead, without explaining why dead men (assuredly the least dangerous kind of men) should have attracted this peculiar feeling."

[32] Ebd., 7f (Übersetzung Vf.).

[33] Ebd., 8 (Übersetzung Vf.).

[34] Ebd.: „These experiences resemble awe in one respect, namely that they cannot be logically deduced from the environment and physical experiences of the man who undergoes them. You can shuffle "I want" and "I am forced" and "I shall be well advised" and "I dare not" as long as you please without getting out of them the slightest hint of "ought" and "ought not". And, once again, attempts to resolve the moral experience into something else always presuppose the very thing they are trying to explain – as when a famous psycho-analyst deduces it from prehistoric parricide. If the parricide produced a sense of guilt, that was because men felt that they ought not to have committed it: if they did not so feel, it could produce no sense of guilt."

[35] Vgl. C. S. Lewis: The Abolition of Man (1943), London 1999; vgl. dazu auch: Uwe Meixner: Norm, Natur und Nihilismus: Bemerkungen zur moralphilosophischen Essenz von C. S. Lewis' Die Abschaffung des Menschen, in: Thomas Möllenbeck / Berthold Wald: Gott – Mensch – Natur. Zum Ur-Grund der Moral mit Josef Pieper und C. S. Lewis, Paderborn 2014, 129-149.

[36] The Problem of Pain, 9 (Übersetzung Vf.).

[37] Ebd., 10: „[…] great individuals in all times and places have taken it also, and only those who take it are safe from the obscenities and barbarities of unmoralised worship or the cold, sad self righteousness of sheer moralism. Judged by its fruits, this step is a step towards increased health. And though logic does not compel us to take it, it is very hard to resist – even on Paganism and Pantheism morality is always breaking in, and even Stoicism finds itself willy-nilly bowing the knee to God. " (Übersetzung Vf.)

[38] Über den Schmerz, 25.

[39] Ebd., 26.

[40] Dietrich von Hildebrand: Die Umgestaltung in Christus, Einsiedeln 1950, 28.

[41] Joseph Ratzinger: Theologische Prinzipienlehre. Bausteine zur Fundamentaltheologie, München 1982, 65.

[42] Über den Schmerz, 27.

[43] Norbert Feinendegen: Apostel der Skeptiker. C. S. Lewis als christlicher Denker der Moderne, Dresden 2015, 217-257. Eine sehr komprimierte Argumentation findet sich auch in: The Problem of Pain, 10-12; Über den Schmerz, 26-28.

[44] Über den Schmerz, 27.

[45] Ebd., 28.

[46] Surprised by Joy, 115f. (Übersetzung Vf.).

[47] Norbert Feinendegen: Denk-Weg zu Christus. C. S. Lewis als kritischer Denker der Modern, Regensburg 2008.

[48] Christentum schlechthin, Köln 1956, 59-63.

[49] Surprised by Joy, 204f (Übersetzung Vf.).

[50] Vgl. The Problem of Pain, 22: „And that brings us to our next subject – the Divine goodness. Nothing so far has been said of this, and no answer attempted to the objection that if the universe must, from the outset, admit the possibility of suffering, then absolute goodness would have left better than not to create: I am aware of no human scales in which such a portentous question can be weighed.

Some comparison between one state of being and another can be made, but the attempt to compare being and not being ends in mere words. "It would be better for me not to exist" – in what sense "for me"? How should I, if I did not exist, profit by not existing? Our design is a less formidable one: it is only to discover how, perceiving a suffering world, and being assured, on quite different grounds, that God is good, we are to conceive that goodness and that suffering without contradiction!"

[51] Surprised by Joy, 170 (Übersetzung Vf.).

[52] Richard Dawkins: River out of Eden, New York 1995, 95-95: „This is one of the hardest lessons for humans to learn. We cannot admit that things might be neither good nor evil, neither cruel nor kind, but simply callous - indifferent to all suffering, lacking all purpose." (Übersetzung Vf.).

[53] De futilitate (Christian Reflections (1967), London 1991, 80-97, hier 95.

[54] Surprised by Joy, 170f (Übersetzung Vf.).

[55] Ebd., 171 (Übersetzung Vf.).

[56] Ebd. (Übersetzung Vf.).

[57] Christian Reflections, 211 (Übersetzung Vf.).

[58] Surprised by Joy, 171 (Übersetzung Vf.).

[59] Ebd., 208 (Übersetzung Vf.).

[60] Ebd., 209 (Übersetzung Vf.). In seinem Vortrag De futilitate bringt Lewis Argumente gegen den 'Realismus' vor, im Sinne „popular distinction … between what is called scientific thought and other kinds of thought. It is widely believed that scientific thought does put us in touch with reality, whereas moral or metaphysical thought does not." (Christian Reflections , 85; Übersetzung Vf.).

[61] Ebd.

[62] Ebd.: „The Absolute Mind – better still, the Absolute – was impersonal, or it knew itself (but not us?) only in us, and it was so absolute that it wasn't really much more like a mind than anything else." (Übersetzung Vf.)

[63] Ebd., 210 (Übersetzung Vf.).

[64] Alle Zitate zu finden in: Surprised by Joy, 210 (Übersetzung Vf.).

[65] Surprised by Joy, 211 und 222 (Übersetzung Vf.).

[66] Ebd. (Übersetzung Vf.).

[67] Ebd., 225 (Übersetzung Vf.).

[68] Ebd., 226f. (Übersetzung Vf.).

[69] Ebd., 227 (Übersetzung Vf.).

[70] Ebd., 228 (Übersetzung Vf.).

[71] Ebd., 227 (Übersetzung Vf.).

[72] Ebd., 228 (Übersetzung Vf.).

[73] Ebd., 231 (Übersetzung Vf.).

[74] Ebd., 226 (Übersetzung Vf.).

[75] Ebd., 237 (Übersetzung Vf.).

[76] Ebd., 181 (Übersetzung Vf.).

[77] Ebd., 180 (Übersetzung Vf.).

[78] Ebd., 181 (Übersetzung Vf.).

[79] Ebd. (Übersetzung Vf.).

[80] The Problem of Pain, 73 (Übersetzung Vf.).

[81] Ebd., 74 (Übersetzung Vf.).

[82] Ebd. (Übersetzung Vf.).

MARCUS KNAUP

DER EINZUG DES KÖNIGS – ODER:

Der philosophische Zugang zur Gottesfrage und die christliche Deutung des Mythos bei C. S. Lewis

Der literarisch anmutende Titel mag zunächst vielleicht an Lewis' Roman *The Lion, the Witch and the Wardrobe* und an Aslan, Sohn des großen Kaisers jenseits des Meeres, der als starker und mächtiger Löwe auftritt und schließlich das ferne Land Narnia von der Herrschaft der weißen Hexe befreit, erinnern. Ganz falsch ist dieser Gedanke nicht. Doch es soll im Folgenden nicht um die schönen Erzählungen aus Narnia gehen,[1] sondern darum, mit Clive Staples Lewis (1898-1963) die Frage nach Gott zu stellen. Es handelt sich dabei um ein Thema, das für den aus Belfast (Irland) stammenden Literaturwissenschaftler,[2] Schriftsteller und kritischen Intellektuellen Lewis von besonderer Bedeutung war.

Es gibt Stimmen, die in ihm sogar eine Art „modernen Kirchenvater", einen „Apostel der Skeptiker"[3] und „prophetische[n] Denker"[4] sehen wollen. Jedenfalls war Lewis zunächst lange Jahre Atheist und bekannte sich erst als erwachsener Mann im Jahr 1929 zum Glauben, dass es Gott gibt. Zum Glauben an den Gott Jesu Christi fand er erst zwei Jahre später, 1931, nicht zuletzt durch den Einfluss Tolkiens. Dass Lewis sich von einem Atheisten in einen Theisten verwandelte, wertet übrigens Richard Dawkins in seinem Buch *Der Gotteswahn* als „Trick" eines Theisten, um eine „Art kumpelhafte Glaubwürdigkeit aufzubauen"[5].

Mit seiner Abkehr vom Atheismus und seiner Hinwendung zum Theismus – noch nicht zum christlichen Glauben[6] – betrat Lewis ein neues, ihm vorher nicht bekanntes Land.[7] Die Erfahrung aus dieser Zeit vor 1929 ermöglichte es ihm sicherlich, die Einstellung und (Vor-) Urteile vieler seiner Zeitgenossen zu verstehen – und ihnen nicht als ausgebildeter Theologe, sondern als Literat in einer anschaulichen und klaren Sprache, in gedanklicher Tiefe und mit viel Überzeugungskraft zu begegnen.[8] Lewis engagierte sich u.a. in Form von Radiobeiträgen, im *Oxford University Socratic Club*[9] und in Romanen für Kinder und Erwachsene. Auch wenn sein Todestag nun schon über 50 Jahre zurückliegt, zählt Lewis zu den einflussreichsten Schriftstellern unserer Zeit. Literatur und Kino wären deutlich ärmer ohne ihn.

Aus der intellektuellen Auseinandersetzung mit der Gottesfrage sind eine Reihe von eigenständigen Schriften zur philosophischen Theologie und Religionsphilosophie erwachsen. Zu nennen sind hier u.a. *The Problem of Pain* (1940, dt.: *Über den Schmerz*[10]), *God in the dock* (1940, dt. *Gott auf der Anklagebank*[11]), *The Abolition of Man, or Reflections on education with special reference to the teaching of English in the upper forms of schools* (1943, dt.: *Die Abschaffung des Menschen*[12]), *Beyond Personality*[13] (1944, in deutscher Übersetzung zu finden als viertes Kapitel von *Pardon, ich bin Christ*[14]), *Miracles* (1947, dt.: *Wunder*[15]) und *The Four Loves* (1960, dt.: *Was man Liebe nennt*[16]).

Philosophischer Reflexion kommt nach Lewis die Aufgabe zu, das Ganze zu denken, totales Denken zu sein, während z.B. naturwissenschaftliches Denken teilbezogenes Denken ist.[17] Anders gesagt: Philosophisches Denken kann sich gar nicht davon dispensieren, Gott in das Denken einzubeziehen, will es totales Denken sein und allem auf den Grund gehen. Ja, es ist eine Frage der Redlichkeit, das Ganze nicht einfach nur hinzunehmen, sondern es ergründen zu wollen.[18]

Der folgende Beitrag ist in drei Abschnitte unterteilt: Zunächst wollen wir einen Blick auf einige „Gegenspieler des Königs" werfen. Gemeint sind jene Protagonisten, die sich dem Naturalismus und

Atheismus zugehörig fühlen (I.). Der Königstitel ist bei Lewis ein Bild für Gott.[19] Einige Facetten dieses Gottesbildes werden im zweiten Abschnitt thematisiert (II). Im dritten und letzten Abschnitt liegt es nahe, noch einen Blick auf die „Anhänger" des Königs, die „Königskinder", und die ihnen zugesprochene Verheißung zu werfen (III).

I. Das Spielfeld der Argumentation –
Über einige Gegenspieler des Königs

Die Frage nach Gott ist nicht nur eine existenziell persönliche Frage, sondern auch eine, die mit Widerspruch rechnen muss. Ganz neu ist dies freilich nicht. Denken wir z.B. daran, wie der Apostel Paulus nach seiner Rede auf dem Areopag den Spott der Leute und Philosophen auf sich zog. Seit der Neuzeit ist es mit der Frage nach Gott kaum einfacher geworden; im Gegenteil. Der Deismus verabschiedete Gott aus der Welt. Gott hat die Welt zwar erschaffen, sich aber zurückgezogen. Die Welt ist hiernach Gott los und Gott weltlos geworden. Dass er in der Geschichte tätig wird, mag man sich nicht vorstellen. Der sich heute einer nicht geringen Beliebtheit erfreuende Konstruktivismus will nur Konstruktionen des Menschen – nebst Cyber-Welten – anerkennen. Diese Sichtweisen können mit der biblischen Sicht von einem Gott, der in Jesus und durch seinen Heiligen Geist in der Geschichte handelt, nicht viel anfangen.

Die Einstellung und innere Offenheit, mit der wir an die Frage herantreten, ist alles andere als unwichtig. Der Astronaut Juri Alexejewitsch Gagarin, der als erster Mensch die Erde in einem Raumschiff umkreiste, stellte bekanntlich fest, dass er zwar in den Weltraum geflogen, aber Gott dort nicht gefunden habe. Denkbar wäre wohl auch jemand, der das gesamte Opus von Goethe gelesen hat und anschließend meint, er habe Faust kennengelernt, Wilhelm Meister, Lotte und den Werther, niemals aber Goethe, den es wohl nicht gebe. Für Lewis jedenfalls ist die Aussage des Astronauten eigentlich gar nicht weiter verwunderlich. „Wer ihn auf Erden nicht findet, wird ihn schwerlich im Weltraum finden. […] Schicken Sie aber einen Heiligen in einer Raumfähre hinauf, und er wird Gott im Weltraum genauso finden, wie er ihn auf Erden gefunden hat."[20] Es kommt auf die innere Bereitschaft an, sich der Gottesfrage zu stellen. Schließt man kategorisch aus, dass es etwas Übernatürliches gibt bzw. geben darf, begrenzt man von vornherein sein Sichtfeld. Mit naturwissenschaftlichen Experimenten kann man Gott nicht beweisen. Aber man kann auf andere Weise gut begründen, warum es vernünftig sein könnte, seine Hoffnung auf ihn zu setzen.

Auch der Glaube des Atheisten, dass es keinen Gott, nichts Übernatürliches, gibt,[21] hat gewisse Tücken, wie Lewis bemerkt:

> „Wenn sich der gute Atheist über sein Geworfensein in einen scheinbar grausamen und idiotischen Kosmos empört, dann huldigt er in Wirklichkeit unbewußt einem Etwas in oder hinter diesem Kosmos, das er als unendlich wertvoll und maßgeblich anerkennt",

was Lewis folgendermaßen begründet:

> „denn wenn Barmherzigkeit und Gerechtigkeit wirklich nur seine privaten Grillen wären und keine objektiven, a-persönlichen[22] Wurzeln hätten und er sich dessen bewußt wäre, dann könnte er nicht mehr empört sein. Gerade aus der Tatsache, daß er den Himmel seiner Mißachtung dieser Werte anklagt, wird deutlich, daß er irgendwo in seinem Innern weiß: Sie thronen in einem Himmel, der sogar noch höher ist."[23]

Gäbe es – wie der Atheismus annimmt – tatsächlich keinen Sinn, dann hätten wir auch keine Möglichkeit dies überhaupt zu erfassen.[24]

Im Naturalismus erkennt C. S. Lewis eine große Herausforderung unserer Tage.[25] Hierunter versteht er eine Auffassung, die davon ausgeht, alle Wirklichkeit sei Natur. Sonst existiert nichts. Es ist klar, dass hier ein ganz bestimmtes Verständnis von „Natur" vorausgesetzt wird: „Gerade weil der Naturalist der Meinung ist, außer der Natur existiere nichts, bedeutet das Wort *Natur* für ihn lediglich ‚alles' oder ‚das Ganze' oder ‚was es nur gibt'."[26]

Von vielen wird allein der Naturwissenschaft zugestanden, erkenntnistheoretisch vorurteilsfrei offen zu sein und die Wirklichkeit erfassen zu können. Nur das, was mit Hilfe naturwissenschaftlicher Methoden erkenn- und erfahrbar sei, dürfe Geltung für sich beanspruchen. Beim Naturalismus handelt es sich um eine Position, die beansprucht, eine *Auskunft über alles, was ist*, geben zu können.[27] Naturalisten übersehen aber gerne, dass ihre Position nicht das Ergebnis eines naturwissenschaftlichen Experimentes darstellt, sondern eine philosophische Position ist.[28]

Unsere subjektiven Erlebnisgehalte, unsere vernünftigen Denkinhalte, unsere Intentionalität, müssten vollständig objektiv beschreibbar sein, wenn der Naturalismus richtig liegt. Wenn wir Personen naturwissenschaftlich beschreiben, bleibt dabei immer etwas außen vor. Naturalisten können nicht verständlich machen, warum es nicht nur Materie, sondern eben auch Personen gibt, die mit Vernunft begabt und zu erlebnisfähigen Bewusstseinsinhalten fähig sind.

Mit dem Raum des Denkens betreten wir einen Raum, der nicht rein durch Kausalität begründet werden kann.[29] Der Naturalist wird jedoch seiner eigenen Überzeugung nach durch Neuronennetzwerke im Gehirn dazu bestimmt, seine Überzeugung für richtig zu halten. Er bekommt dann aber ein Problem, wenn er seine Sichtweise *begründen* will. Er kennt lediglich reine Wirkursachen. Die Gültigkeit seiner eigenen *Argumente*, um andere von der Richtigkeit des Naturalismus zu überzeugen, müsste der Naturalist demnach eigentlich in Frage stellen, wenn es keine rationalen Gründe gibt.[30]

Es sind nun vor allem Gesetzmäßigkeiten in der Natur, die man in naturalistischer Perspektive erkennen will und nicht *vestigia Dei*, Spuren Gottes, einen Verweischarakter auf einen Schöpfergott. Natur ist für den Naturalisten ein ungeheurer Prozess in Raum und Zeit, der sich von selbst fortsetzt. Er setzt voraus, dass Natur eine Einheit ist und logisch erschlossen werden kann.

Nur das, was auch die Naturwissenschaften für erkennbar, erfahrbar und beschreibbar halten, sei real. Das naturalistische Weltbild setzt eine in sich geschlossene Kausalkette voraus, in der es für jedes Ereignis hinreichende Bedingungen gibt bzw. dieses determiniert ist. Was nicht vorhersehbar ist, hat hier ebenso wenig Platz wie der freie Wille.[31] Verantwortung für meine Handlungen brauche ich demnach auch nicht zu übernehmen. Das kann auf chemische Voraussetzungen abgeschoben werden. „Wenn der Naturalismus stimmt, dann ist

‚ich sollte' eine ebensolche Feststellung wie ‚mich juckt es' oder ‚mir wird übel'."[32]

Mit Hilfe eines Naturgesetzes können wir Sachverhalte und Ereignisse analysieren und beschreiben: z.B. den Fall eines Apfels vom Baum oder wie eine Billardkugel durch eine andere bewegt wird. Naturgesetze schreiben aber nichts vor, haben keinen imperativen Charakter. Kein Naturgesetz befiehlt, eine Reise nach Hamburg zu machen. Dafür erwäge ich Gründe, die dafür und solche, die dagegen sprechen. Dass der ICE zwar schnell, aber doch nicht schneller als das Licht fahren kann, kann mit Hilfe von Naturgesetzen beschrieben werden. „In der ganzen Geschichte des Universums lässt sich nicht ein Ereignis finden, das durch irgendwelche Naturgesetze verursacht worden ist."[33]

Nach Lewis könne der Naturalist eine gewisse Vorstellung akzeptieren, wonach die Natur irgendwie göttlich ist und das Ganze sein soll. Nicht akzeptabel erscheine aber die Vorstellung eines Gottes, der die Natur hervorgebracht hat und ihr gegenübersteht.[34] Die uns umgebende Natur ist nach Lewis aber nicht die gesamte Wirklichkeit und sie hat ihren Ursprung auch nicht in sich selbst. Unsere Rationalität und die Tatsache der Erkennbarkeit von Wirklichkeit liegen genau darin begründet. Natur ist Teil einer größeren Wirklichkeit, Ergebnis einer Supranatur. Sie sei durch einen schöpferischen Akt ins Dasein gesetzt.

Natur und Vernunft stehen nach Lewis in einem asymmetrischen Beziehungsverhältnis. Die Vernunft kann in die Natur eindringen. Sie kann dort Beobachtungen machen, Schlussfolgerungen ziehen, Gesetzmäßigkeiten aufdecken. Sie kann Veränderungen vornehmen. Dies tut der Natur keinen Abbruch. Doch ein Einfluss der Natur auf die Vernunft bedeutet, dass der rationale Charakter selbst Schaden nehme. Vernunft, so Lewis, kann nicht auf Natur reduziert werden. Man kann sie demnach auch nicht in neuronalen Prozessen einfangen und dingfest machen. Sie ist nicht einfach eine Begleiterscheinung chemischer Abläufe.[35] Um etwas vernünftig abwägen zu können – z.B. die erwähnte Reise nach Hamburg – sind wir u.a. auf unser Gehirn angewiesen. Unsere Vernunft ist aber mehr als eine Or-

ganfunktion. Es gibt eine notwendige Bedingung für unsere Entscheidung zur Reise, aber, so Lewis, die „Vernunft ist mehr als nur
Biochemie des Gehirns"[36]. In § 17 seiner *Monadologie* hält Leibniz
fest:

> „Denkt man sich eine Maschine, die so beschaffen wäre, dass sie den-
> ken, empfinden und wahrnehmen könnte, so kann man sie sich der-
> art proportional vergrößert denken, dass man in sie wie in eine Müh-
> le eintreten könnte. Bei der Besichtigung ihres Inneren wird man
> dann aber nichts weiter finden als einzelne Teile, die einander stoßen,
> niemals aber etwas, woraus eine Wahrnehmung zu erklären wäre."

Im 21. Jahrhundert ließe sich dieser Gedankengang etwa in der Hinsicht abändern, dass wir uns anstatt der Mühle ein XXL-Gehirn vorstellen, in dem wir uns bewegen und umhergehen können. Wahrscheinlich könnten wir hier sehen, welche Areale wann aktiv sind.
Auf Vernunft würden wir dort aber wohl nicht stoßen.

Über notwendige neuronale Grundlagen für Prozesse, die wir als
typisch menschlich ansehen, können uns Neurowissenschaftler Auskunft geben. Doch wir dürfen nicht übersehen, dass es sich dabei
nicht um hinreichende Bedingungen handelt. Hätten wir es bei den
beeindruckenden bunten Bildern der Neurowissenschaftler mit hinreichenden Bedingungen zu tun, ließe sich aus der Dritten-Person-
Perspektive alles über eine Person sagen. Die Erste-Person-Perspek-
tive ließe sich durch diese Beschreibung austauschen. Es ist aber
nicht von der Hand zu weisen, dass es ein Unterschied ist, ob etwas
physikalisch dargelegt wird oder ob ich es selbst erlebe. Stellen Sie
sich einen – zugegeben etwas ungewöhnlichen – Winzer vor, der
statt eines fruchtigen Weins eine Karte mit physikalischen Wein-
Formeln anbietet. Wem diese genügt, kann sich ganz nüchtern als
Naturalist ansehen. Über das Geschmackserlebnis, darüber wie es
sich anfühlt, diesen Wein zu verkosten, wird er uns wohl kaum etwas sagen können.[37]

Die naturwissenschaftliche Methode ist richtig und wichtig, allerdings nicht die alleinige Zugangsweise zur Wirklichkeit. Insofern
gilt es, die Grenzen naturwissenschaftlichen Forschens im Blick zu
halten und ihre Zugangsweise nicht zu einer Weltanschauung zu
machen und zu verabsolutieren. Wir können nicht alles durch-

schauen wie Lewis unterstreicht. „Wenn man durch alles hindurch-
schaut, dann ist alles durchsichtig. Aber eine völlig durchsichtige
Welt ist unsichtbar geworden. Wer alles durchschaut, sieht nichts
mehr."[38]

Vernunft vermag die Natur zu durchdringen wie ein Organi-
sationsprinzip. Das Einkehren der Vernunft, welche eben nicht auf
rein natürliche Prozesse reduziert werden kann, sei wie der „Einzug
eines Königs bei seinen Untertanen"[39]. Es handelt sich um den
„rechtmäßigen Herrscher", sind die Wirkungen nämlich nicht Unordnung und Zerstörung, sondern Klarheit und Ordnung, ein Zu-
wachs an Sinn.

II. Der König

Der Mensch ist seit jeher bestrebt, zu erkennen, wer er ist, was seine
Stellung im Weltganzen ist. Er kann sich seiner Endlichkeit bewusst
werden und die Frage nach Unendlichem in sich aufkeimen lassen.
Der Tod kann für ihn nicht nur etwas sein, dass irgendwann einmal
auf ihn zukommt, sondern das jetzt schon sein Leben prägt und
durchdringt. Er kann sich als bedürftig erfahren, nach Wahrheit und
dem Sinn des Lebens fragen, sich selbst überschreiten.

Der Mensch erfährt sich als kontingentes Wesen. Und auch die
Erfahrung von Transzendenz gehört zu ihm. Er ist in der Lage, nicht
bei dem stehen zu bleiben, was unmittelbar gegeben ist, bei dem,
was er eh schon weiß und kann. Er ist fähig, die Frage nach Gott zu
stellen. Menschen können sich auf ein Mehr, eine Wirklichkeit *supra
natura*, ein Jenseits, ausrichten, sich nach Erfüllung sehnen. Seit es
Menschen gibt, gibt es die Überzeugung von einem Sein, das größer
ist als unser Denken und unsere Vernunft. Es handelt sich um ein
spezifisch menschliches Phänomen. Freilich heißt dies noch nicht,
dass es jene Wirklichkeit auch tatsächlich gibt. Aber es macht deutlich, dass der Mensch einen Verständnishorizont mitbringt, innerhalb dessen die Kunde von einem König der Könige, einem göttlichen Gott, erwartet werden kann. Es ist nicht abwegig, dass diesem
Warten und Hoffen eine Seinswirklichkeit gegenübersteht.

Lewis glaubt, dass die Vernunft nicht aus dem Menschen selbst stammt. Sie hat eine Vorgeschichte, ist einer ganz anderen Vernunft verdankt, die durch nichts anderes als durch sich selbst bedingt ist. Grund unserer Rationalität ist demnach die Vernunft Gottes selbst. Sie „kommt nicht aus dem Nirgendwo. […] Jeder menschliche Geist hat seine Wurzel in jenem ewigen, selbstexistenten, rationalen Wesen, das wir Gott nennen."[40]

Wir alle sind den Gesetzen von Zeit und Raum unterstellt, werden geboren und müssen einmal von dieser Welt Abschied nehmen und sterben. Eine Wesenheit, die nicht an Zeit und Raum gebunden ist, und deren Lebendigkeit nicht auf physischen Abläufen beruht, könnte jenseits von Leben und Tod sein. Lewis schreibt:

> „Almost certainly God is not in Time. His life does not consist of moments following one another. If a million people are praying to Him at ten-thirty tonight, He hasn't got to listen to them all in that one little snippet which we call ten-thirty. Ten-thirty – and every other moment from the beginning of the world – is always the Present for Him."[41]

Unser Leben ist endlich. Ein Leben, das keinen Anfang und kein Ende hat, wäre – um es mit einem klassischen Ausdruck zu sagen – ewig. Dabei dürfte diese Wesenheit auch nicht einfach nur größer und klüger sein als unsereins. Gott ist nicht ein Ding wie andere Dinge, eine Verlängerung dieser Welt. Er ist kein Supercomputer und kein Leviathan. Er kommt auch nicht nach der Natur. Das, was endlich und kontingent ist, ist nicht das absolute Sein. Man kann seine Existenz resp. seine Nichtexistenz auch nicht mit Hilfe von Strommessungen am Gehirn nachweisen.[42] Lassen sich „Gottesvorstellungen" im Religionsmagnetwellenexperiment erzeugen, dann ist kein Beweis erbracht, dass Gott nur eine Einbildung bzw. im doppelten Sinn des Wortes ein Hirngespinst ist. Mit der gleichen Logik könnte man das Gehirn einer Testperson so stimulieren, dass diese ganz fest glaubt, eine schmackhafte Pizza zu essen, und gleichzeitig schlussfolgern, dass es Pizza gar nicht gibt. Ein experimentell beherrschbarer und beweisbarer Gott wäre ein Götze, aber eben kein Gott.[43]

Auf den Begriff bringen kann man ihn nicht. Ginge dies, wäre er gerade nicht das Unendliche. Totalität kann nicht vollständig dargestellt werden, bleibt daher stets „nur" Fluchtpunkt. Man nennt den König auch den Höchsten. Über ihn kann nämlich nichts Größeres gedacht werden.[44] Und er ist – so hatte schon Xenophanes argumentiert – Einer.[45] Er denkt und vermag durch Denken zu verursachen, ist nicht anthropomorph zu denken, sondern moralisch perfekt, ungeworden.

Aus ihm ist alle Vielheit hervorgegangen. Er ist der Erste, der Grund allen Seins. „Die Freiheit Gottes besteht darin, daß keine andere Ursache denn Er selber Sein Tun hervorbringt und daß kein äußeres Hindernis es hemmen kann."[46] Es gehört zum Begriff Gottes, dass dieser nicht von einem anderen ins Dasein gesetzt wurde. Was ausschließlich aus sich existiert, ist ewig. Damit ist gemeint, dass er nicht irgendwann einmal begonnen hat zu sein und schließlich aufgehört hat zu existieren. Seine Existenz ist ununterbrochen. Die menschliche, d.h. endliche, Existenz, und die uns umgebende Natur können auf einen göttlichen Seinsgrund zurückgeführt werden, dem man freilich nicht weniger schöpferische Kreativität zugestehen darf als großen Denkern und Dichtern wie Goethe. Ja, die Idee, dass alle Menschen gleich sind – vor dem Recht und darüber hinaus – hat ihren Ursprung darin, dass alle Menschen sich dieser Schöpferkraft Gottes verdanken.

> „Für den Theisten", so Lewis, „ist die Vernunft – die Vernunft Gottes – älter als die Natur; und von ihr leitet sich die Regelmäßigkeit der Natur ab, die allein uns in die Lage versetzt, sie zu erkennen. Für den Theisten ist der menschliche Geist, im Akt des Erkennens begriffen, erleuchtet durch die göttliche Vernunft."[47]

Bei aller Unähnlichkeit weisen Schöpfer und Geschöpf strukturelle Gemeinsamkeiten auf, aufgrund derer wir Gott lieben können. „[E]ine uns völlig unbekannte Eigenschaft Gottes kann uns nicht dazu bewegen, Ihn zu lieben oder Ihm zu gehorchen."[48] Gott ist gegenüber dem, was er ins Dasein gesetzt hat, kein gänzlich Fremder, er ist ferner und näher zugleich. Wegen seiner unendlichen Größe kann er der Welt auch ganz nahe werden.[49] Was lebt und sich regt, ist

Ausdruck seiner Schöpferkraft.[50] Er ist aber nicht die Natur, sondern eben der König, d.h. nicht alles, was es gibt, ist Natur.

Wenn Gott nicht an Raum und Zeit, nicht an Materie gebunden ist, kann das Ewige in die Zeit einbrechen. Das Christentum glaubt an einen Gott, der sich in der Geschichte selbst offenbart. Offenbarung ist ein Lebensprozess, Präsenz von Klarheit, um Leben zu verwirklichen. Gott ist nicht identisch mit der Natur, sondern ihr Herrscher, der in sie einzudringen vermag: er ist – wie Lewis sagt – „nicht bloß ein König [...], sondern *der* König, ihr König und unserer."[51] Die Frage, ob und wie der eine König, von dem schon die Philosophen wissen, eben der König sein kann, von dem die alten Verheißungen und heiligen Schriften sprechen, verweist uns auf die sehr komplexe Frage des Zusammenhangs von Offenbarung und Philosophie.

Schon der vorchristliche philosophische Gottesbegriff stand freilich in einem Beziehungsverhältnis zur damaligen geistig-religiösen Welt. In diesem Zusammenhang ist an die drei Arten von Theologie (*genera theologiae*) zu erinnern, wie wir sie in den 41 Büchern der *Antiquitates rerum humanarum et divinarum* des Marcus Terentius Varro finden können: Er spricht dort von der *theologia mythica*, also der mythischen Theologie der Dichter, zum anderen von der *theologia naturalis*, der natürlichen Theologie der Philosophen, und schließlich von der *theologia civilis*, also der staatlichen Theologie. Die Mythen sind Inhalt der ersten Gattung, die Frage nach dem Kosmos und dem Wesen der Götter Inhalt der *theologia naturalis* und der Staatskult ist Inhalt der politischen Theologie. Bezugspunkt für die *theologia mythica* ist das Theater, für die *theologia civilis* der Raum der Polis und für die *theologia naturalis* ist es der uns umgebende Kosmos. Hier klingen die deutlichen Differenzen schon an: auf der einen Seite geht es bei der mythischen und staatlichen Theologie vorrangig um religiös-kultische Verwirklichung, andererseits bei der natürlichen Theologie um philosophische Wahrheit, d.h. Staatskult vs. Natur der Götter.

Eben jene Unterscheidung der *theologia tripartita* bei Varro wurde, wie J. Ratzinger in seiner Bonner Antrittsvorlesung vorgeführt hat, durch das Geschehen der Offenbarung unterlaufen, insofern der „Gott der Philosophen" zur sich mitteilenden und sprechenden Person wurde.[52] Er verweist in dem Zusammenhang auf einen möglichen Weg der Verhältnisbestimmung bei den Kirchenvätern, einen Bindestrich zwischen philosophischem Gottesbegriff und biblischer Gottesoffenbarung zu ziehen, also ein inneres Verwiesensein von Philosophie und Glaube anzunehmen, insofern die philosophische Wahrheit in den christlichen Glauben hineinragt und sich unter konkreten geschichtlichen Bedingungen verwirklicht.

> „Wenn der Glaube den philosophischen Gottesbegriff ergreift und sagt ‚Das Absolute, von dem ihr irgendwie ahnend wußtet, ist der Absolute, der in Jesus Christus spricht (‚Wort' ist) und angesprochen werden kann', so wird damit nicht einfach der Unterschied von Glaube und Philosophie aufgehoben und keineswegs, was bisher Philosophie war, in Glaube umgewandelt. Die Philosophie bleibt vielmehr als solche das andere und eigene, worauf der Glaube sich bezieht, um sich an ihm als dem anderen auszusprechen und verständlich zu machen. Und weiterhin wird der Begriff des Absoluten, wenn er aus seiner philosophischen Eigenexistenz oder genauer: aus seinem bisherigen Zusammensein mit dem Polytheismus herausgelöst und in das Beziehungsfeld des Glaubens eingefügt wird, notwendig eine tiefgehende Reinigung und Wandlung durchmachen müssen."[53]

Die Philosophen wurden durch die Offenbarung gewitzigt, den Mythos an sich anders zu bedenken und zu bewerten und die verschiedenen Mythen treffsicherer zu unterscheiden, auch wenn sie dazu nicht den Glauben an die Offenbarung annehmen mussten. Das Vernehmen der Vernunft wurde gefördert, nicht die Vernunft verfälscht oder ersetzt. Man denke an den Mythos vom Totengericht, den Sokrates im *Phaidon* erzählt, der durch die Offenbarung von Tod und Auferstehung Jesu *pro nobis*, das „schöne Wagnis" auf ihn zu setzen, noch einmal plausibilisiert und die philosophische Anthropologie auf eine neue Spur setzt.

Der Weg von C. S. Lewis zeigt demgegenüber noch eine neue philosophische Perspektive, in der die Möglichkeit bedacht wird, dass der Mythos selbst Geschichte wird. Dies soll im Folgenden gezeigt werden.

In einem Essay mit der Überschrift *Der alte Mythos vom sterbenden Gott* verweist Lewis auf die Auffassung eines Freundes, der Parallelen zwischen Christentum und moderner englischer Monarchie zu erkennen glaubt: „Die äußeren Formen des Königtums haben wir bis heute bewahrt, obwohl wir es seinem Wesen nach längst aufgegeben haben."[54] Es wird demnach etwas verkündet, was selbst vom Verkünder nicht mehr geglaubt werde. Für den einen oder anderen Vertreter einer „liberalen Theologie" mag dies in den Augen Lewis' auch hier und dort zutreffend sein, doch er wendet sich gegen die These, das Christentum insgesamt sei ein „bloßer Mythos" – eine These, die Lewis sehr vertraut war, hatte er ihr doch selbst einmal angehangen: Die monumentale Arbeit *The Golden Bough* des Altphilologen und Religionsethnologen James George Frazer hatte seinen Blick zunächst auf Gemeinsamkeiten zwischen älteren Mythen von einer sterbenden Gottheit und der Figur des leidenden und sterbenden Christus gelenkt. In Jesus wollte der Literaturwissenschaftler Lewis daraufhin eine christliche Kopie resp. Neuauflage eines Vegetationsmythos erkennen, hatte der Wanderprediger aus Palästina doch u.a. vom Weizenkorn gesprochen, das in die Erde fällt und sterben muss, um reiche Frucht zu bringen: Jesus von Nazareth also als eine Art „Korn-König" bzw. „Korn-Gottheit":[55] Inkarnation, Sterben und Auferstehung Christi als christliche Aneignung älterer Erzählungen der Völker.[56]

Ein nächtliches Gespräch mit Hugo Dyson und John Ronald R. Tolkien[57] vom 19. auf den 20. Sept. 1931 führt (nach seiner Hinwendung zum Theismus zwei Jahre zuvor) schließlich zu einer Veränderung.[58] Tolkien vermag ihn zu überzeugen, dass das Evangelium historisch wahr und Mythos zugleich ist. Jesus ist der, wonach die Mythen sich ausstrecken, die Vollendung jener in den Mythen zur Sprache kommenden Sehnsucht. Vor dieser Hintergrundfolie interpretiert er in dem erwähnten Essay den Kern des christlichen Glaubens als einen *Mythos*, welcher *gleichzeitig geschichtliche Tatsache* ist:

> „Der alte Mythos vom Sterben und Auferstehen eines Gottes kommt vom Himmel der Legenden und Phantasiegestalten herab. Er verbindet sich mit unserer Welt der historischen Tatsachen – und hört dabei doch nicht auf, ein Mythos zu sein. Er *geschieht* an einem bestimmten Tag, an einem bestimmten Ort, mit bestimmten geschichtlichen Folgen. So werden Balder und Osiris, von denen niemand weiß, wo und wann sie gestorben sind, gleichsam abgelöst durch eine geschichtliche

Person, von der man weiß, daß sie unter Pontius Pilatus gekreuzigt wurde. Der Mythos wird zur historischen Tatsache und hört dabei doch nicht auf, ein Mythos zu sein; das ist das Wunder!"[59]

Insofern müssen auch die Computerbenutzer unserer Tage keineswegs vor dem Weltbild der Bibel in Schutz genommen werden.[60] Lewis geht es nicht um ein „Entmythologisierungsprogramm", das sich anschickt, den „wahren Kern" des Christentums angesichts einer Diskreditierung des Christlichen als Mythos retten zu wollen, in dem es alles, was nicht mehr dem kritischen Blick des Zeitgeists genügen will, abzustreifen versucht. Lewis will das Wahre des Mythos retten und erweist sich dadurch eben auch als Philosoph.[61] Inkarnation, Auferstehung und Parusie, sind für ihn nicht einfach von Menschen erdacht und erdichtet.[62]

Insofern Gott Gott ist, kann er in die Schöpfung eingreifen. Insofern er König ist, kann er Einzug halten und sich in der Natur aussprechen und so seine Freiheit zeigen. Diesen Supranaturalismus hält Lewis für möglich. Dass es in der Bibel auch mythische Elemente gibt, stellt für ihn kein Problem mehr dar. Lewis liebt und wertschätzt die Mythen alter Völker. Sie bringen seiner Ansicht nach etwas Wahres über den Menschen zum Ausdruck, was auch Karl Jaspers ähnlich beurteilt und folgendermaßen beschreibt: „[D]ie Sprache der Mythen als Chiffren einer übersinnlichen Wirklichkeit scheint mir unerläßlich und ihr Entbehren ein Unheil."[63]

In Jesus sieht Lewis die Erfüllung jener Sehnsucht, von der die Mythen sprechen. Er ist kein Korn-König, sondern der wahre König des Lebens, dessen frohe Botschaft er ernst genommen haben will.[64] Mythen sind demnach wie ein Strahl jener Wirklichkeit, die die Wirklichkeit Gottes ist, ein Erahnen des Numinosen. Sie sind für Lewis ein Vorläufer des Christentums, das Christentum die Erfüllung des Heidentums.[65] Das Evangelium ist nicht das dichterische Phantasieprodukt des Urchristentums, sondern bezieht sich auf die konkrete Person Jesu von Nazareth, der ein Mensch aus Fleisch und Blut war. Der Jesus des Glaubens ist der Jesus der Geschichte.[66] Mythen als Ausdruck einer Art natürlicher Religiosität und das Evangelium als Selbstoffenbarung Gottes stehen in einer legitimen Verbindung, was Lewis in seinem Buch *Wunder* (*Miracles*) folgendermaßen formuliert:

> „Angesichts eines solchen Gottes, der herabsteigt, um wieder hinaufzusteigen, können wir verstehen, warum Christus dem Kornkönig so ähnlich ist und sich doch zugleich über das Thema ausschweigt. Er ist dem Kornkönig ähnlich, weil dieser ein Abbild von ihm ist. Die Ähnlichkeit ist keineswegs unwirklich oder zufällig. Denn der Kornkönig ist (mittels menschlicher Vorstellungskraft) von den Fakten der Natur hergeleitet und die Fakten der Natur von ihrem Schöpfer."[67]

III. Königskinder

Alles, was es gibt, hat seine Herkunft entweder in sich oder in etwas anderem. Ersteres können wir nur über Gott, also den König, sagen. Menschen verdanken ihm ihr Dasein. Hierin ist auch ihr Adel begründet, die Würde des Menschengeschlechts. Doch nicht alle Menschen sind Anhänger des Königs. Und nicht alle können Natur als Schöpfung sehen. So wie Narnia zunächst in ein Winterkleid eingehüllt ist, scheint auch in unserem Land die Frage nach Gott winterliche Züge angenommen zu haben und die Zahl jener zuzunehmen, die den alten Verheißungen nicht mehr trauen wollen oder können. Nicht Strukturfragen, sondern der Glaube an diesen König selbst, scheint das eigentliche Problem zu sein. Das Fernsein des Königs, sein Vermisstwerden, bleibt eine Herausforderung, wenn man von ihm sprechen will. Wir sollten nicht vergessen: Jede und jeder glaubt etwas. Das gilt für den Naturalisten, den Astronauten, der glaubt Gott im All nicht finden zu können, und natürlich auch für den Theisten.

Die Anhänger des Königs sind diejenigen, die seiner Botschaft Gehör schenken und darauf vertrauen. Es sind die, die sich von Gott ansprechen lassen. Sie sind Hörer seines Wortes. Im Judentum und Christentum wurde die religiöse Erfahrung gemacht, wonach es Gott selbst ist, der einen Schritt auf die Menschen zu macht, sich durch Propheten mitteilt und in Jesus ein menschliches Antlitz annimmt. Der Mensch erfährt sich als hörend und angesprochen. Sein Handeln steht nicht in Konkurrenz zum König.

Die Kinder des Königs tragen seine Botschaft weiter. Wenn dieser Gott die Vernunft schlechthin ist, ist die menschliche Vernunft in besonderer Weise gefordert, wenn es um diesen König geht. Philosophischer Reflexion kommt die Aufgabe der Vermittlung zu. Wenn der Gläubige über Gott nachdenkt, tut er das natürlich als Mensch. Erfassen kann er ihn nicht. Dafür ist Gott zu groß. Doch erkennen kann er ihn schon. Der Glaube, so Lewis, kann sich nicht allein von philosophischen Argumenten her speisen. Auch nicht durch moralische Erfahrung sowie die Erfahrung des Numinosen. Bezugspunkt ist und bleibt die geschichtliche Selbstmitteilung. Ja, die Offenbarung und Erfahrung vermögen das durch die Philosophie von Gott gezeichnete Bild des Königs auszufüllen. Hier scheint eine Antwort auf die Sehnsucht dessen auf, wonach der Mensch sich ausstreckt. Das Wissen des heutigen Menschen im 21. Jahrhundert ist zweifellos größer als das Wissen zur Zeit der ersten Christen. Ihnen ist aber die eigentliche Substanz ihres Glaubens gemeinsam, weshalb dieser Glaube auch nicht an die jeweilige Mode einfach angepasst werden kann, würde das doch diesen Glauben selbst zu einem anderen machen und ist doch nichts so schnell veraltet und flüchtig wie das, was gerade Mode ist. Das vernünftige Reden von Gott versteht Lewis als eine Art „Landkarte". Die Erfahrung und das Zeugnis Anderer können eine wertvolle Orientierung geben:

> „Doctrines aren't God: they're only a kind of map. But that map's based on experience of hundreds of people who really were in touch with God – experiences compared with which any thrills or pious feelings you and I are likely to get on our own are very elementary and very confused."[68]

Die Geschichte des Menschen ist nicht nur eine lichtvolle, sondern eine mit vielen dunklen Stellen und blutigen Gewalttaten. Die bedrängend tönende Frage, warum es bösen Menschen immer wieder gelingt, sich durchzusetzen, ist so alt wie die Menschheit selbst. Bei Horkheimer findet sich folgende interessante Aussage: „Selbst wenn eine bessere Gesellschaft die gegenwärtige soziale Unordnung ablösen würde, wird das vergangene Elend nicht gutgemacht und die Not in der umgebenden Natur nicht aufgehoben."[69] Eine Hoffnung also, dass das Unrecht nicht das letzte Wort behält, Sehnsucht nach (einer ganz anderen) Vollendung. Um des Menschen willen kann nicht auf Gerechtigkeit verzichtet und muss die Forderung nach einem objektiv Guten aufrechterhalten werden.[70] Durch den Schmerz und das Leid kann der Mensch zum Leben kommen – in der Hoffnung freilich, dass es einen Sinn gibt, der einmal offenbar werden wird.

Das, was wir denken und tun, steht unter dem unbedingten Anspruch des Guten, das sein soll. Es ist der unbedingte Wert des Sittlichen. Das, was Gut und Böse sein soll, ist nicht einfach von Menschenhand gemacht. Gut und Böse müssen objektive Größen sein und für Kleine und Große, Dicke und Dünne, Arme und Reiche, Briten und Deutsche gelten. In den Worten von Lewis: „Wenn es keine objektive Norm für das Gute gibt, die ebenso die Deutschen wie die Japaner wie auch uns betrifft, unabhängig davon, ob einer von uns ihr gehorcht oder nicht, dann waren die Deutschen genauso berechtigt, sich ihre Ideologie zu schaffen, wie wir uns die unsere."[71] Der letzte Grund für Aussagen über Gut und Böse kann nicht in der Moral eines bestimmten Volkes liegen. „Wenn der Maßstab nicht unabhängig ist vom zu messenden Gegenstand, dann können wir nicht messen."[72] Der letzte Grund liegt für Lewis im Guten schlechthin: in Gott.

Das Königtum, von dem Jesus gesprochen hatte, bricht an, wenn der Wille des Königs geschieht. Doch nicht ohne den Menschen oder an ihm vorbei. Wenn Menschen den König als König anerkennen, sich von ihm bestimmen lassen, kann es Wirklichkeit werden. Und es wird nicht Wirklichkeit, wenn Menschen es nicht bei sich ankommen lassen. Ist der König nicht der letzte Sinngrund des eigenen Lebens, werden andere Güter schnell zum absoluten Gut erhoben. Theismus bedeutet nicht Heteronomie. Der König ist kein Diktator, der den Willen und die Freiheit des Menschen missachtet. Sein Reich wird ihm nicht aufgezwungen, sondern hierfür wird geworben und eingeladen. Es geht um die Verwirklichung und Entfaltung menschlicher Freiheit. Wer dieser Einladung nicht folgt, muss allerdings damit rechnen, dass dies Konsequenzen haben könnte und er zu seinem Reich keinen Zutritt mehr hat.

Die Herrschaft des Königs kann mit und mitten unter den Königskindern anbrechen. Sie kann frei machen von den alltäglichen Versklavungen und der Herrschaft der Mächte, in die die Königskinder verwickelt sind. Sie sollen an seinem Reich teilnehmen, seinem guten Willen zum Durchbruch verhelfen. Mit Vernunft, im Willen durch das Befolgen seiner Gebote, in den Herzen und in der leiblichen Existenz.

Die Kinder des Königs leben im Bewusstsein, dass der König nicht tot ist. Das müsste sie eigentlich mit wirklicher, tiefer Freude (*joy*, nicht: *happiness*[73]) erfüllen und sie müssten eigentlich schon rein äußerlich erlöster aussehen, was nicht immer der Fall ist.[74] Allerdings könnte es auch viel schlimmer sein, wären sie keine Christen.

> „If you want joy, power, peace, eternal life, you must get close to, or even into, the thing that has them. They're not a sort of *prizes* which God could, if He chose, just hand out to anyone. They are a great fountain of energy and beauty spurting up from the very centre of reality. If you are close to it, the spray will wet you: if you are not, you will remain dry."[75]

Auf Gott zu setzen, macht den Menschen nicht zum Schwächling, zum décadent, sondern lässt ihn über sich hinaus wachsen und sein Leben in Freiheit verwirklichen, welches nicht auf die Erfüllung von Interessen abzielt, sondern auf die Wahrheit dieses Königs. Seine bleibende Bezogenheit auf das Leben gilt es für die Königskinder deutlich zu machen, seine Botschaft und ihn selbst im Alltag aufscheinen zu lassen. Ihr Leben kann dann tatsächlich zu einem Leben in Fülle werden. Wer Gott, das Gute schlechthin, liebt, wird Freude am Tun des Guten haben und erfüllt sein von der Hoffnung, dass der Winter dem Frühling weichen wird.

> „Wir haben die Macht, uns entweder dem Frühling zu verschließen und damit in den Weltenwinter zurückzusinken oder weiterzugehen, den Herrlichkeiten des himmlischen Sommers entgegen. Dort ist unser Führer, der Menschensohn, zu Hause, und er ruft uns zu sich."[76]

Anmerkungen

[1] In den Jahren 1950 bis 1956 erscheinen die Narnia-Chroniken. „Die Narnia-Bücher fassen dieselben philosophischen und theologischen Argumente, die Lewis in *Wunder* darlegte, [...] in die Gestalt einer Geschichte." McGrath, A.: *C. S. Lewis. Die Biografie. Prophetischer Denker. Exzentrisches Genie*, Basel 2014, 307.

[2] In den Jahren 1925 bis 1954 war er Dozent und Tutor am Magdalen College in Oxford. Hierauf folgte eine Tätigkeit in Cambridge als Professor für englische Literatur des Mittelalters und der Renaissance.

[3] Vgl. Feinendegen, N.: *Apostel der Skeptiker. C. S. Lewis als christlicher Denker der Moderne*, Dresden 2015.

[4] So der Untertitel einer anlässlich des 50. Todestages erschienenen Biografie: McGrath, A.: *C. S. Lewis. Die Biografie. Prophetischer Denker. Exzentrisches Genie*, Basel 2014.

[5] Dawkins, R.: *Der Gotteswahn*, Berlin, [5]2009, 522 f. Abgesehen davon, dass er damit dem Lebensweg von Lewis und seiner freien Entscheidung nicht gerecht wird, ist es möglicherweise hier so, wie Lewis in seiner Autobiographie *Surprised by Joy* im Hinblick auf sich selbst bemerkt: „Ein [...] Mann, der Atheist zu bleiben wünscht, kann nicht vorsichtig genug in seiner Lektüre sein. Überall lauern Fallen – ‚aufgeschlagene Bibeln, Millionen Überraschungen', wie Herbert sagt, ‚feine Netze und Finten.' Gott ist, wenn ich das sagen darf, sehr skrupellos." Lewis, C. S.: *Überrascht von Freude. Eine Autobiografie*, Gießen [6]2014, 246.

[6] Vgl. Lewis, C. S.: *Überrascht von Freude. Eine Autobiografie*, Gießen [6]2014, 293.

[7] Hierüber hält er rückblickend fest: „Das, was ich so sehr fürchtete, hatte mich endlich eingeholt. Im Trinity Term [Sommersemester, M.K.] 1929 lenkte ich ein und gab zu, dass Gott Gott war, und kniete nieder und betete; vielleicht in jener Nacht der niedergeschlagenste und widerwilligste Bekehrte in ganz England." Lewis, C. S.: *Überrascht von Freude. Eine Autobiografie*, Gießen [6]2014, 292.

[8] J. Pieper bezeichnet den Schreibstil Lewis' als „Muster an anschaulicher Schlichtheit". Pieper, J.: Nachwort, in: Lewis, C. S.: *Über den Schmerz*, Freiburg 1966, 151-157, hier 151. An anderer Stelle erläutert er diese besondere Weise von Schlichtheit folgendermaßen: „[E]s ist darin ein Element von jener schlagenden Einfachheit, wie sie aus dem ‚Mutterwitz' stammt. ‚Mutterwitz' bedeutet doch die Fähigkeit, einen Sachverhalt, gerade einen wichtigen, auf solche Weise deutlich zu machen, daß ein Kind ihn versteht – und zugleich lacht (wie wir ja immer spontan lachen, wenn einer den Nagel auf den Kopf trifft)." Pieper, J.: ‚Mutterwitz'. Über die Sprache von C. S. Lewis, in: Möllenbeck, T. / Wald, B. (Hrsg.): *Wahrheit und Selbstüberschreitung. C. S. Lewis und Josef Pieper über den Menschen*, Paderborn 2011, 15-18, hier 16.

[9] Von 1942 bis 1954 amtiert Lewis als Präsident dieses Clubs. Christen, Atheisten und Agnostiker diskutieren hier gemeinsam über philosophische, religionsphilosophische und theologische Themen. Seinen Weg zum Christentum beschreibt Lewis selbst in: Lewis, C. S.: *Überrascht von Freude. Eine Autobiografie*, Gießen [6]2014.

[10] Lewis, C. S.: *Über den Schmerz*, München [9]2015.

[11] Lewis, C. S.: *Gott auf der Anklagebank*, Basel [6]2013.

[12] Lewis, C. S.: *Die Abschaffung des Menschen*, Einsiedeln [7]2012.

[13] Lewis, C. S.: *Beyond Personality. The Christian Idea of God*, London 1944.

[14] Lewis, C. S.: *Pardon, ich bin Christ, Meine Argumente für den Glauben*, Basel [19]2008, 138-198.

[15] Lewis, C. S.: *Wunder: möglich – wahrscheinlich – undenkbar?*, Basel / Gießen ²1980.

[16] Lewis, C. S.: *Was man Liebe nennt. Zuneigung, Freundschaft, Eros, Agape*, Basel ⁹2012.

[17] Vgl. Lewis, C. S.: *Wunder: möglich – wahrscheinlich – undenkbar?*, Basel / Gießen ⁷1980, 52.

[18] Ein solches Verständnis grenzt sich ab sowohl von einer Sicht, die die Frage nach Gott als nichtig ansieht, als auch von der Überzeugung, allein der Glaube könne von Gott wissen.

[19] Vgl. Lewis, C. S.: *Wunder: möglich – wahrscheinlich – undenkbar?*, Basel / Gießen ²1980, 41, 111, 155. Diese schöne Bezeichnung hat die Gottesdifferenz im Blick. Es gibt eine Ähnlichkeit bei gleichzeitiger Unähnlichkeit.

[20] Lewis, C. S.: Es geht um den rechten Blick, in: Lewis, C. S.: *Gedankengänge. Essays zu Christentum, Kunst und Kultur*, Basel 1986, 199-210, hier 204.

[21] Hingewiesen sei auf folgende lesenswerte Arbeit: Williams, P. S.: C. S. *Lewis vs. the New Atheists*, Milton Keynes 2013.

[22] Das englische „impersonal" ist hier im Sinne von „sachlich" zu verstehen.

[23] Lewis, C. S.: Über die Sinnlosigkeit, in: Lewis, C. S.: *Gedankengänge. Essays zu Christentum, Kunst und Kultur*, Basel 1986, 93-111, hier 109.

[24] „Gäbe es kein Licht in dieser Welt und darum auch keine Lebewesen mit Augen, um das Licht zu sehen, wir würden niemals wissen, daß es dunkel ist. Dunkel wäre ein Wort ohne Bedeutung." Lewis, C. S.: *Pardon, ich bin Christ. Meine Argumente für den Glauben*, Basel ¹⁹2008, 46.

[25] Der ehemalige Naturalist Holm Tetens will – ähnlich wie C. S. Lewis – im Naturalismus einen der „gewichtigsten Widersacher eines Gottesglaubens" (Tetens, H.: *Gott denken. Ein Versuch über rationale Theologie*, Stuttgart ²2015, 7) sehen. Doch anders als dieser schließt Tetens für die rationale Theologie aus, „dass Gott in dieser empirischen Welt Wunder wirkt und sich durch sie offenbart" (ebd., 8).

[26] Lewis, C. S.: *Wunder: möglich – wahrscheinlich – undenkbar?*, Basel / Gießen ²1980, 11.

[27] Vgl. ebd., 19.

[28] A. N. Whitehead bemerkt ganz passend: „Wissenschaftler, deren Lebenszweck in dem Nachweis besteht, daß sie zwecklose Wesen sind, sind ein hochinteressanter Untersuchungsgegenstand." Whitehead, A. N.: *Die Funktion der Vernunft*, Stuttgart 1995, 16.

[29] „Jede Gedankenfolge wird begleitet von dem, was Kant ‚das *ich denke*' genannt hat." Lewis, C. S.: *Wunder: möglich – wahrscheinlich – undenkbar?*, Basel / Gießen ²1980, 37.

[30] „Eine Theorie, die jede Erscheinung im Weltall erklärt, aber den Glauben an die Folgerichtigkeit unseres Denkens unmöglich macht, ist gänzlich indiskutabel. Denn diese Theorie könnte selbst nur durch Denken aufgestellt werden, und wenn das Denken nicht folgerichtig wäre, fiele ja die Theorie in sich zusammen. Sie würde alles zerstören, was ihr Glaubwürdigkeit verleiht. Sie wäre eine Beweisführung, die beweist, daß keine Beweisführung stichhaltig ist – also ein Beweis dafür, daß es etwas wie Beweise nicht gibt –, was in sich unsinnig ist." Lewis, C. S.: *Wunder: möglich – wahrscheinlich – undenkbar?*, Basel / Gießen ²1980, 22.

[31] Vgl. Lewis, C. S.: *Wunder: möglich – wahrscheinlich – undenkbar?*, Basel / Gießen ²1980, 12.

[32] Ebd., 45. Wenn es Geist also nicht gäbe, wäre Denken – um es mit den deutlichen Worten aus Hegels *Phänomenologie des Geistes* zu sagen – nichts anderes als „Pissen". Vgl. Hegel, G. W. F.: Phänomenologie des Geistes, in: Hegel, G. W. F.:

Hauptwerke in sechs Bänden, Darmstadt 1999, 192.

[33] Lewis, C. S.: Naturgesetz oder Gottes Wille?, in: Lewis, C. S.: Gott auf der Anklagebank, Basel ⁶2013, 61-65, hier 63.

[34] Vgl. Lewis, C. S.: *Wunder: möglich – wahrscheinlich – undenkbar?*, Basel / Gießen ²1980, 15. Für Ronald Dworkin ist Gott lediglich eine mögliche Konsequenz einer weit tieferen Weltsicht, die er als „Religion" bezeichnet. Diese umfassende Sicht besage, „dass ein inhärenter, objektiver Wert alles durchdringt, dass das Universum und seine Geschöpfe Ehrfurcht gebieten, dass das menschliche Leben einen Sinn und das Universum eine Ordnung hat" (Dworkin, R.: *Religion ohne Gott*, Berlin 2014, 11). Er plädiert, wie der Titel seines Buches schon nahelegt, für eine „Religion ohne Gott". Doch dieses Verständnis hat rein gar nichts mit Religion 1.) im Sinne von „relegere", dem aufmerksamen und beharrlichen Beobachten liturgischer Pflichten (Cicero: *De natura deorum* II 28,72), 2.) einem persönlichen Inbeziehungtreten zur Gottheit (vgl. Augustinus: *De civitate Dei* X 3) und 3.) im Sinne von „religare", einer Rückbindung an diese Gottheit, zu tun (vgl. Augustinus: *De vera religione* 55, 111, 307), sondern ist eher im Feuerbachschen Sinne zu lesen, dass Religion und Gott ein Machwerk des Menschen sind.

[35] „Wo Denken streng rational ist, da kann es, seltsamerweise, nicht unser, sondern muß es kosmisch oder super-kosmisch sein. Es muß etwas sein, was nicht in unsern Köpfen eingeschlossen ist, sondern schon ‚dort draußen' existiert [...]." Lewis, C. S.: Über die Sinnlosigkeit, in: Lewis, C. S.: *Gedankengänge. Essays zu Christentum, Kunst und Kultur*, Basel 1986, 93-111, hier 103.

[36] Lewis, C. S.: *Wunder: möglich – wahrscheinlich – undenkbar?*, Basel / Gießen ²1980, 50.

[37] Zur weiteren Kritik siehe auch: Knaup, M.: *Leib und Seele oder mind and brain? Zu einem Paradigmenwechsel im Menschenbild der Moderne*, Freiburg / München 2012; Knaup, M. / Müller, T. / Spät, P. (Hrsg.): *Post-Physikalismus*, Freiburg / München 2011.

[38] Lewis, C. S.: *Die Abschaffung des Menschen*, Einsiedeln ⁷2012, 82. Eine schonungslose Beherrschung der Natur bringe zudem eine äußerst bedenkliche Herrschaft des Menschen über Menschen mit sich. (Vgl. ebd., 70) Es gelte daher, den Wert der Natur neu zu entdecken, ein rein mechanistisches und funktionalistisches Verständnis des Lebendigen hinter sich zu lassen.

[39] Lewis, C. S.: *Wunder: möglich – wahrscheinlich – undenkbar?*, Basel / Gießen ²1980, 41.

[40] Lewis, C. S.: *Wunder: möglich – wahrscheinlich – undenkbar?*, Basel / Gießen ²1980, 37.

[41] Lewis, C. S.: *Beyond Personality. The Christian Idea of God*, London 1944, 20.

[42] Die praktische Vernunft jedenfalls kann die Anerkennung von Annahmen verlangen, die nicht bewiesen werden können: eben auch die Existenz eines Gottes. Vgl. Kant, I.: *Kritik der praktischen Vernunft*. AA Bd. V, A 226.

[43] In der sog. „Neurotheologie" geht es nicht um die philosophische bzw. theologische Frage nach Gott, sondern um Neurophysiologie religiöser Glaubensvollzüge.

[44] Lewis nimmt nicht an, dass sich vom Begriff des Vollkommenen Seins auf die tatsächliche Existenz Gottes schließen lässt. Er vermutet aber, dass hinter dem Ontologischen Argument die Erfahrung des Numinosen, einer Herrlichkeit, eines Erlebens ohne Begriffe und Worte stecke. (Vgl. Lewis, C. S.: *Christian Reflections*, London 1981, 178 f.) Die Erfahrung des Numinosen – und Lewis nimmt hier Bezug auf Rudolf Otto – liege allen Religionen zugrunde und sei so alt wie die Menschheit selbst (Lewis, C. S.: *Über den Schmerz*, München ⁹2015, 13, 15).

[45] Vgl. Barnes, J.: *The Presocratic Philosophers*, New York 2006, 85.

[46] Lewis, C. S.: *Über den Schmerz*, München ⁹2015, 32.

[47] Lewis, C. S.: *Wunder: möglich – wahrscheinlich – undenkbar?*, Basel / Gießen ²1980, 31.

[48] Lewis, C. S.: *Über den Schmerz*, München ⁹2015, 35.

[49] Bei Augustinus findet dies seinen Niederschlag als: „Deus interior intimo meo." (Augustinus: *Confessiones* III, 6). Und im Koran heißt es, dass Gott einem näher sein kann, als die eigne Halsschlagader (Sure 50,16).

[50] Dies ist eine Sichtweise, die nicht nur den Menschen nicht auf sein bloßes genetisches Programm und das, was er zu leisten vermag, reduziert: „The vegetable world is like Him because it is alive, and He is the ‚living God'. But life, in this biological sense, is not the same as the life there is in God: it is only a kind of symbol or shadow of it." Lewis, C. S.: *Beyond Personality. The Christian Idea of God*, London 1945, 13.

[51] Lewis, C. S.: *Wunder: möglich – wahrscheinlich – undenkbar?*, Basel / Gießen ²1980, 155. Der Königstitel ist schon im Alten Testament eine Bezeichnung für Gott. Im Neuen Testament verkündet Jesus das Königtum Gottes. Das Reich Gottes, von dem Jesus spricht und das er in zahlreichen Bildern zu veranschaulichen sucht, ist etwas, das mit seinem Wirken in Verbindung steht und anbricht. Es ist angebrochen, aber die Vollendung steht noch aus. Jesus selbst ist nach christlicher Überzeugung nicht ein Lügner oder Verrückter, sondern diese Gottesherrschaft in Person.

[52] Vgl. Ratzinger, J.: Der Gott des Glaubens und der Gott der Philosophen. Ein Beitrag zum Problem der Theologia Naturalis, in: Ratzinger, J.: *Vom Wiederauffinden der Mitte. Grundorientierungen*, Freiburg ²1998, 40-59. Kritik an Varros *Theologia tripartita* übt bereits Augustinus in *De civitate Dei* VI, 5-10, 12.

[53] Ratzinger, J.: Der Gott des Glaubens und der Gott der Philosophen. Ein Beitrag zum Problem der Theologia Naturalis, in: Ratzinger, J.: *Vom Wiederauffinden der Mitte. Grundorientierungen*, Freiburg ²1998, 40-59 hier 57 f.

[54] Lewis, C. S.: Der alte Mythos vom sterbenden Gott, in: Lewis, C. S.: *Gott auf der Anklagebank*, Basel ⁶2013, 47-53, hier 47.

[55] Hierauf nehmen Christoph Kardinal Schönborn (*Weihnacht. Mythos wird Wirklichkeit. Meditationen zur Menschwerdung*, Freiburg ³1993, 23-27) und im Anschluss an ihn Joseph Ratzinger / Papst Benedikt XVI. (*Jesus von Nazareth. Erster Teil. Von der Taufe im Jordan bis zur Verklärung*, Freiburg 2007, 316) Bezug.

[56] Erste Zweifel stellen sich bei Lewis ein nach einem Gespräch am Kamin im Jahre 1926 mit einem Atheisten. „Anfang 1926 saß mir in meinem Zimmer der hartgesottene aller Atheisten, die ich je kannte, am Kamin gegenüber und bemerkte, die Evidenz für die Historizität der Evangelien sei eigentlich überraschend gut. ‚Komische Sache', fuhr er fort. ‚Dieses ganze Zeug von Frazer über den sterbenden Gott. Komische Sache. Es sieht fast so aus, als wäre es einmal tatsächlich geschehen." Lewis, C. S.: *Überrascht von Freude. Eine Autobiografie*, Gießen ⁶2014, 285. Vgl. hierzu auch ebd., 299.

[57] „Lewis mag seine eigenen Bestseller geschaffen haben, doch er war auch Geburtshelfer für Tolkiens Meisterwerk [*Der Herr der Ringe*, M.K.] und schlug Tolkien sogar aufgrund dieses epischen Werkes für den Literaturnobelpreis 1961 vor." McGrath, A.: *C. S. Lewis. Die Biografie. Prophetischer Denker. Exzentrisches Genie*, Basel 2014, 13.

[58] Tolkien hat diese Begegnung in einem seinem Gedicht „Mythopoeia" lyrisch verarbeitet.

[59] Lewis, C. S.: Der alte Mythos vom sterbenden Gott, in: Lewis, C. S.: *Gott auf der Anklagebank*, Basel ⁶2013, 47-53, hier 52.

[60] Vgl. hierzu Bultmann, R.: *Neues Testament und Mythologie. Das Problem der Entmythologisierung der neutestamentlichen Verkündigung*, München [3]1988, 16.

[61] Vgl. hierzu Aristoteles: *Metaphysik* 982 b 18.

[62] Sie hierzu: Bultmann, R.: *Neues Testament und Mythologie. Das Problem der Entmythologisierung der neutestamentlichen Verkündigung*, München [3]1988, 12 f.

[63] Jaspers, K. / Bultmann, R.: *Die Frage der Entmythologisierung*, München 1954, 77.

[64] Dass sich Lewis als Christ u.a. auch auf die Autorität der Bibel stützt, wird u.a. von R. Dawkins belächelt. Lewis hätte es seiner Ansicht nach besser wissen müssen (vgl. Dawkins, R.: *Der Gotteswahn*, Berlin, [5]2009, 130). Nicht unähnlich der für seine Arbeiten zur Soziobiologie und Evolutionstheorie bekannte Edward O. Wilson. Philosophen und Bewunderern von C. S. Lewis wirft er vor, intellektuell nicht redlich zu sein, wenn sie nach längerer Überlegung zu der Überzeugung gelangen, es gebe tatsächlich einen Gott (vgl. Wilson, E. O.: *Der Sinn des menschlichen Lebens*, München 2015, 169).

[65] Vgl. Lewis, C. S.: *Überrascht von Freude. Eine Autobiografie*, Gießen [6]2014, 84.

[66] Dies hat in besonderer Weise D. F. Strauß bestritten und in den neutestamentlichen Texten das Produkt einer kollektiven Phantasie erkennen wollen. (Strauß, D. F. *Das Leben Jesu, kritisch bearbeitet*, 2 Bände, Tübingen 1835).

[67] Lewis, C. S.: *Wunder: möglich – wahrscheinlich – undenkbar?*, Basel / Gießen [2]1980, 137.

[68] Lewis, C. S.: *Beyond Personality. The Christian Idea of God*, London 1945, 10.

[69] Horkheimer, M.: *Die Sehnsucht nach dem ganz Anderen*, Hamburg 1971, 69.

[70] Lewis ist sich sicher: „Gott wird angreifen. Aber ich frage mich, ob diejenigen, die von Gott jetzt verlangen, er solle offen und direkt in unsere Welt eingreifen, sich vorstellen können, was dann geschehen wird. Das ist das Ende dieser Welt. Wenn der Autor auf die Bühne tritt, ist die Vorstellung zu Ende." Lewis, C. S.: *Pardon, ich bin Christ. Meine Argumente für den Glauben*, Basel [19]2008, 68.

[71] Lewis, C. S.: Das Gift des Subjektivismus, in: Lewis, C. S.: *Gedankengänge. Essays zu Christentum, Kunst und Kultur*, Basel 1986, 113-126, hier 115.

[72] Ebd., 115.

[73] Vgl. Lewis, C. S.: *Beyond Personality. The Christian Idea of God*, London 1944, 49. Für Lewis bedeutet die Hinwendung zum christlichen Glauben „Freude" (*joy*). Vgl. Lewis, C. S.: *Überrascht von Freude. Eine Autobiografie*, Gießen [6]2014.

[74] „Bessere Lieder müßten sie mir singen, daß ich an ihren Erlöser glauben lerne: erlöster müßten mir seine Jünger aussehen!" (Friedrich Nietzsche: Also sprach Zarathustra, in: Nietzsche, F.: *Werke in drei Bänden*, München 1955 (Lizenzausgabe 1997 für die Wissenschaftliche Buchgesellschaft), Band 2, 350. Papst Franziskus sagt das in seinem Apostolischen Schreiben Evangelii Gaudium so: „Die Freude des Evangeliums erfüllt das Herz und das gesamte Leben derer, die Jesus begegnen. Diejenigen, die sich von ihm retten lassen, sind befreit von der Sünde, von der Traurigkeit, von der inneren Leere und von der Vereinsamung. Mit Jesus Christus kommt immer – und immer wieder – die Freude. […] Ein Verkünder des Evangeliums [darf] nicht ständig ein Gesicht wie bei einer Beerdigung haben." Papst Franziskus: *Die Freude des Evangeliums. Das Apostolische Schreiben ‚Evangelii gaudium' über die Verkündigung des Evangeliums in der Welt von heute*, Freiburg 2013, 43 und 52.

[75] Lewis, C. S.: *Beyond Personality. The Christian Idea of God*, London 1944, 27. Wenn Lewis von einer „good infection" spricht, erinnert dies an Platons μέθεξις-Lehre (vgl. ebd., 23 ff.).

[76] Lewis, C. S.: Das große Wunder, in: Lewis, C. S.: *Gott auf der Anklagebank*, Basel [6]2013, 67-77, hier 77.

TILL KINZEL

„PHILOSOPHISCHE SCHRIFTSTELLEREI"? –

C.S. Lewis und Josef Pieper über das Verhältnis von

philosophischer Erkenntnis und literarischer Darstellung

Einleitung: Sprache und das Problem der Kommunikation

C.S. Lewis und Josef Pieper, der Literaturwissenschaftler und der
Philosoph, kommen gleichsam von verschiedenen Seiten zu einem
doch erstaunlichen Fundus an Gemeinsamkeiten. Davon legen nicht
zuletzt die inzwischen zur guten Tradition gewordenen Paderborner
Tagungen sowie die aus ihnen hervorgegangenen reichhaltigen
Buchpublikationen Zeugnis ab. Diese Gemeinsamkeiten sollen Unterschiede konfessioneller und auch philosophischer Natur gewiß
nicht unter den Tisch kehren, aber man kann vielleicht auch hier gerade durch Aspekte des Vergleichs einiges für die Vielschichtigkeit
des angesprochenen Themas gewinnen, das ich in meinem Beitrag
etwas einzukreisen versuchen möchte. So läßt sich vielleicht von Lewis und Pieper her einige Klarheit darüber gewinnen, wie Fragen
der literarischen Darstellung und damit der Kommunikation mit einem Lesepublikum mit dem Philosophieren zusammenhängen und

wie – abstrakter gesprochen – die systematische Unreinheit der Sprache mit ihrer aus analytischer Sicht bedenklichen Ungenauigkeit überhaupt zum Mittel einer Klärung der Gedanken werden kann.[1]

Der Philosoph Helmut Kuhn hat in einem längeren Essay über C. S. Lewis als Romancier der unerbittlichen Liebe ausdrücklich einen Vergleich des schriftstellerischen Werkes von Lewis mit dem von Josef Pieper angestellt, der sich unmittelbar auf das Thema meines Beitrags bezieht. Denn Kuhn geht von der Beobachtung aus, daß es für den Gebildeten nicht leicht sei, in der BBC „so zu sprechen, daß nicht nur eine Handvoll Fachgenossen und Mitgebildete zuhören, sondern daß die anderen, das Volk aufhorcht und versteht."[2] Wie schwer dies doch aber erst für den Gebildeten sei, der den Kopf voll Platon und Aristoteles habe, ruft er aus. Doch sei dies ein Denkfehler, den er eben durch den Vergleich von Lewis mit Pieper zu beheben sucht: „Die klassische Metaphysik", so Kuhn, „kommt zwar nicht mit der Sprache des Common sense aus, aber sie ist ihr verwandt. Ihre Sprache verhält sich zu der Sprache des Umgangs nicht wie die Sprache der Götter in Homer, eine Sprache mit einem nur ihr eigenen Vokabular, zu der Sprache der Sterblichen, sondern wie die Sprache des Erwachsenen zu der des Kindes" etc. Aristoteles verbinde statt zu trennen, und so spreche auch Lewis fast wie ein Plauderer, indem er an die einfachen Erfahrungen erinnert, „über deren einfache und saubere Formeln gelegentliche Blitze des Geistes zucken."[3] Doch dieser von Helmut Kuhn herausgestellte Sachverhalt ist nur ein Aspekt des philosophisch grundierten Sprechens von Lewis.

Ein weiterer wichtiger Hinweis darauf, daß Lewis' Denken und die von ihm gewählte Form der literarischen Darstellung mit dem Ideal scheinbarer analytischer Präzision nicht vereinbar ist, läßt sich dem Vorwort einer großen Studie über Lewis von Michael Ward entnehmen, der in seinem Buch *Planet Narnia* ausdrücklich dem Wert der indirekten Mitteilung zu neuer Geltung verhelfen möchte. Denn, so Ward, „not everything that needs to be said needs to be said outright" [„nicht alles, was gesagt werden muß, muß direkt gesagt werden"]. Das ist eine zumindest erklärungsbedürftige These, auch wenn Ward an dieser Stelle nur einen weiteren Satz anfügt, der das prekäre Verhältnis mancher Sachverhalte zu ihrer sprachlichen Artikulation thematisiert: „Some things, indeed, cannot be directly told: like happiness which 'writes white' they vanish when put into words."[4] Anders gesagt: Die Sprache ist nicht nur ein Mittel der direkten Kommunikation, sondern auch eines der Allusion, der Anspielung, mithin der indirekten Kommunikation. Sprache läßt sich nicht in einen Modus überführen, der nur noch das eigentliche Sprechen kennt und alles uneigentliche Sprechen, grob gesagt: die Metaphorizität, im weiteren Sinne aber auch alles symbolische und bildhafte Reden auszuschalten vermag. Ein besonders deutliches Beispiel für den Versuch von Lewis, sich mittels einer üppigen Bilderwelt der literarischen Sprache zu bedienen, um, wie es im Untertitel heißt, eine allegorische Apologie für das Christentum, die Vernunft und die Romantik vorzulegen, ist sein Buch *A Pilgrim's Regress* (deutsch z. B. unter dem Titel *Das Schloß und die Insel. Eine gespiegelte Pilgerreise* erschienen). Wie auch immer dies im einzelnen zu deuten sein mag (Lewis hat später selbst gesehen, daß der Begriff der Romantik hier mißverständlich verwendet wurde), so ist doch klar, daß Lewis in seiner allegorischen Apologie das Christentum und die Vernunft, wie er sie versteht, zusammenspannt. Er unternimmt ihre Verteidigung aber gerade nicht im Medium der Abhandlung oder eines ähnlichen Genres, sondern indem er eine mehr oder weniger phantastische Geschichte erzählt, die erst entschlüsselt werden muß und auch entschlüsselt werden kann.

Im folgenden möchte ich mich dem Thema so annähern, daß ich zunächst auf einige Überlegungen bei Josef Pieper eingehe, die sich für das Verhältnis von Philosophie und literarischer Darstellung auswerten lassen. Dann werde ich anhand einiger vor allem literaturkritischer Überlegungen von C. S. Lewis darzustellen versuchen, wie dieser englische Schriftsteller und Literaturwissenschaftler über das Verhältnis von Literatur, Sprache, Christentum und Vernunft dachte.[5] Abschließend unternehme ich den Versuch einer vorläufigen und notgedrungen knappen Charakterisierung von Lewis und Pieper als „philosophische Schriftsteller" im Kontext aktuellerer Diskussionen des Verhältnisses von Philosophie und Literatur.

Josef Pieper über das Problem philosophischer Schriftstellerei bzw. der philosophischen Sprache

Sichtet man Piepers Schriften mit Blick auf seine Reflexion des Darstellungsproblems in der Philosophie, so fällt zunächst auf, daß Pieper in allen seinen Schriften sehr strukturiert vorgeht. Er bemüht sich um Klarheit und erreicht diese auch häufig, so weit es eben geht. Zugleich diskutiert er auch im Rahmen seiner philosophischen Betrachtungsweise Texte, die sich nicht so ohne weiteres als „klar" ansehen lassen. Um dies zu sehen, genügt es an dieser Stelle, vor allem ein Buch von Pieper in den Blick zu nehmen, das von den Platonischen Mythen handelt, ergänzt durch einen konzisen Text über den Philosophierenden und die Sprache, abgedruckt in Band 3 der Werkausgabe.[6] Unter den Platondeutungen Piepers fällt dieses Buch etwas aus der Reihe, denn es thematisiert das, was Pieper gleich eingangs „eine einigermaßen wunderliche Sache" nennt, nämlich den Umstand, daß die platonischen Dialoge „voller Geschichten" sind und zugleich auch jeweils selbst eine Geschichte sind.[7] Nun ist es sicher kein Zufall, daß Pieper zur Beschreibung dieses Sachverhaltes den Ausdruck „verwunderlich" benutzt, denn dieser entspricht semantisch durchaus dem griechischen Ausdruck „atopos", mit dem Sokrates selbst gelegentlich charakterisiert wird (vgl. Platon, *Phaidros* 230c; *Gorgias* 494df). Es ist also etwas Verwunderliches und somit Staunenswertes um die Präsenz von Geschichten in der Philosophie, ein Problem, das in der Philosophie selbst m. E. noch nicht in hinreichendem Maße reflektiert worden ist, auch wenn es natürlich verschiedene Ansätze gibt, die dem Erzählen von Geschichten in bestimmten philosophischen Kontexten Aufmerksamkeit zugewendet haben.[8]

Pieper verweist exemplarisch auf die Geschichten, die man in der *Politeia* finden kann, vom Eingangssszenario über das Höhlengleichnis bis zur Auferweckungsgeschichte am Schluß – und wirft dann mehrere mögliche Erklärungen dafür auf. Es könnte sich ja einfach so verhalten, lautet eine Möglichkeit, „daß Platon eben von Natur ein großer Fabulierer ist", dem es Freude mache, „Geschichten zu erzählen und wohl auch zu erfinden".[9] Eine andere Möglichkeit ist, daß derlei Geschichten eine rein didaktische Funktion haben, und den abstrakten Gedanken veranschaulichen sollen. Schließlich kann man auch fragen, ob ein derartiger Text überhaupt Philosophie ist oder nicht eher Dichtung. Aus der Sicht eines Systemphilosophen wie Hegel mußte der Dialog grundsätzlich defizitär erscheinen, weil er nämlich nicht die wahre Gestalt der Wahrheit sein konnte. Bereits im nächsten Abschnitt führt Pieper einen weiteren Gedanken mittels einer Frage ein, die den Kern von Piepers Philosophiekonzeption berührt. Er fragt nämlich, ob es zutreffe, daß der „dogmatische", „allgemeinbegriffliche Satz die schlechthin vollkommene Weise des Wahrheitsbesitzes ist". Gerade da, wo die existentiellen Lebensbezüge des Menschen in Rede stehen – Pieper führt die Frage „Wer ist mein Nächster?" an – kann eine Definition zwar gegeben werden, doch bezweifelt er, ob diese Antwort grundsätzlich sachgemäßer und wahrer wäre als die Beantwortung durch eine Erzählung wie die vom barmherzigen Samariter.[10]

Pieper bringt den Gedanken ins Spiel, der für den Menschen relevante Wirklichkeitsbezug bestehe nicht in dem, was man „Sachverhalt" nennt, sondern in dem „Ereignis".[11] Der Sinn jener spezifischen Form von Geschichte, die man als Mythos zu bezeichnen pflegt, kommt damit in den Blick, auch wenn nicht alle Geschichten, die von Platons Figuren erzählt werden, solche Mythen sind. Ausgehend vom philologischen Befund skizziert Pieper die Vielgestaltigkeit dessen, was als Mythos oder Geschichte verstanden werden kann, so daß schnell klar wird: Auch das Reden vom Mythos kann sich nicht auf eine univoke Bedeutung berufen; man hat es also schon beim Versuch, näher zu bestimmen, was Mythos ist, mit der vielfachen „Unreinheit" der Sprache zu tun. Diese Unreinheit ist der Sprache generell zu eigen, weil sie sich in Metaphorizität verstrickt, die darauf verweist, daß Sprache immer schon nie nur wörtlich verstanden werden kann und darf.[12] Wenn dies aber so ist, sind Geschichten – als deren Teil Mythen verstanden werden können – schon gar nicht mehr so verwunderliche Sachen, wie man denken könnte. Piepers Bestandsaufnahme führt also sehr rasch zu einem

aus analytischer Perspektive nur als Paradoxon zu verstehenden
Schluß (oder sagen wir: zur Hypothese), daß auch nicht wörtlich zu
nehmende Rede in einem Bezug zur Wahrheit stehen kann, indem
sie nämlich, wie Pieper sagt, „auf ihre eigene, unheimliche Weise
wahr und gültig" ist.[13]

Das besondere Interesse Piepers gilt nun jenen Geschichten (Mythen), die man dem „Herzbereich" des Bedeutungsfeldes zuordnen
könne: „Es sind die Erzählungen von der Entstehung des Kosmos,
von der urzeitlichen Heils- und Unheilsgeschichte des Menschen,
vom Schicksal der Toten, von Gericht und Vergeltung im Jenseits."[14]
Sei es einerseits richtig, im Mythos mit Tillich eine religiöse Kategorie zu erkennen, so fügt Pieper doch einen für unseren Zusammenhang wichtigen Gesichtspunkt hinzu, den ich eben bereits unter dem
Schlagwort Metaphorizität erwähnt habe: Es geht beim Mythos immer auch um das Element der Uneigentlichkeit der Rede, die daraus
resultiert, daß es eben nicht möglich sei, das Gemeinte sprachlich
anders auszudrücken. Dieser Punkt nun kann nicht scharf genug
betont werden: Nach Pieper ist die Wahl der mythischen Geschichten als Medium der Vermittlung eines bestimmten Sachverhaltes
nicht einfach ein mögliches Mittel der literarischen Gestaltung. Vielmehr müsse man sich in *diesen* Dingen, die vor allem die „letzten
Dinge" für den Menschen sind, schlechterdings der symbolischen
Rede bedienen, „weil etwas anderes nicht möglich ist."[15] Nimmt man
diese Einsicht ernst (und das ist exakt Piepers Intention), dann ist es
eben nicht möglich, den Geltungsbereich der Geschichten darin zu
sehen, daß sie ausfüllen, was die wissenschaftliche Erkenntnis
(noch) nicht bereitgestellt hat. Oder etwas anders gesagt: Die Mythen füllen tatsächlich Lücken der wissenschaftlichen Erkenntnis
aus, aber deshalb, weil die eigentliche Rede an diesem Punkte
grundsätzlich versagen muß.

Pieper weist nachdrücklich darauf hin, daß es zumindest zwei
verschiedene Dialogformen Platons gibt, die in dieser Hinsicht zu
beachten sind. Das eine sind die mehr oder weniger aporetischen
Dialoge, die nicht zu einer Konklusion gelangen und in denen oft
die Fortführung des Gesprächs am Folgetag oder bei anderen Gele-

genheit in Aussicht gestellt wird. Das andere sind jene Dialoge, die wie *Gorgias*, *Politeia* und *Phaidon* „nicht mit einer offenen Frage zu Ende" gehen, „sondern mit einer Konklusion", die allerdings die Form des Mythos annehme (also gerade nicht rational-argumentierend ist). Deren Thema sei – und das dürfte kein Zufall sein – die „*eschata*", die letzten Dinge für den Menschen.[16]

Pieper führt nun ausführlich vor, inwiefern Platon das von ihm im Mythos vermittelte selbst für wahr gehalten habe; auf dies will ich im Einzelnen hier nicht weiter eingehen, empfehle aber das Buch Piepers einer erneuten Lektüre. Wichtig scheint mir an dieser Stelle noch der Gedanke, den Pieper in stetiger Auseinandersetzung mit der Platon-Literatur entwickelt, daß es sich um eine „rationalistische Beschränktheit" handele, „die symbolische Rede einfachhin der ‚Phantasie' zuzuordnen", so daß man Platons Mythen als Ausgeburten der dichterischen Phantasie zu verstehen hätte.[17]

Pieper referiert das Beispiel der Kritik an den Göttern Homers, um die Frage von wahr und falsch im Mythos aufzuwerfen, wobei es offenbar so ist, daß Platon sehr wohl von einem wahren Mythos ausgeht. Daran schließt Pieper die hier wichtige Bemerkung an, „die gebräuchliche Vorstellung einer allzu präzisen Trennung von philosophischer Begrifflichkeit und und mythischer Wahrheit" bedürfe einer Korrektur: „Platon jedenfalls hat die Einbeziehung der heiligen Überlieferung des Mythos als ein Element und vielleicht sogar als den äußersten Akt des Philosophierens selber verstanden."[18] Wie immer man dazu stehen mag – es ist für Pieper keine Frage, daß Platon den Mythos in entscheidender Hinsicht für „wahr" hielt, was bedeutet, daß er den von den „Alten" überlieferten „heiligen" Geschichten, die letztlich Gaben der Götter sind, Glauben schenkt. Letztlich aber ist für Pieper gar nicht die hermeneutisch interessante Frage, „was Platon seinerseits von der Wahrheit der von ihm erzählten Mythen gehalten habe", vielmehr spitzt er seine Auslegung am Ende des Buches dahingehend zu, es sei vielmehr zu fragen, „was wir selber davon halten" - und für die Christen könne die Antwort nur lauten: das im Mythos Dargestellte gebe es tatsächlich.[19]

C. S. Lewis und das Verhältnis von Literatur und Philosophie, von Sprache und Wahrheit

Bekanntlich hat sich Josef Pieper dezidiert zur Sprache von Lewis geäußert, der er erstens eine spezifische Form von Schlichtheit zusprach (im Nachwort zu dem seiner Meinung nach wichtigsten Buch von Lewis, *The Problem of Pain / Über den Schmerz*), dann zweitens in einer späteren Stellungnahme diese Beobachtung etwas differenzierte, indem er eine Eigenheit der Sprache von Lewis in dem erblickte, was er „Mutterwitz" nennt.[20] Ich brauche das hier nicht wiederholen. Da Lewis in erster Linie, wenn wir von seinem Berufsleben ausgehen, Literaturwissenschaftler war, scheint es mir legitim, hier wenigstens in groben Zügen diesen Aspekt seines Wirkens Revue passieren zu lassen, weil damit zugleich auch eine Berücksichtigung des wesentlichen Mediums verbunden ist, mit dem es der Literaturwissenschaftler ebenso wie der Philosoph zu tun hat, nämlich mit der Sprache. Die Beschäftigung mit der Sprache ist nicht trivial, auch nicht die Feststellung, daß Sprache durch die Kombination von Wörtern charakterisiert ist, die eine Bedeutung ausdrücken sollen.[21]

Lewis hat sich in vielen verschiedenen Texten immer wieder mit dem Problem befaßt, wie Sprache und sprachliche Bilder mit dem Denken zusammenhängen. Die Frage, wie die menschliche Imagination, die Phantasie oder Vorstellungskraft sich in ein Verhältnis zur äußeren Wirklichkeit setzen kann, spielt hierbei eine große Rolle. Die Rolle der Imagination ist daher zentral für jede Erörterung des Verhältnisses von literarischer Darstellung und philosophischer Wahrheit in der Sicht von C. S. Lewis. Daher ist es besonders erfreulich, daß aus dem Nachlaß des Autors erst kürzlich (2013) ein bedeutender Essay publiziert wurde, der für das Thema dieses Aufsatzes essentiell ist. Der Herausgeber hat den Text unter dem nicht von Lewis selbst stammenden Titel „Image and Imagination" vorgelegt, der auch als Haupttitel der Sammlung von Essays und Rezensionen fungiert, in der er publiziert ist. In diesem Text finden sich in großer Dichte Ausführungen, die wohl aus der Zeit um 1930 stammen und möglicherweise von Lewis für die Publikation in T. S.

Eliots Zeitschrift *The Criterion* gedacht waren. Es kam aber nicht zu dieser Publikation, die laut einem von Walter Hooper zitierten (und nicht in der dreibändigen Lewis-Briefausgabe abgedruckten) Brief an T. S. Eliot zum Ziel hätte haben sollen, die „romantic doctrine of imagination as a truth-hearing faculty" zu bestätigen.[22] Damit verband Lewis eine doppelte Intention: Einerseits wollte er die Ästhetik Benedetto Croces angreifen, der zufolge das ästhetische Produkt der geformte Ausdruck einer Intuition oder eines individuellen Gefühls ist;[23] andererseits aber ging es ihm darum, eine neo-aristotelische Literaturtheorie (nicht: Kunsttheorie!) zu formulieren. Er erörtert darum auch spezifische Aspekte literarischer Darstellungen, ohne damit eine Aussage darüber verbinden zu wollen, ob „Literatur" als eine Art innerhalb der übergeordneten Gattung „Kunst" verstanden werden könne (35). Lewis beginnt seine Erörterung damit, daß er durch logische Analogien verständlich macht, inwiefern abstrakte Definitionen nicht dabei helfen, die konkrete Wirkweise eines Gedichts zu erfassen. Es lasse sich nicht durch bloßen Rekurs auf eine Gattungsdefinition feststellen, was an einem konkreten Text das poetische Element ist und was bloß zufälligen Charakter hat (36). Es sei eine der Hauptursachen literaturkritischer Irrtümer, von einer hochabstrakten Kunstkonzeption auszugehen, die alle konkreten Eigenheiten bekannter Dichtungen und Bilder ausschließe (37).

Lewis geht dann auf das ihn eigentlich interessierende Thema zu, nämlich das, was für Literatur charakteristisch ist. Das unterscheidende Kriterium sei der Sprachgebrauch. Sprache beinhaltet Worte, die eine Bedeutung tragen, denn wenn es sich lediglich um Klänge handelte, wäre es keine Sprache. Das schließe nicht aus, daß die Bedeutung schwierig zu ermitteln sein kann, denn sie muß keineswegs in logische Symbole überführbar oder restlos in andere Wörter derselben Sprache übersetzbar sein (37). Die Sprache muß, so Lewis, bedeuten, und zwar in einem grundlegenden Sinne, denn es sei nicht möglich, daß ein Märchen entstehe, wenn Leser und Autor nicht eine Vorstellung davon haben, was ein „Schloß", eine „Stiefmutter" oder ein „Riese" *ist* (38). Lewis verwendet das Wort „ist" mit Bedacht, weil die Ambiguität in diesem Wort auf ein Problem hinweist. Denn kann man in der gleichen Weise sagen, daß ein Schloß oder eine Fee „ist"? Schließlich gibt es in der realen Welt Schlösser, jedoch keine Feen. Wäre es da nicht besser, so fragt Lewis, stattdessen davon zu sprechen, daß man wisse, was der Autor unter Schloß verstehe? Dann könnte man sich allein auf Worte konzentrieren, bräuchte aber kein Wissen über die reale Welt.[24] Doch eben dies ist nach Lewis ein Trugschluß. Und warum das so ist, erörtert er in den folgenden Passagen des Essays.

Ein bemerkenswerter formaler Aspekt des Textes ist nun, daß Lewis in den Essay mehrere längere Dialogpassagen integriert, die in Rede und Gegenrede bzw. Frage und Antwort an sokratische Dialoge erinnern.[25] Lewis bedient sich also einer literarischen Technik, die von Philosophen, aber auch von anderen Schriftstellern, seit Jahrtausenden immer wieder benutzt wird, um auf anschauliche, alltagsnahe Weise einen substantiellen Gehalt zu verhandeln.[26] Indem ein Thema dialogisch zwischen wenigstens zwei Gesprächspartnern verhandelt wird, ist es zumindest der Fiktion nach in einer Art Lebenswelt verankert, in der Menschen sich natürlicherweise unterhalten. Das philosophische Gespräch dagegen zeichnet sich dadurch aus, daß es, durchaus aus dem alltäglichen Konversationsverhalten erwachsend, die Erörterung auf grundsätzliche Fragen lenkt, die im Alltag gerade nicht regelmäßig und schon gar nicht bis ins Letzte diskutiert werden. Die Technik des „imaginären Dialoges" stellt zudem selbst schon einen Anwendungsfall der Imagination dar, um die es in dem Essay von Lewis geht. Insofern hat auch Lewis' Dialog innerhalb von „Image and Imagination" eine selbstreflexive Dimension, denn es handelt sich im strengen Sinne um die Form eines literaturkritischen Dialoges, in dem ästhetische und begriffliche Streitfragen diskutiert werden.[27]

Lewis führt in die dialogische Situation folgendermaßen ein: Ein Erzähler beginne damit, ein Märchen zu erzählen, indem er sagt: „Once upon a time there was a princess, who lived in a tower" (38). Daran knüpft Lewis nun einen imaginären und hypothetischen Dialog, indem er ausprobiert, was passiert (er sagt „suppose"), wenn man den Erzähler durch die Frage „Was ist ein Turm?" unterbricht.

In diesem Gespräch nun, dessen bloßer Möglichkeitscharakter vom Leser rasch vergessen wird, versucht sich der Erzähler dadurch aus der Affäre zu ziehen, daß er den Turm nicht als einen realen Turm verstanden wissen will, sondern nur als Sache der Einbildung (imagination). Der Turm erweist sich auf Nachfrage als Gebäude, das aus verschiedenen Baustoffen zusammengesetzt ist, die aber auch alle nur imaginäre Substanzen bzw. Materien sein sollen. Der Begriff der Materie wird vom Erzähler dem der Substanz vorgezogen, um nicht in metaphysische Erörterungen hineingezogen zu werden, denen er dann aber doch nicht entgehen kann. Der Gesprächspartner, den man hier als eine Persona von Lewis deuten kann, weist nun darauf hin, daß aus den Implikationen von Begriffen unendliche Reihen generiert werden können, die alle in der Einbildung Platz finden müßten, so daß sich auch die Frage stellen ließe, ob das Unendliche in der Einbildung repräsentiert sei. Ausgehend von der ursprünglichen Frage nach dem Realitätsstatus von Einzelwörtern oder -begriffen kommt der Frager zu dem Schluß, es müsse ein vollständiges Universum mit all seinen Details in der Einbildung vorhanden sein, was aber unmöglich sei (39-40).

An dieser Stelle bricht der Dialog zunächst ab und Lewis übernimmt in einer reflektierenden Passage wieder den Versuch, die Argumentation voranzutreiben. Lewis überführt also seinen Gedankengang nicht vollständig in die Form des Dialoges, sondern setzt den Dialog unterstützend und zur Verlebendigung des Gedankenganges ein. Er führt den Leser somit schrittweise über den dialogischen Nachvollzug zu der Einsicht, daß es nicht korrekt sein kann, eine strikte Trennung von Imaginiertem und Realem anzunehmen. Denn die Vorstellung, Literatur beziehe sich allein auf imaginierte Gegenstände, sei nicht imstande, den Kontext zu liefern, der für das einfache Verständnis der sprachlichen Ausdrücke notwendig ist (40). Die wirkliche Welt bietet so den unabdingbaren Kontext für die imaginäre Welt, weil diese letztere ohne Bezug auf jene nicht verstanden werden könnte. Um ein einziges Blatt Gras in der imaginären Welt wachsen zu lassen, müsse man diese imaginäre Welt eben zu einer Welt machen, „a real universe, self-sufficing in space and time" (41), eine Welt jedoch, die nur *ein* Autor erschaffen könne, nämlich Gott: „On this view only God can tell stories" (41).

Entscheidend für Lewis ist nun im weiteren Verlauf des Essays, der bald darauf wieder in eine dialogische Struktur überführt wird, daß wir des Kontextes der wirklichen Welt zum Verstehen der literarischen Texte bedürfen. Dazu muß indes sokratisch geprüft werden, „how we would get on with no context" (41). Es geht Lewis also an dieser Stelle um die Kritik der Dekontextualisierung sprachlicher Ausdrücke. Weiterhin verfolgt das wieder aufgenommene Gespräch den Gedanken, ob sich die Bilder eines imaginären von einem realen Turm unterscheiden und worin die unterschiedlichen ästhetischen Funktionen der beiden liegen können. Dazu bezieht er sich auf die Figur Florimel in Spensers *Fairie Queene*, die zweimal in gleicher Gestalt erscheint, aber in der Fiktion einmal eine Erscheinung, das andere Mal eine Frau ist (42-43). Identische Bilder könnten so eine unterschiedliche ästhetische Funktion haben, vor allem aber habe sich erwiesen, so Lewis, daß Vorstellungen (*imaginata*) nicht ohne Kontexte existieren könnten, Denn ohne diese würden die imaginierten Bilder in sich zusammenbrechen. Die bloße Erwähnung eines bestimmten Dinges verweise schon auf etwas Allgemeines an den Dingen, das ihre Bestimmtheit als dieses Ding ermöglicht: „Mention a tower, or a king, or a dog, in a poem or tale, and they come to us not in the nakedness of pictured form and colour, but with all the associations of towerhood, kinghood, and doghood" (44). Lewis diskutiert nun ausführlich die Kontextgebundenheit unserer Sprachverwendung sowie die in der Imagination statthabende hypothetische Form der Behauptung, doch mag es hier genügen, auf zwei Aspekte hinzuweisen. Einerseits entsteht ein Problem dadurch, daß in literarischen Darstellungen nicht nur sogenannter „Realismus" praktiziert wird, sondern eben auch Wunderbares wie z. B. Feen vorkommen können. (50). Doch lasse sich andererseits auch bei Wunderbarem eine Art hypothetische Verbindung zur realen Welt herstellen, die mit der symbolischen Bedeutung von Ausdrücken zu tun hat. Denn Wunderbares in dem Text kann untrennbar verknüpft sein mit „our knowledge of death, blood, and

Christianity" (51). Nun sei es aber zum Verständnis solcher Texte nötig, nicht einfach nur den Namen (eines Dings) gefühlsmäßig wahrzunehmen, sondern ihn auch zu verstehen. Um das zu tun, müssen wir die Verbindung der Wörter und Begriffe mit der Wirklichkeit anerkennen, so daß es für Lewis unmöglich ist, diese Wörter und Begriffe gleichsam monadisch von der Wirklichkeit zu isolieren. Lewis demonstriert diese Unmöglichkeit eines monadischen Wortverständnisses in der Welt der *imaginata* folgendermaßen:

> „If A were real it would imply B. We can remove B and substitute C which A could not have in reality. But if C is to have any poetic significance for us, then C in its turn will be determined by its hypothetical connection with the real: C will imply D. You can change D if you choose, and D again will have meaning for us in virtue of its hypothetical E. Remove E and it will be the same again. You must stop somewhere: and wherever you stop you will find reality waiting for you." (51-52)

Abschließend resümiert Lewis seine philosophisch voraussetzungsreiche und anspruchsvolle Diskussion, die hier nicht erschöpfend behandelt und zergliedert werden konnte. Er betont seine Auffassung von der Literatur, indem er aus dem präsentierten Gespräch sowie den es umrahmenden essayistischen Textpartien eine Konklusion ableitet, die ihn wieder mit der großen orthodoxen Tradition der europäischen Poetik verbindet. Diese Konklusion lautet, daß die Dichtung das Allgemeine nachahme und wir im Prozeß des Lesens von Dichtung mit Erkenntnis befaßt sind (53). Diese Tradition reiche von Aristoteles bis zu Wordsworth und schließe selbst Voltaire ein, auch wenn dieser das Allgemeine fälschlich mit dem gesellschaftlich oder politisch Normalen identifiziert habe. Entscheidend ist aber allein, daß in der dichterischen Sprache Erkenntnis geborgen ist, weil die Sprache selbst für Lewis auf unausweichliche Weise mit der Wirklichkeit verbunden ist, weil Realität nämlich in die Sprache schon auf der Ebene des bloßen Einzelwortes eingesenkt ist. Sprache ist so für Lewis gerade deswegen mit der Wirklichkeit verbunden, weil ihre Begriffsbestimmungen von zahllosen Kontexten bedingt sind. Weil dies so ist, muß Lewis auch besonderes Augenmerk auf den Leser richten, der diese Sprache möglichst prä-

zise erfassen muß, um nicht literarisch, vor allem aber auch philosophisch in die Irre zu gehen. Die inhaltliche Erfassung des Sprachma-
terials ist dabei ein wichtiger erster Schritt, auch wenn er keineswegs
hinreichend ist.

Lewis' Bestimmung des literarischen Lesers als eines Lesers, der
bestimmte Werke wiederholt liest, hat deshalb einen großen heuris-
tischen Wert, weil sich erst im Wiederlesen die volle Bedeutung der
literarischen Form selbst erschließt (was Lewis hier mit „poetry"
umschreibt), der jeweilige Text also nicht schon mit seiner inhaltli-
chen Erfassung abgegolten ist.[28] Narratologisch gesehen konzentrieren sich die unliterarischen Leser fast ausschließlich auf die Ereig-
nishaftigkeit des gelesenen Textes, nicht auf die Form seiner Präsentation, weshalb gerade auf die Letztere besonderes Augenmerk
gelegt werden müßte.[29] Analog bedürfte es der Reflexion darauf,
welche Bedeutung der literarischen Form bei einem philosophischen Text zukommen mag oder ob es nicht nur möglich, sondern
auch in Wirklichkeit sehr sinnvoll ist, diese Form lediglich als äuße-
re Hülle zu betrachten, die man zur Entkleidung des allein zählen-
den logischen Argumentes abzuwerfen trachten sollte. Lewis neigt
jedoch der Auffassung zu, daß die Form eines Textes nicht bloß eine
zufällige Äußerlichkeit ist, sondern auch Teil seiner argumentativen
Struktur ist. Schöne Literatur eröffnet so nämlich die Möglichkeit eines stellvertretenden Perspektivenwechsels, dem man am ehesten in
metaphorischer Umschreibung gerecht wird: „If I can't get out of the
dungeon I shall at least look out through the bars. It is better than
sinking back on the straw in the darkest corner."[30] In dieser bildhaften Umschreibung seiner Intention kommt der Schriftsteller und
Kritiker Lewis dem nahe, was auch die philosophische Literatur als
Ziel formulieren könnte, nämlich sich am Licht (der Wahrheit) zu
orientieren bzw. dorthin zu blicken, wo man etwas sehen kann. Das
Bild des Kerkers, durch dessen Gitterstäbe man blicken soll, statt
sich in die dunkelste Ecke fallen zu lassen, erinnert daher nicht zu-
fällig an die Gefangenschaft, die Sokrates in seinem Höhlengleichnis
als Ausgangspunkt der philosophischen Existenz beschreibt.[31] Eine
literarische Form, die den Blick auf etwas freigibt, das der Leser so

vorher nicht gesehen hat, fungiert daher geradezu als Augenöffner und muß daher auf einer bestimmten Ebene als das „Argument der Handlung" eines Textes entziffert werden.[32] Das Argument der Handlung geht außerdem einher mit einem Argument der sprachlichen Bilder, die auch philosophische Texte prägen können und daher nicht einfach durch einen Prozeß analytischer Reduktion beiseite gelassen werden sollten.

Josef Pieper und C. S. Lewis als philosophische Schriftsteller: die Wahrheitsfunktion der Literatursprache

Josef Pieper schreibt, anders als C. S. Lewis, nicht als Literaturwissenschaftler, aber er schreibt als jemand, der sich als Philosoph auch der Literatur bzw. der schönen Literatur nicht verschließt. Weil aber Pieper diese schöne Literatur in den Blick nimmt und in einer Weise auf die Sprache und ihre Bedeutungen achtet, die man nicht häufig findet, kann man ihn mit Recht als philosophischen Schriftsteller verstehen. In den letzten Jahrzehnten ist im Rahmen begriffsgeschichtlicher Forschungen viel Material erarbeitet worden, das für das Verhältnis von Sprache und Philosophie nicht unbeachtet bleiben darf – aber wenn es darum geht, die Beziehung der Sprache zu der in ihr ausgedrückten Wahrheit genauer zu verstehen, muß zur begriffsgeschichtlichen Gelehrsamkeit wohl auch ein Empfinden treten für Stil und für den Nuancenreichtum der Sprache. Denn die Sprache muß in ihrer Offenheit sowohl für die alltagssprachlichen, als auch die fachwissenschaftlichen und philosophischen Verwendungsmöglichkeiten und Funktionen bedacht werden. Abschließend sei es erlaubt, kurz an einen Denker zu erinnern, der hier vielleicht etwas überraschen mag, nämlich Jürgen Habermas. Er gehört ebenfalls in den hier erörterten Zusammenhang von Literatur und Philosophie, denn in seinem Buch über den *Philosophischen Diskurs der Moderne* hat Habermas einen Exkurs über die Einebnung des Gattungsunterschiedes zwischen Philosophie und Literatur eingefügt. Habermas wendet sich hier vor allem gegen seine die Philosophie verabschiedenden Zunftgenossen Derrida und Rorty, die aktiv die

Einebnung jenes Unterschieds betrieben, mit teils bedenklichen Folgen für die Rationalität der philosophischen Diskussion.[33] Die Besorgnis von Habermas angesichts der dekonstruktivistischen Spielereien mit den Texten kann man in mancher Hinsicht teilen, insofern nämlich damit eine Neutralisierung der Wahrheitsfrage verbunden oder gar intendiert ist – man kann aber auch fragen, ob nicht ein weniger strikt separierendes Modell der Beziehung von literarischer Sprache / Darstellung und philosophischer Erkenntnis möglich ist, nämlich die von Pieper ebenso wie von Lewis erörterte Wahrheitsfunktion literarischen Redens, wo es gerade nicht mehr nötig scheint, die Sphären der philosophischen Reflexion und der literarischen Präsentation strikt zu trennen, weil es auch ein z. B. indirektes Sprechen gibt, das der Wahrheit gegenüber nicht indifferent ist. Ein indirektes Sprechen entzieht sich allerdings einer griffigen Methodologie der Auslegung, weshalb dieses Sprechen selbst zugleich immer auch ein Ausdruck dessen ist, daß sich ein Rest von Geheimnis nicht aus der Welt des Menschen eliminieren läßt, wie raffiniert die Mittel der logischen Analyse auch sein mögen.

Anmerkungen

[1] Zur Frage der schriftstellerischen Rolle des Philosophen siehe auch Odo Marquard: „Der Philosoph als Schriftsteller. Bemerkungen über Søren Kierkegaard und Josef Pieper", in: ders.: *Philosophie des Stattdessen. Studien*, Stuttgart: Reclam, 2000, 124-134. Marquard setzt den Kierkegaard der „indirekten Mitteilung" gegen den leserfreundlichen Philosophen Pieper, zieht sich aber mit seiner üblichen und wenig befriedigenden Skepsis aus der Affäre, um sich nicht dazu äußern zu müssen, wer denn nun recht habe. Es sei an dieser Stelle auch noch darauf verwiesen, daß Pieper sich intensiv mit dem hermeneutischen Problem des Ungesagten bzw. dem Unausgesprochenen befaßt hat, so etwa in „Über das ‚negative' Element in der Philosophie des Heiligen Thomas von Aquin", in: Josef Pieper, *Philosophia Negativa. Zwei Versuche zu Thomas von Aquin*, Frankfurt/M.: Warrington, 2012, 19-21.
[2] Helmut Kuhn: *Schriften zur Ästhetik*, München: Kösel, 1966, 394.
[3] Kuhn: *Ästhetik*, 395.
[4] Michael Ward: *Planet Narnia. The Seven Heavens in the Imagination of C. S. Lewis*, Oxford: Oxford University Press, 2008, XI.

[5] Einige eigene Vorarbeiten zu Lewis und seinem Verständnis von Literatur und Literaturwissenschaft seien hier genannt, weil sie insgesamt unterstreichen, wie bedeutsam für Lewis die Aufmerksamkeit auf Fragen der sprachlichen Form, der literarischen Ästhetik und der Freude an der Lektüre war. Siehe Till Kinzel: „Vom Nutzen der Literaturwissenschaft und vom Sinn der Lektüre. Die Bedeutung der Literaturästhetik von C. S. Lewis für das 21. Jahrhundert", in: *Inklings. Jahrbuch für Literatur und Ästhetik* 31 (2013), hg. von Dieter Petzold, 183-199; „C. S. Lewis and the Art of Reading: The Uses of Scholarship and the Pleasures of the Text", in: *Linguaculture* 5.2. (2014), 87-98; „C. S. Lewis als Literaturhistoriker der Liebe", in: *Liebe und Glück. Annäherungen mit C. S. Lewis und Josef Pieper*, hg. von Thomas Möllenbeck und Berthold Wald, Paderborn: Schöningh, 2012, 117-132; sowie „Literarische Darstellungen von Tod und Sterblichkeit bei C. S. Lewis", in: *Tod und Unsterblichkeit. Erkundungen mit Josef Pieper und C. S. Lewis*, hg. von Thomas Möllenbeck und Berthold Wald, Paderborn: Schöningh, 2015, 166-185. Einschlägig ist außerdem William Gray: „Spirituality and the Pleasures of the Text: C. S. Lewis and the Act of Reading", in: *English Literature, Theology and the Curriculum*, ed. Liam Gearon, London/New York: Cassell, 1999, 240-248.

[6] Josef Pieper: *Über die Platonischen Mythen*, München: Kösel, 1965.

[7] Pieper: *Mythen*, 13.

[8] Josef Pieper: „Der Philosophierende und die Sprache. Bemerkungen eines Thomas-Lesers", in: ders.: *Schriften zum Philosophiebegriff*, hg. von Berthold Wald, Hamburg: Meiner, 2008, 199-211.

[9] Pieper: *Mythen*, 15.

[10] Pieper: *Mythen*, 16-17.

[11] Pieper: *Mythen*, 17.

[12] Vgl. zum Problem des metaphorischen Sprachgebrauchs mit besonderer Berücksichtigung der Philosophie die gegenläufigen Analysen einerseits von George Lakoff and Mark Johnson: *Philosophy in the Flesh. The Embodied Mind and Its Challenge to Western Thought*, New York: Basic Books, 1999; sowie andererseits von Steven Pinker: *The Stuff of Thought. Language as a Window into Human Nature*, London: Allen Lane, 2007.

[13] Pieper: *Mythen*, 20.

[14] Pieper: *Mythen*, 20.

[15] Pieper: *Mythen*, 23.

[16] Pieper: *Mythen*, 36.

[17] Pieper: *Mythen*, 67.

[18] Pieper: *Mythen*, 73.

[19] Pieper: *Mythen*, 79.

[20] Siehe dazu den Wiederabdruck des einschlägigen Pieper-Texts „„Mutterwitz'. Über die Sprache von C. S. Lewis", in: Thomas Möllenbeck und Berthold Wald (Hg.): *Wahrheit und Selbstüberschreitung. C. S. Lewis und Josef Pieper über den Menschen*, Paderborn: Schöningh, 2011, 15-18.

[21] C. S. Lewis: *Image and Imagination*, Cambridge: Cambridge University Press, 2013, 34-53, hier 37.

[22] Lewis: *Image and Imagination*, 34. Weitere Nachweise aus dem Essay „Image and Imagination" erfolgen parenthetisch im Text.

[23] Zu Croces Ästhetik siehe einführend Marie-Luise Raters: „Benedetto Croce", in: *Ästhetik und Kunstphilosophie von der Antike bis zur Gegenwart in Einzeldarstellungen*, hg. von Monika Betzler und Julian Nida-Rümelin, neu bearbeitet von Mara-Daria Cojocaru, Stuttgart: Kröner, ²2012, 212-217.

[24] Das Problem des Verhältnisses von literarischer Welt und Wirklichkeit ist von verschiedener Seite zu fassen gesucht worden. Während eine strukturalistische Position wie von Uwe Durst auf der klaren Trennung der Sphären besteht und Wirklichkeitsbezüge als bloße „Spolien" sieht, den den andersartigen Charakter der literarischen Welt nicht berühren, werfen insbesondere referentialisierende Literaturformen wie der Schlüsselroman die Frage auf, wie wasserdicht die Grenze zwischen „Fakten" und „Fiktionen" wirklich ist. Vgl. z. B. Uwe Durst: *Das begrenzte Wunderbare. Zur Theorie wunderbarer Episoden in realistischen Erzähltexten und in Texten des „Magischen Realismus"*, Berlin 2008. Auf einer elementaren Ebene ist der Wirklichkeitsbezug schon durch die Sprache selbst gegeben. So hält etwa Nikola Kompa fest: „Selbst fiktionale Rede macht sich bei ihrem Versuch der Neubeschreibung der Wirklichkeit die Tatsache zu nutze, dass die Ausdrücke der Sprache dank ihres Bezuges zur wirklichen Welt Bedeutung haben." Siehe *Handbuch Sprachphilosophie*. Hg. von Nikola Kompa. Stuttgart: Metzler, 2015, 2.

[25] Nebenbei bemerkt ist es daher durchaus passend, wenn Lewis auch selbst Teilnehmer eines sokratischen Dialogs wird, wie z. B. in dem fiktional-philosophischen Werk von Peter Kreeft: *Between Heaven and Hell: A Dialog Somewhere Beyond Death with John F. Kennedy, C. S. Lewis and Aldous Huxley*, Downers Grove: InterVarsity Press, 2008.

[26] Siehe zu einem breiten Spektrum dialogischer Texte mit oft philosophischer Intention Till Kinzel / Jarmila Mildorf (Hg.): *Imaginary Dialogues in English. Explorations of a Literary Form*, Heidelberg: Winter, 2012; Till Kinzel / Jarmila Mildorf (Hg.): *Imaginary Dialogues in American Literature and Philosophy. Beyond the Mainstream*, Heidelberg: Winter, 2014.

[27] Siehe dazu exemplarisch Hans Ulrich Seeber: „Stereotypes, Utopian Vision and the Creation of the Illusion of Life. An Analysis of Henry James's *Daniel Deronda: A Conversation* (1876)", in: Kinzel /Mildorf (Hg.): *Imaginary Dialogues in American Literature and Philosophy*. 169-188; sowie Till Kinzel: „Literary Criticism as Dialogue: From Jerome McGann's Dialogical Confrontation with Swinburne to Meta-Dialogue", in: ebd., 259-267.

[28] Lewis: *Experiment in Criticism*, 2; C. S. Lewis: *On Stories and Other Essays on Literature*, Orlando: Harvest, 1982, 16.

[29] Vgl. Lewis: *Experiment in Criticism*, 30.

[30] Lewis: *Experiment in Criticism*, 101-102.

[31] Vgl. Platon: *Politeia* VII, 514a-518b. Siehe dazu zuletzt Gustav Adolf Seeck: *Platons „Staat". ein kritischer Kommentar*, München: Beck, 2015, 103-107.

[32] Vgl. Seth Benardete: *The Argument of the Action. Essays on Greek Poetry and Philosophy*, Chicago: University of Chicago Press, 2000

[33] Siehe Jürgen Habermas: *Der philosophische Diskurs der Moderne. Zwölf Vorlesungen*, Frankfurt/M. 1988, 219-247.

… UND MIT JOSEF PIEPER

BERTHOLD WALD

INTELLEKTUALITÄT UND KATHOLIZITÄT

Josef Pieper über Philosophie und ‚christliche Philosophie'

In diesem Beitrag soll es darum gehen, Aufmerksamkeit und vielleicht auch Zustimmung zu wecken für eine Konzeption des philosophischen Denkens, in der Intellektualität und Katholizität keine
faulen Kompromisse eingehen, sondern einander auf paradigma-
tische Weise herausfordern und steigern. Diese Konzeption wäre aus
verschiedenen Gründen nur sehr ungenau bezeichnet als „christliche Philosophie". Was darunter faktisch verstanden wird, ist weder
eindeutig noch von Pieper ohne weiteres akzeptiert. Sein Versuch,
die Offenheit der Philosophie für die Theologie zu verteidigen, ist
eher eine kritische Neubestimmung als eine Fortsetzung dessen, was
unter dem Titel „christliche Philosophie" oftmals kontrovers diskutiert worden ist. Die für Pieper vorrangig zu klärende Frage scheint
mir zu sein, was es heißt zu Philosophieren. Daran entscheidet sich
die weitere Frage nach der Möglichkeit einer christlichen Philosophie. Das Kriterium echten Philosophierens kann nicht sein christlicher sondern nur sein philosophischer Charakter sein. Das schließt
nicht aus, daß Philosophie ohne Bezug auf religiöse Überzeugungen
menschlich unerheblich ist und es in ihren großen Gestalten auch
nie gewesen ist.

Josef Pieper sieht sich selbst einer Konzeption von Philosophie
verpflichtet, welche die Weite der Vernunft nicht methodisch ver-

kürzt durch das Postulat der Autonomie. Er wollte ihr durch seine gesamte Tätigkeit hindurch innerhalb wie außerhalb der Universität Münster neue Beachtung verschaffen. Seine zahlreichen Hörer und Leser ließ er nie im Zweifel darüber, daß er sich als Philosophierender zum christlichen Glauben bekennt. Das Mitbedenken der Glaubensaussagen über Welt, Mensch und Gott hat er keineswegs als seine Privatsache angesehen, sondern als unverzichtbar in zwei Büchern zum Philosophiebegriff, jeweils im letzten Kapitel, ausdrücklich verteidigt.[1] Im Denken aus dem Gegenüber zum überlieferten Glauben der Kirche war es ihm darum zu tun, die philosophische Vernunft zu weiten und zu den lebenswichtigen Fragen der menschlichen Existenz zurückzuführen.

Ein bedeutender Zeuge dafür, daß mit der Hörbereitschaft der Vernunft auf die Überlieferungen des Glaubens der Sinn des Philosophierens zur Debatte stehen, ist T. S. Eliot. Noch bevor er als Literaturnobelpreisträger weltberühmt wurde, dachte Eliot als Harvard-Absolvent an eine Karriere in der Philosophie. Aus Enttäuschung an der akademischen Philosophie wurde er Verleger und – als Schriftsteller selber im Ruf eines christlichen Intellektuellen stehend – für Josef Pieper zum Türöffner in der englischsprachigen Welt. In seinem Vorwort zu „Leisure the basis of culture",[2] der von ihm angeregten Ausgabe von Piepers Schriften „Muße und Kult" und „Was heißt Philosophieren?", nennt Eliot den Grund für seine „Unzufriedenheit mit der Philosophie als Beruf". Er sieht ihn, wie er *jetzt* glaubt – *nach* der für ihn geradezu erregenden Bekanntschaft mit Piepers Schriften – „in der Trennung der Philosophie von der Theologie". Dazu heißt es bei Eliot:

> „Die Begründung eines rechten Verhältnisses zwischen Philosophie und Theologie, das den Philosophen völlig autonom sein läßt in seinem eigenen Felde – das ist, scheint mir, einer der wichtigsten Grundzüge der Untersuchungen von Josef Pieper."[3]

Das gilt es im folgenden näher in den Blick zu nehmen, zunächst im Anschluß an die Stichworte „Intellektualität" und „Katholizität", und dann mit Bezug auf die Frage nach der Verhältnisbestimmung von Philosophie und christlicher Philosophie.

1. Zwei Modelle philosophischer Intellektualität

Pieper bezeichnete sich weder als katholischen Intellektuellen noch als christlichen Philosophen. Beide Kennzeichnungen seiner philosophischen Einstellung lehnte er ab, erstere als kaum vereinbar mit der Haltung christlicher Intellektualität und letztere als zumindest mißverständlich. Auf die Frage, ob er die Bezeichnung „Intellektueller" für sich akzeptieren würde, ist seine Antwort: „wahrscheinlich Nein!", nämlich für den Fall, daß darunter genau das verstanden wird, was den Intellektuellen heute kennzeichnet. „Eine bestimmte Stufe des Wissens, der Bildung, der kritischen Bewusstheit" genügt dafür noch nicht. „Dazu wird einer erst auf Grund einer bestimmten Haltung gegenüber dem ‚Bestehenden', dem ‚herrschenden System', der faktisch geltenden Ordnung."[4] Wer Philosophen als Intellektuelle versteht, wird auch der Überzeugung sein, daß Philosophie sich definiert über ihre soziale Funktion. Das weithin bekannte Paradigma dafür ist Jürgen Habermas, der von sich selber sagt, es sei die „Reizbarkeit, die Gelehrte zu Intellektuellen macht".[5] Er gilt heute nicht nur als der „berühmteste lebende Philosoph der Welt", wie sein amerikanischer Kollege Ronald Dworkin zu dessen 80. Geburtstag verkündete. Sogar „sein Ruhm selbst ist berühmt".[6] Zu seinem 85. Geburtstag titelte die FAZ über den „Meister aller öffentlichen Debatten" mit großer rhetorischer Geste: „Wie wird man Jürgen Habermas?"[7] Die dafür angeführten Gründe sind aufschlussreich für das Selbstverständnis des modernen Intellektuellen, vor allem aber der, daß Habermas als Intellektueller „auf bewundernswerte Weise in der Geistesgeschichte der Bundesrepublik Dabeisein und Dagegensein kombiniert hat".[8]

Auch für Pieper hat der Philosophierende eine intellektuelle Verantwortung, die jedoch ausdrücklich nicht auf dem Veränderungswillen und der sozialen Funktion des Denkens beruht und sich solcher „Indienstnahme des Denkens"[9] entzieht und, wenn nötig, auch widersetzt. Aufgabe und Verantwortung des Philosophierenden sieht er vielmehr darin, inmitten der notwendigen und unvermeidlichen Veränderungen menschlicher Existenzbedingungen einen Freiraum zu legitimieren und zu nutzen, in dem es einzig und allein um

Erkenntnis und Wahrheit geht. Der Philosophierende sollte – auch und gerade in seiner akademischen Verankerung an der Universität – durch sein Denken und seine Existenz für eine Dimension des menschlichen Geistes einstehen, die über das gesellschaftlich und politisch Nützliche hinausreicht und die Pieper „Offenheit für das Ganze" nennt. Philosophie und auch Theologie sind nicht bloß Fachgebiete „an" der Universität, sie sind historisch wie sachlich die Wurzel der Universität. Was eine Hochschule

> „zur Universität macht, ist nicht – die Wissenschaft! Sondern? Die entschiedene Ausrichtung des Denkens auf das *universum*, auf das einheitliche Allgesamt der Dinge; die dezidierte und beharrliche Bemühung um Offenheit für das Ganze, jene Bemühung also, die seit je als *Philosophieren* verstanden und bezeichnet wurde. [...] Aus dem gleichen Grunde kann eine Universität ohne Theologie nicht in vollem Sinn Universität sein, sofern man darunter die schlichthin ‚hohe Schule' versteht, die das Ganze von Welt und Dasein vor die Augen zu bringen beansprucht und verpflichtet ist. [...] Die Ausschließung der Theologie widerstreitet dem Charakter der Universität als einer philosophischen Einrichtung."[10]

Damit wäre auch schon angedeutet, was der Ausdruck „Intellektualität" meinen könnte und was „Katholizität" allein vom Wortsinn her mit einer für das Ganze offenen Intellektualität verbindet. Allerdings ist die für das Ganze von Schöpfung und Heilsgeschehen offene „Katholizität" des Glaubens nicht so umfassend zu denken, daß darin jedes Verständnis von „Intellektualität" Platz haben könnte. Das Gemeinsame von Intellektualität und Katholizität ist der Glaube an die Wahrheitsfähigkeit der Vernunft, die den Erkennenden wie den Glaubenden über sich hinausführt und mit Wirklichkeit – der Wirklichkeit der natürlichen Dinge und der Wirklichkeit des sich in der menschlichen Geschichte offenbarenden Gottes – in Berührung bringt.[11]

Ob das Denken des Philosophierenden und das Denken des Glaubenden sich auch legitimerweise für einander offen halten sollen und ob es christliche Philosophie geben kann, ist von Seiten der Philosophie wie von Seiten der Theologie bis heute Anlaß zur Kontroverse geblieben. Diese ist immer schon vorentschieden durch den jeweiligen Begriff von Theologie und Philosophie. Deshalb wird

zunächst mit Josef Pieper zu fragen sein, was es heißt zu philosophieren, um von dorther die keineswegs eindeutige Rede von
„christlichen Philosophie" näher in den Blick zu nehmen.

2. Was heißt Philosophieren?

Was unter „Philosophie" zu verstehen sei, ist selbst eine philosophische Streitfrage, die nur in einer „Philosophie der Philosophie"[12] zu
klären ist und schon voraussetzt, was erst noch geklärt werden soll.
Eine Beantwortung dieser Frage von einem Standpunkt „außerhalb
der Philosophie" in Form eines zwingenden Arguments ist darum
ausgeschlossen. Sie ist nur möglich als hermeneutische Explikation
jener Vorannahmen, die das Verstehen dieser Frage leiten. Bedeutet
das aber nicht, daß es entweder bloßer Zufall ist oder eine Frage per-
sönlicher Vorlieben, welche Konzeption von Philosophie wir plausibel finden? Auf den ersten Blick scheinen wir in der Wahl des Stand-
orts frei zu sein. Wir sind es aber nur solange, wie wir darauf verzichten, für unsere private Vorstellung von Philosophie einen Gel-
tungsanspruch zu erheben. „Natürlich kann niemand daran gehin-
dert werden, sich unter dem Namen ‚Philosophie' etwas völlig Unge-
bräuchliches und ‚Originelles' zu denken. Aber er wird es sich dennoch gefallen lassen müssen, daß man ihn so versteht, als ob er das
meine, was der Name ‚Philosophie' ursprünglich besagt."[13] Bezugspunkt der Verständigung kann nur etwas Objektives und
Vorgegebenes sein; privater Wortgebrauch macht jede Verständigung unmöglich.

Ein solcher nicht-willkürlicher Bezugspunkt der Verständigung
ist für Pieper schon gegeben in der ursprünglichen Bedeutung des
Wortes „Philosophie", die für „etwas bloß Anekdotisches" zu halten
die Einsicht in das Wesen der Philosophie verstellt.[14] Cicero[15] und
Diogenes Laertius[16] berichten übereinstimmend, daß Pythagoras
den Namen eines „Weisen" (sophos) für sich abgelehnt habe, da
Weisheit allein Gott zukomme, während er selbst sich lediglich
einen „Liebhaber der Weisheit" (philo-sophos) nennen könne. Platon[17] hat diese Selbstbeschränkung des menschlichen Erkenntnisver-

mögens gegen die professionellen Weisheitslehrer seiner Zeit, die
Sophisten (*sophoi*), ausdrücklich bekräftigt. „Nicht einmal Homer
und Solon seien im Besitz dieser Weisheit; die komme vielmehr allein Gott zu; und so seien die Weisesten unter den Menschen höchstens *philosophoi* zu nennen, die Weisheit Liebend-Suchende, die
Weisheit freilich, die Gott besitzt!"[18] Schließlich Aristoteles, Schüler
Platons und Begründer des wissenschaftlich-nüchternen Stils philosophischer Systematik, ist hierin derselben Meinung gewesen.[19] Allerdings gibt er der Einsicht in das Ungenügen der menschlichen Erkenntnisfähigkeit eine Wendung, welche die übermenschliche Größe und Unrealisierbarkeit des philosophischen Erkenntnisideals erst
richtig deutlich macht: „nicht bloß sei die in der Philosophie gesuchte Weisheit eigentlich Gottes alleiniges Eigentum, sondern es sei
Gott selbst, wonach der Philosophierende im Grunde frage."[20]

Diese Namenserklärungen des Wortes „Philosophie" geben bereits Aufschluß über wesentliche Elemente eines Philosophiebegriffs, der von Platon und Aristoteles durch das Mittelalter hindurch
bis hin zu Immanuel Kant gegolten hat und auch noch heute gegen
Einwände verteidigt werden kann. Nicht vertretbar und nur noch
historisch nachvollziehbar ist dagegen der viel jüngere Philosophiebegriff der unmittelbar auf Kant folgenden Philosophie des Deutschen Idealismus. Dieser unhaltbare Philosophiebegriff ist bereits an
den Nominaldefinitionen ablesbar: Philosophie ist „das Begreifen
des Absoluten", so beispielsweise Hegel;[21] oder der frühe Schelling,
der (unter dem Einfluß Hegels) Philosophie „die Wissenschaft [...]
der ewigen Urbilder der Dinge"[22] nennt. Diese Bestimmungen kommen darin überein, die für Platon, Thomas von Aquin und Kant
noch selbstverständliche Begrenzung der menschlichen Erkenntnis
in Bezug auf ihren höchsten Gegenstand zu ignorieren. Das zeigt
Hegels Kritik am ursprünglichen Begriff der Philosophie mit wün-
schenswerter Deutlichkeit. Für ihn ist die Selbstaufhebung der Philosophie das Ziel des Philosophierens, die sich dadurch vollzieht,
daß die Philosophie „der Form der Wissenschaft näherkomme –
dem Ziele, ihren Namen der *Liebe* zum *Wissen* ablegen zu können
und *wirkliches Wissen* zu sein".[23]

Die offenkundige Überzogenheit dieses Erkenntnisanspruchs, von Friedrich Nietzsche als Philosophie deutscher Pastorensöhne und -enkel verspottet, hat politisch über das inzwischen gescheiterte marxistische Großexperiment einer "vom Kopf auf die Füße" gestellten hegelianischen Geschichtsphilosophie bis in die unmittelbare Gegenwart nachgewirkt. Philosophisch war das Scheitern dieses Philosophiebegriffs längst eingestanden und ist von Herbert Schnädelbach, einem anerkannten Hegel-Forscher, noch einmal in aller Deutlichkeit formuliert worden:

> „Ich habe nichts gegen Hegel-Veranstaltungen, wenn dabei deutlich wird, daß es sich bei dieser Philosophie um einen schönen, aber ausgeträumten intellektuellen Traum handelt, und daß wir nicht im Stande sind, in der Perspektive des Absoluten zu philosophieren. [...] Der absolute Idealismus mag als ‚große' Philosophie attraktiv sein; wir aber brauchen eine wahre."[24]

Der Fehler des idealistischen Philosophiebegriffs liegt darin, nicht zu unterscheiden zwischen dem, was an sich ganz und gar intelligibel ist, und dem, was für uns erkennbar ist. Mögen die Urbilder aller Dinge im Geiste Gottes, mag Gott selbst (das „Absolute" Hegels) „an sich" das am meisten Erkennbare sein, „für uns" ist er das nicht. Es ist vielmehr so, daß sich unsere Erkenntniskraft, wie Aristoteles in einem bildhaften Vergleich gesagt hat, „zu dem, was seiner Natur nach unter allem am offenbarsten ist [verhält] wie die Augen der Eule zum hellen Tageslicht".[25]

Wie könnte nun eine Definition lauten, welche die menschliche Erkenntnissituation nicht einfachhin überspringt und doch das eigentliche Ziel des Philosophierens benennt und von anderen Wissensformen abgrenzt. Für Pieper könnte eine solche Definition des Philosophiebegriffs nicht mit den Worten beginnen, „Philosophie ist die Lehre von ....", weil sich die „Unbegreiflichkeitsdimension der Welt"[26] nicht in einer Lehre fassen oder in einer abgeschlossenen „Enzyklopädie" (wie bei Hegel) darstellen läßt. Er hat darum eine Definition des Philosophiebegriffs vorgeschlagen, die ausdrücklich beabsichtigt, den von Platon wie Aristoteles formulierten Anspruch des Philosophierens zu wahren (und ihn allerdings so-

gleich gegen naheliegende Einwände und Mißverständnisse verteidigt[27], wovon hier nicht weiter die Rede sein kann), Piepers Defini-
tionsversuch lautet so:

> „Philosophieren heißt, die Gesamtheit dessen, was begegnet, auf ihre
> letztgründige Bedeutung hin bedenken; und dieses so verstandene
> Philosophieren ist ein Sinnvolles, ja ein notwendiges Geschäft, von
> dem sich der geistig existierende Mensch gar nicht dispensieren
> kann."[28]

Eine solche Bestimmung deutet schon an, worin sich das Welt- und
Selbstverhältnis des Philosophierenden grundlegend vom wissenschaftlichen Zugang und vom alltäglichen Umgang mit den Dingen
unterscheidet. Zunächst ist damit gesagt, daß es der Philosophierende, und nur er, *per definitionem* mit der Wirklichkeit im Ganzen zu
tun habe. Dies „Ganze" liegt aber nicht außerhalb der erfahrbaren
Welt als eine nur im Denken betretbare Region reiner Wesenheiten.
Es ist dieselbe Wirklichkeit, mit der es Philosophierende zu tun bekommt, wenn auch nicht in derselben Weise. Dieser Doppelaspekt –
Hinsehen auf dasselbe, aber anders, umfassender, „tiefer" – kennzeichnet das Philosophieren.

> „Philosophieren heißt: sich entfernen – nicht von den Dingen des
> Alltages, aber von den gängigen Deutungen, von den alltäglich gel-
> tenden Wertungen dieser Dinge. Und dies nicht auf Grund irgendei-
> nes Entschlusses, sich zu unterscheiden, ‚anders' zu denken, als die
> Vielen; sondern auf Grund dessen, daß plötzlich ein neues Gesicht
> der Dinge zutage getreten ist."[29]

Philosophieren beginnt mit dem Staunen, „in der Alltagserfahrung
[...] das Unalltägliche"[30] zu bemerken, aber es beginnt nicht so damit, daß es durch die Wahl der Untersuchungsmethode zum Verschwinden gebracht werden soll. Vielmehr ist jenes Staunen ein „Ur-
Verhalten zum Seienden"[31], das „seit Platon *theoria* heißt"[32]. Ihr Gegenstand, das Ganze des Seins, sofern es ist, ist das am meisten
Rätselhafte und Unbegreifliche. Was uns in solcher Erfahrung berührt, vor allem aber das Berührt-sein selbst durch die konkret er-
fahrene Wirklichkeit, übersteigt die Möglichkeiten des begrifflichen
Ausdrucks und ist mit der Allgemeinheit des Begriffs gänzlich inkommensurabel. Erhalten und zu innerem Leben erweckt wird es
wohl am ehesten in der Dichtung und, mehr noch, in den wortlosen

Gestaltungen der Musik. Nehmen wir als Beispiel eine bekannte Verszeile von Matthias Claudius:

> „Ich danke Gott, und freue mich
> Wie's Kind zur Weihnachtsgabe,
> Dass ich bin, bin! Und dass ich dich,
> Schön menschlich Antlitz! habe".[33]

Wie soll man, philosophisch-begrifflich, über eine solche Verszeile hinausgelangen und eine angemessenere Vorstellung davon geben, daß es – trotz allem Leid und Unrecht in dieser Welt – dennoch gut ist zu sein und einfach wunderbar, daß du bist!? Es liegt, oder zumindest, es kann in der scheinbar so alltäglichen Erfahrung des Liebens und Geliebtseins eine Tiefendimension der Welt erfahrbar werden, die mit der Alltäglichkeit und dem individuell konkreten Anlass einer solchen Erfahrung gänzlich inkommensurabel erscheint. C. S. Lewis hat diese Inkommensurabilität einer scheinbar grundlosen, tiefen Freude im Hören der Musikdramen Richard Wagners an sich erfahren und davon in „Surprised by Joy" berichtet.[34] Was in der Musik berührt, läßt sich kaum adäquat ins Wort übersetzen; es führt den Hörenden über das Sagbare und über das alltägliche Gesicht der Dinge hinaus. „Die Musik ‚redet nicht von Dingen, sondern von lauter Wohl und Wehe'", wie Pieper mit einem Schopenhauer-Zitat sagt.[35] Sie rührt an das Verlangen nach tiefem Herzensfrieden und vollkommener Glückseligkeit, worauf der Mensch aus der Mitte seines Wesens gerichtet sei - „vor allem bewussten Wollen, aber auch im innersten Kern des bewussten Wollens".[36]

Weil der Philosophierende dem Erstaunlichen von Welt und Dasein auf den Grund zu gehen bemüht ist, deshalb „gehören der philosophische, der musische, der religiöse Akt in der Tat auf besondere Weise zusammen."[37] Hierin zeigt sich ein wesentlicher Unterschied zum Selbstverständnis der neueren Philosophie. Diese hat sich im Gefolge von Roger Bacon und René Descartes ganz bewußt vor allem aus der „Nachbarschaft" der Religion befreit und unter das Dach der Naturwissenschaften begeben. Den Anfang des Philosophierens macht nicht mehr das Staunen, sondern der methodisch vorangetriebene Zweifel. Ihr Ziel ist es, das Staunen zu beenden und eine Form der Gewißheit über das Sein der Dinge zu erlangen, an der sich nicht mehr zweifeln läßt. Die „Unbürgerlichkeit' von Philosoph und Dichter", die stets in der Gefahr sind, die Bedürfnisse der Werktagswelt aus dem Blick zu verlieren, weicht schlußendlich dem „Berufs-Philosophen" und dem „Berufs-Dichter",[38] welche sich durch ihr gesellschaftliches und politisches Engagement die Anerkennung des Bürgertums zu verschaffen wissen. Der Verlust des Staunens beschränkt sich allerdings nicht auf den modernen Typus einer Philosophie, die auf „Augenhöhe" mit den Wissenschaften sein möchte. Es ist längst ein allgemeines Kulturphänomen und als solches „ein untrügliches Zeichen [...] für ein verbürgerlichtes Menschentum", das sich restlos in der selbstverfertigten Wirklichkeit seiner Institutionen eingerichtet hat und den Verlust der „echten Staun-Kraft" durch das „Bedürfnis nach Sensation" kompensiert.[39]

Solche auf Daseinssicherung und Unterhaltung angelegte „Verbürgerlichung im geistigen Sinn"[40] hat ohne ein Gespür für das Geheimnis und die staunenerregende Unbegreiflichkeitsdimension der Wirklichkeit auch jedes Verständnis für das Philosophieren im ursprünglichen Sinn verloren. Staunen ist aber nicht einfach dasselbe wie Nicht-Begreifen. Es enthält ein auf Erkenntnis gerichtetes Element der Hoffnung, worin sich die Hoffnungsstruktur des Philosophierens von der wissenschaftlichen Untersuchung unterscheidet.

> „Die Frage der Einzelwissenschaften ist prinzipiell endgültig beantwortbar, oder mindestens: sie ist nicht prinzipiell unbeantwortbar. [...] Niemals aber wird eine philosophische Frage [...] endgültig und abschließend beantwortet werden können."[41]

Deshalb haben es die Gründergestalten der antiken Philosophie abgelehnt, den Philosophen einen Weisen zu nennen und ihn als jemanden verstanden, der mit der ganzen Energie seines Herzens und seiner Vernunft nach Einsicht und Weisheit verlangt. Dieses „negative Element" der Unerreichbarkeit eines vollkommenen Wissens vom Sinn des Daseinsganzen, von seinem Ursprung und Ziel, gehört von Anfang an als ein Wesenselement zum Begriff der Philosophie. Es ist weder Ausdruck von Skepsis noch Anlaß zur Resignation, weil es sich nicht der Geringschätzung der Vernunft, sondern der Größe ihres Gegenstands verdankt. Darum

„gehört es zur Natur der Wesensfrage, d. h. der philosophischen Frage, […] daß sie nicht in dem gleichen Sinn beantwortet werden kann, in dem sie gestellt ist. Es gehört zur Natur der Philosophie, daß sie auf eine Weisheit geht, die ihr dennoch gerade unerreichbar bleibt."[42]

Schließlich ist in Piepers Bestimmung des philosophischen Akts noch ein weiteres Wesensmerkmal des ursprünglichen Philosophiebegriffs mitgedacht, das unmittelbar mit der Hoffnungsstruktur des Philosophierens und der unübersteigbaren Grenze des menschlichen Erkennens zusammenhängt. Der auf die Wirklichkeit im ganzen gerichtete Akt des Philosophierens hat „ein prinzipiell unbefangenes Verhältnis zur Theologie, eine methodische Offenheit zur Theologie hin".[43] Diese Offenheit ist, neben dem von Pieper in Erinnerung gebrachten „negativen Element", das am meisten verkannte Element im ursprünglichen Philosophiebegriff. Dabei liegt es offen zu Tage für jeden, der die platonischen Dialoge unvoreingenommen liest.

„Niemals hat der platonische Sokrates sich gescheut, von den letzten, das Dasein bestimmenden Wahrheiten zu bekennen, er wisse sie nicht aus eigenem, sondern *ex akoés*, ‚auf Grund von Hören'.[44] Und die Nähe der rationalen Argumentation zur mythischen Überlieferung, kennzeichnend für fast alle Dialoge Platons, bedeutet genau das gleiche."[45]

Ganz offensichtlich ist die „Unbefangenheit gegenüber der Theologie ein Wesensmerkmal platonischen Philosophierens".[46] Wegen der Bedeutung dieses Punktes für die Frage nach der Möglichkeit einer christlichen Philosophie soll Piepers Argument hier im Zusammenhang wiedergeben werden. Es ist nicht erst die mittelalterliche Theologie, welche die wechselseitige Beziehung von Vernunft und Glauben, Philosophie und Theologie um des tieferen Verstehens der Wirklichkeit von Gott, Mensch und Welt willen für unverzichtbar hält.

„Es ist Platon, der bei der Erörterung der Frage, was eigentlich und letzten Grundes die Liebe, der Eros sei, die Geschichte vom urzeitlichen Sündenfall erzählt, vom Verlust der ursprünglichen Heilheit und Ganzheit des menschlichen Wesens – eine Geschichte, die zweifellos ‚Theologie' ist. Und wenn nun jemand Platon auf die Schulter geklopft hätte, um ihn darauf hinzuweisen: hier liege nun aber eine Grenzüberschreitung vor, das sei nun nicht mehr ‚reine' Philosophie, sondern eben Theologie, Glaube, Offenbarung, Mythos

– es ist zu vermuten, daß Platon recht verwundert geblickt haben
würde; und seine Antwort würde wohl gelautet haben: der wahrhaft
Philosophierende interessiere sich nicht für Philosophie, sondern für
die Wurzeln der Dinge. Und wenn du die Auskunft des Mythos über
die Wurzeln der Dinge, über das letztgründige Wesen von Eros,
abweisest – wie soll ich dir dann glauben, daß du wirklich, im Ernst,
nach den Wurzeln der Dinge forschest?"[47]

Es ist diese selbe Hinordnung auf die Theologie, die die Philosophie
nicht bloß in Berührung hält mit den auf das Ganze gehenden, sozusagen „heilsnotwendigen" Fragen des Menschen, sondern auch daran hindert, „sich selbst für Heilslehre zu halten."[48]

3. Zwei Auffassungen von christlicher Philosophie

Josef Pieper hat diesen ursprünglichen Philosophiebegriff mit *allen*
seinen Implikationen verteidigt, und das nicht allein gegen die Vor-
herrschaft des wissenschaftsorientierten neuzeitlichen Begriffs von
Philosophie, der abgesehen von der Phänomenologie seine beherr-
schende Stellung längst verloren hat. Auch andere philosophische
Strömungen der Gegenwart wie die Existenzphilosophie versuchen
die ursprüngliche Frage nach dem Ganzen wieder aufzunehmen,
tun dies aber mit einem bedeutsamen Unterschied. Sie wenden sich
ausdrücklich gegen eine zur Natur des philosophischen Aktes gehö-
rende Offenheit zum religiösen Glauben und zur Theologie. Sowohl
Martin Heidegger wie Karl Jaspers haben grundsätzliche Einwände
gegen die Möglichkeit einer christlichen Philosophie vorgebracht,
mit denen sich Josef Pieper, wie wir noch sehen werden, im letzten
Kapitel seiner „Verteidigungsrede für die Philosophie" auseinandersetzt.[49] Es gibt allerdings unterschiedliche Auffassungen von christlicher Philosophie, von denen die eine paradigmatisch für die Theologie des Mittelalters ist und die andere für die Philosophie der Neuzeit. Sie haben gewissermaßen Modellcharakter und unterscheiden
sich auch dadurch, daß der spezifisch neuzeitliche Begriff christlicher Philosophie aus denselben Gründen als gescheitert angesehen
werden muß, aus denen die Philosophie des Deutschen Idealismus
an der Überzogenheit ihres Philosophiebegriffs gescheitert ist.

(1) Das Modell christlicher Philosophie im Mittelalter

Die im Mittelalter grundgelegte Auffassung christlicher Philosophie beruht auf der Verknüpfung des Geglaubten mit dem Gewußten, in welcher Theologie und Philosophie, Glaube und Vernunft, in ihren jeweiligen Grenzen strikt unterschieden bleiben. Boethius formuliert zu Beginn des sechsten Jahrhunderts in den *Opuscula sacra* (im letzten Satz des zweiten *Opusculum*) nicht bloß einen hermeneutischen Grundsatz der Theologie, sondern das geistige Grundgesetz des christlichen Lebens, wenn er dazu auffordert: „Verknüpfe, so viel du vermagst, den Glauben mit der Vernunft."[50] Zweierlei ist zum Verständnis dieser Verknüpfung wichtig: Erstens, in dieser Verknüpfung wird das Geglaubte so wenig zum Gewußten wie umgekehrt das Gewußte zum Geglaubten – die Unterschiedenheit von Glaube und Vernunft bleibt gewahrt, wie auch die methodisch gesicherte Eigenständigkeit von Theologie und Philosophie nicht zugunsten des einen und auf Kosten des anderen aufgelöst wird. (Genau dies geschieht aber im neuzeitlichen Modell christlicher Philosophie!) Zweitens, „diese Einheit verwirklicht sich allein im lebendigen Denken des Philosophierenden, der an die göttliche Offenbarung glaubt".[51] Als paradigmatisch für die nicht disziplinär sondern primär akthaft gedachte Verbindung von Theologie und Philosophie in der Person des Glaubenden bei strikter Unterscheidung ihrer Erkenntnisprinzipien gilt Pieper das Werk des Thomas von Aquin.

Gegen dieses Modell christlicher Philosophie sind die Einwände von Heidegger und Jaspers gerichtet, die sich jeweils auf eine knappe Formel bringen lassen. Für Heidegger gilt: Der Glaubende kann nicht philosophieren, wenn Philosophieren vor allem auf der Radikalität einer sich durchhaltenden Frage beruht, der Frage nämlich, warum gibt es überhaupt etwas und nicht vielmehr nichts? Wer den biblischen Schöpfungsbericht als Wahrheit annehme, dem müsse das Fragen „als ursprüngliche Macht" fremd bleiben, dieweil er ja damit die Antwort schon zu haben beanspruche. „Was in unserer Frage eigentlich gefragt wird, ist für den Glauben eine Torheit. In dieser Torheit besteht die Philosophie. Eine ‚christliche Philosophie' ist ein hölzernes Eisen und ein Mißverständnis", so Martin Heidegger in seiner Einführung in die Metaphysik.[52]

Der Einwand von Karl Jaspers gegen die Möglichkeit einer christlichen Philosophie läßt sich auf die umgekehrte Formel bringen: Der Philosophierende kann nicht glauben, wenn ‚glauben' bedeutet, sich auf die Autorität von jemand anderem verlassen; der Philosophierende folgt aber allein seiner eigenen Einsicht und Vernunft. Jaspers schließt daraus: Der „Entscheidung zwischen Religion und Philosophie kann sich kein redlicher Mensch entziehen; entweder [...] Verzicht auf Unabhängigkeit [...] oder Verzicht auf [...] Offenbarung".[53]

Im Falle Heideggers wird also der Fragecharakter des Philosophierens, im Falle von Jaspers die Autonomie des philosophischen Aktes gegen die Möglichkeit einer zur Theologie hin offenen Philosophie in Stellung gebracht. Piepers Argumente[54] gegen Heidegger und Jaspers zugunsten der Möglichkeit, Philosophie und Theologie als „Form-Einheit" im Akt des Philosophieren zusammenzubringen, sind im wesentlichen die folgenden:

Erstens, wenn ich zwei deutlich verschiedene Möglichkeiten habe, etwas mir zunächst Unbekanntes in Erfahrung zu bringen, warum sollte ich dann nicht beide nutzen dürfen. Warum sollte ich etwa zugunsten des Sehens (der eigenen Erkenntnismöglichkeit) auf das Hören (des mir zu glauben Vorgelegten) verzichten?

Zweitens, wenn Philosophieren bedeutet, das Wirklichkeitsganze unter jedem sinnvoll möglichen Aspekt zu bedenken, dann wäre es einfach unphilosophisch, einen möglichen Aspekt formell aus meiner Betrachtung auszuschließen. Allerdings setzt Pieper sogleich hinzu, unphilosophisch wäre es für den, der an die Wahrheit der Offenbarung glaubt und also das Geglaubte für wahr hält und zugleich ignoriert.

Drittens ist der Glaubende, anders als Heidegger behauptet, durch die Zustimmung zu dem Geglaubten keineswegs in seinem Fragen eingeschränkt. Das Gegenteil ist der Fall. Gerade weil das Geglaubte nicht vor Augen liegt, gerade darum wird es dem Glaubenden zum Anlaß des Fragens. Das Ergebnis ist nicht bloß ein tieferes Verstehen des Geglaubten, sondern auch des bereits Gewußten. Das zeigt ausgerechnet die von Heidegger gegen die Möglichkeit eines christlichen Philosophierens angeführte Grundfrage der Philosophie, „Warum gibt es überhaupt etwas und nicht vielmehr nichts?" Gerade diese Frage wurde erst möglich im Bedenken des jüdisch-christlichen Glaubens an die Erschaffung der Welt aus dem Nichts. Platon und Aristoteles stellen diese Frage offensichtlich nicht. Sie stellt sich erst im Gefolge einer Betrachtungsweise, zu der sich einige erst aufgrund ihres Glaubens „erheben" konnten, wie Thomas von Aquin mit Blick auf Avicenna gesagt hat.[55]

Viertens, schließlich gibt es ein ganz unverdächtiges Modell eines solchen Verknüpfungsversuchs von Vernunft und Glauben, unverdächtig deshalb, weil es der noch vorchristlichen Antike angehört. Es ist das schon im ursprünglichen Philosophiebegriff nachgezeichnete Modell Platons. Platon hat in seinen Dialogen, zum Beispiel im *Gorgias* und in der *Politeia*, bei der Frage nach der Gerechtigkeit, ganz selbstverständlich auch die mythische Überlieferung vom Gericht nach dem Tode ausdrücklich in die Diskussion miteinbezogen. Im *Phaidon* wiederum, in der Diskussion um die Unsterblichkeit der Seele, gehören die religiösen Vorstellungen vom zukünftigen – glückseligen oder aber von Gott getrennten elenden – Leben der Seele jenseits der Schwelle des Todes für Platon einfachhin zum philosophisch Bedenkenswerten hinzu. Denn „wer wirklich hungere, der sei nicht wählerisch (,das eine wohl, das andere nicht'). ,So werden auch wir den einen Philosophen nennen, der begierig ist nach der ganzen Weisheit – nicht nach der einen ja, nach der anderen nein".[56] Das Beispiel Platons zeigt allerdings, daß für die Offenheit hin zur Theologie der Name „christliche Philosophie" zu eng gefaßt ist. Präziser müßte von der Möglichkeit und Notwendigkeit gesprochen werden, als Christ zu philosophieren, als einer, der an die Offenbarung in Jesus Christus glaubt, so wie auch Platon einer religiösen Überlieferung geglaubt hat.

(2) Das Modell christlicher Philosophie in der Neuzeit

Das Verhältnis der neuzeitlichen Philosophie zur Theologie ist wesentlich geprägt worden durch Lessings Religionsphilosophie. Sie besteht in dem Versuch, sich der Inhalte des Glaubens auf eine Weise zu vergewissern, die das Wagnis des persönlichen Glaubens vermeidet. Der Gehalt des Glaubens soll so mit der Vernunft zur De-ckung gebracht werden, daß die den Glauben beanspruchende Fak-tizität des Heilsgeschehens zwischen Gott und Mensch dahingestellt bleiben mag. Kriterium für eine mögliche Ausweitung des Vernunft-anspruchs auf die Inhalte der christlichen Glaubensbotschaft ist für Lessing die Unterscheidung zwischen „zufälligen Geschichtswahr-heiten" und „notwendigen Vernunftwahrheiten", die ohne zu glau-ben gewiß seien.[57] Was nach der Anwendung dieser Unterscheidung auf den christlichen Glauben von eben diesem Glauben als „ver-nunftgemäß" übrigbleibt, ist kaum mehr als das abstrakte Gerüst moralischer Gebote, deren Geltung Lessing für evident hält. Unter dem Anspruch einer sich selbst genügenden Vernunft ohne Glauben schrumpft die Wahrheit des Christentums zur bloßen Morallehre. Die Konsequenzen einer solchen „Philosophie des Christlichen" lie-gen auf der Hand: Die dogmatische Theologie als Glaubenswissen-schaft verwandelt sich in die religionswissenschaftliche Erforschung der lebensweltlichen Bedingungen und Ausdrucksformen des Glau-bens, die Philosophie in einen Apriorismus, der der Erfahrung nur zur nachträglichen Bestätigung eines vorher schon Gewußten be-darf. Neuzeitliche Philosophie wird so zur „christlichen Philoso-phie" durch Beerbung der Theologie.

Hegels Philosophie ist nicht bloß christliche Philosophie in die-sem Sinn, sondern ihr Höhepunkt und darin Selbstzerstörung von Philosophie und Theologie. In der Einleitung zu seinen „Vorlesun-gen zur Geschichte der Philosophie" heißt es unter der Kapitelüber-schrift „Verhältnis der Philosophie zur Religion" mit Blick auf die Beziehung von Philosophie und Theologie im Mittelalter: „Die scholastische Philosophie ist wesentlich Theologie gewesen. Wir fin-den hier eine Verbindung oder, wenn man will, Vermischung von Theologie und Philosophie, die uns wohl in Verlegenheit setzen kann."[58] Wen immer Hegel damit gemeint haben mag, das Modell des Thomas von Aquin trifft er damit nicht. Wahrscheinlich hat er mangels eigener Kenntnis überhaupt keinen einzelnen Theologen vor Augen gehabt; er meint schlicht alle und alles, was mit dem Na-men „scholastische Philosophie" in Verbindung – und wiederum durch ihn – in weiteren Mißkredit gebracht worden ist.

Der offensichtlichste Unterschied zur christlichen Philosophie im Mittelalter ist nun der, daß Hegel die von Thomas von Aquin ausdrücklich gewahrte Grenze zwischen Theologie und Philosophie wie auch das negative Element im Philosophiebegriff nicht mehr gelten lassen will: „Das Gerede von den Schranken des menschlichen Denkens ist seicht; Gott zu erkennen, ist der einzige Zweck der Religion."[59] Das heißt für die „Philosophie der jetzigen Zeit", ihren Standpunkt „innerhalb des Christentums"[60] zu nehmen. Der Glaube an Jesus Christus als wahrer Gott und wahrer Mensch darf als der Glaube an eine reale geschichtliche Person nicht bei dieser Äußerlichkeit stehen bleiben, sondern muß „für den Geist ein Geistiges werden".[61] Hegel überbietet so mit der Idee einer „Philosophie *innerhalb* des Christentums" den noch an notwendige Unterscheidungen gebundenen Vernunftstandpunkt Lessings und beansprucht vom Standpunkt des *absoluten* Geistes aus, das positiv-geschichtliche Moment der Offenbarung in seinem Wahrheitsgehalt zu „retten" und seiner Form nach als entbehrliche Verhüllung des spekulativen Gedankens zu erweisen. Der „historische Karfreitag" des Glaubens wird ersetzt durch den „spekulativen Karfreitag" einer christlichen Philosophie, die keinen Osterglauben mehr zur Voraussetzung hat. Eine solche Konzeption „christlicher Philosophie" mag immer noch anziehend wirken als außerordentliche Leistung philosophischer Spekulation. Mit der Hoffnung des christlichen Glaubens wie mit der Hoffnungsstruktur philosophischer Wirklichkeitserkenntnis hat sie nichts zu tun. Ob eine Philosophie *christlich* ist, entscheidet sich allein an ihrer unverkürzten Katholizität. Und das *Philosophische* an der christlichen Philosophie wiederum, ihre Intellektualität, darf keinen Unterschied machen zu einer nicht-christlichen Philosophie.

4. Christliche Philosophie und nicht-christliche Philosophie: notwendige Klärungen

Fassen wir zusammen und sehen zu, ob das so ist. Dabei wird sich eine unerwartete Frage ergeben, wie denn eine nicht-christliche Philosophie möglich ist.

(1) Das Dilemma einer nicht-christlichen Philosophie[62]

1. Was Piepers Begriff von Philosophie angeht, soll hier als geklärt vorausgesetzt werden, in welchem Sinn Intellektualität und Katholizität, Vernunft und Glaube, Philosophie und Theologie nicht im Widerspruch zueinander stehen. Man muß *nicht* wählen zwischen Vernunft und Glauben. Der Philosophierende kann ein Glaubender sein und der Glaubende einer, der philosophiert. Daraus ergibt sich eine naheliegende Konsequenz für den Glaubenden: Wer glaubt, wird von seinem Glauben im Philosophieren nicht absehen *dürfen*, jedenfalls dann nicht, wenn er *wirklich* glaubt. Er hält das Geglaubte ja für wahr und kann weder als Glaubender noch als Philosophierender sich von dessen Wahrheit dispensieren. Er würde dann gleichermaßen aufhören zu glauben und zu philosophieren.

2. Ebenfalls als geklärt vorausgesetzt ist die Frage, was es heißt, im *ursprünglichen* Sinn zu philosophieren. Wir hatten mit Pieper gesehen, worin sich der von Platon überlieferte und von ihm selbst vertretene ältere Philosophiebegriff von dem viel jüngeren Begriff neuzeitlicher Philosophie unterscheidet. Das am meisten kontroverse Merkmal des ursprünglichen Begriffs von Philosophie ist seine Offenheit hin zur Wahrheit des religiösen Glaubens und zur Theologie. Auch hier ergibt sich eine vergleichbare Konsequenz. Wer philosophiert, wird im Philosophieren von seinem Glauben nicht absehen *dürfen*, jedenfalls dann nicht, wenn er im *ursprünglichen* Sinn philosophiert. Er wird es nicht tun und er darf es auch nicht.

3. Sofern beide Voraussetzungen geteilt werden, folgt daraus für die Rechtfertigung christlicher Philosophie eine Umkehr der Begründungslast.

> „Der Frage ‚Gibt es eine christliche Philosophie?‘, die ja zumeist den Sinn einer In-Frage-Stellung hat, dieser kritisch gemeinten Frage ist sehr leicht zu begegnen. Wenn man von Platon her denkt, ist da nichts zu verteidigen und zu rechtfertigen. Viel schwerer zu beantworten, ja kaum beantwortbar ist die andere Frage: Wie ist, in unserer westlichen Zivilisation, die vom Griechentum wie vom Christentum geprägt ist, wie ist eine nicht-christliche Philosophie möglich?"[63]

Vom Standpunkt des ursprünglichen Philosophiebegriffs aus zu urteilen, steht nicht die Möglichkeit einer christlichen Philosophie zur

Diskussion, sondern die Frage nach der Möglichkeit und Tatsächlichkeit einer nicht-christlichen Philosophie. Was die Möglichkeit bzw. Unmöglichkeit nicht-christlicher Philosophie angeht, ist darüber leicht Klarheit zu schaffen, vorausgesetzt, daß man den ursprünglichen Philosophiebegriff für richtig hält. Dann ist ein nicht-christliches Philosophieren auch in dem Sinn ausgeschlossen, daß einer versuchen könnte, in der historischen Perspektive Platons zu philosophieren. Der Grund dafür liegt ebenfalls auf der Hand:

> „Weil alles das, was für Pythagoras, Platon, Aristoteles die mythische Überlieferung an Wahrheit und Weisheit enthielt, ,aufgehoben' ist – in der christlichen Lehrüberlieferung! Weil es keine überrationalen Auskünfte über die Welt mehr gibt; weil es keine wirklich geglaubten Mythen mehr gibt, auf welche der Philosophierende zurückgreifen könnte; weil es keine echte Überlieferung mehr gibt – es sei denn die christliche! Das ist einfach ein Erfahrungsbefund."[64]

Heideggers archaisierende Redeweise von „dem Gott" („nur ein Gott kann uns noch retten"[65]) ist dann einfach nicht ernstzunehmen. Die antiken Gottheiten haben als Fiktionen der religiösen Phantasie nur noch literarische, aber keine kultische Realität. Man verehrt sie nicht und glaubt nicht an sie, weil man überzeugt ist, daß es sie nicht gibt. In diesem Sinn ist im Kulturraum des Christentums eine Rückkehr zu einer nicht-christlichen Philosophie *ante Christum natum* ausgeschlossen. Sie ist schlicht unmöglich.

Nicht so leicht zu beantworten ist dagegen die Frage nach der Tatsächlichkeit einer nicht-christlichen Philosophie, sofern damit solche gegenwärtig praktizierte Formen des Philosophierens gemeint sind, die ausdrücklich vom christlichen Glauben absehen wollen. Für Pieper stellt sich die Frage so:

> „Gibt es – auch in dieser unserer westlichen Welt – Philosophie, die nicht christlich ist und dennoch Philosophie, echte Philosophie, die zweifellos nicht allein den Fachmann angeht, sondern den Menschen? Dies ist eben die Frage, die ich mit Ja zu beantworten zögere".[66]

Piepers Gründe zu zögern sind von unterschiedlichem Gewicht. Zunächst steht für ihn außer Frage, daß es heute Formen eines fachwissenschaftlichen Philosophierens gibt, das „gar nicht den Anspruch macht, Philosophie im alten platonischen Sinn zu sein."[67] Dann allerdings erscheint es fraglich, ob ein solches Philosophieren

„ohne Zuordnung zu einer wahren Theologie [...] noch eigentlich *philo-sophia* heißen"[68] kann. Wer ernsthaft sucht, will auch finden. Er würde aber nicht suchen, wenn er nicht davon überzeugt wäre, daß das Gesuchte existiert und sich finden läßt – „irgendwo und irgendwann".[69] Zu fragen ist ferner, ob nicht auch dann, wenn in der Erörterung einer philosophischen Frage der Rückgriff auf „theologische Sätze" ausdrücklich abgelehnt wird, eine nicht wahrgenommene Abhängigkeit von grundlegenden christlichen Überzeugungen besteht. Der Fortschrittsgedanke der neuzeitlichen Geschichtsphilosophie als Säkularisat der christlichen Eschatologie ist ein schlagendes Beispiel dafür. Von Heideggers Einwand gegen die Möglichkeit einer christlichen Philosophie war schon die Rede. Seine Behauptung, daß die radikale Grundfrage des Philosophierens ein christliches Philosophieren unmöglich macht, beweist bei genauerem Hinsehen gerade das Gegenteil. Zu fragen, „warum gibt es überhaupt etwas und nicht vielmehr nichts", hat seine undeklarierte Voraussetzung im jüdisch-christlichen Glauben an die „creatio ex nihilo". Platon und Aristoteles konnten *nicht* so fragen, weil ihnen dieser Schöpfungsglaube noch unbekannt war. Nicht weniger fraglich ist, ob Nietzsches Nihilismus-These und Sartres Behauptung von der Absurdität der Existenz außerhalb des christlichen Kulturraums überhaupt zu verstehen sind. Und ist nicht, wie wiederum Nietzsche gesehen hat, im Begriff der Wahrheit mitgedacht, daß ihr zu trauen ist, weil ihr Ursprung göttlich ist? Derrida hat Vergleichbares vom Vertrauen in den Wirklichkeitsbezug sprachlicher Kommunikation gesagt. Es setzt voraus, daß Worte auf Wirklichkeit verweisen können, weil die Intelligibilität sprachlicher Zeichen mit der Intelligibilität der Dinge im „absoluten Logos" vermittelt ist. „Die Epoche des Zeichens ist ihrem Wesen nach theologisch".[70]

Bis zu einem gewissen Grad sind daher alle Formen des Philosophierens im europäischen Kulturraum durch den jüdisch-christlichen Glauben mitgeprägt. Das muß nicht so bleiben, wie Pieper überzeugt ist.

> „Zweifellos wird die ‚Säuberung' der Philosophie von den letzten Resten einer Zuordnung zu einer theologischen Weltdeutung immer konsequenter voranschreiten. Und dieser Liquidation werden sicher

nach und nach sämtliche Einsichten zum Opfer fallen, die auf Grund der Struktur *credo ut intelligam* zustande gekommen sind. Erst das letzte Resultat dieses Prozesses würde eine schlechthin ‚nichtchristliche Philosophie' sein. Und von ihr zu sagen, sie werde zugleich eine ‚Nicht-Philosophie' sein – dies scheint mir in der Tat keineswegs absurd. Wie sollte es nicht absurd sein, das ausdrückliche Absehen (*disregard*) von Weisheit ‚Suche nach Weisheit' (*philo-sophia*) zu nennen?"[71]

(2) Die Überlegenheit der christlichen Philosophie

Selbst wenn es nicht gänzlich abwegig wäre, auch dezidiert nichtchristliche Formen des Philosophierens im weiten Sinn „christlich" zu nennen, die interessantere Frage ist doch die nach einer im genauen Sinn des Wortes „christlichen Philosophie". Davon soll nun abschließend und eher summarisch die Rede sein und zwar im Rückgriff auf die von Pieper genannten Elemente des Begriffs.

Wie sich gezeigt hat, ist es entgegen Heideggers Meinung keineswegs sinnlos, nach der Möglichkeit einer christlichen Philosophie zu fragen. Diese Möglichkeit hängt an zwei grundlegenden Bedingungen: dem ursprünglichen Philosophiebegriff als Norm allen Philosophierens und der Tatsächlichkeit einer an den Menschen gerichteten göttlichen Offenbarung. Diese ist zugleich die entscheidende Zäsur, die das vorchristliche vom christlichen Philosophieren unterscheidet.

> „Dieser Einschnitt ist unvergleichlich tiefer als etwa der Einschnitt, der die ionische Naturphilosophie von der des Sokrates und Platon trennt. Der Schritt von Thales zu Sokrates oder von Platon zur Stoa kann deswegen nicht verglichen werden mit dem Schritt von Thales, Sokrates, Platon, der Stoa einerseits zu Origenes, Augustin, Anselm, Thomas anderseits, weil sich im letzteren Fall zwischen den beiden Zeiträumen ein bestimmtes Ereignis zugetragen hat – nicht auf dem Felde der Begriffe und Ideen, sondern auf dem Felde des im striktesten Sinn Geschichtlichen; nicht im Bereich des Denkens über die Realität, sondern im Bereich der Realität selbst. [...] Wer diese Voraussetzung ablehnt, dem ist konsequenterweise ‚christliche Philosophie', ganz gleich, was darunter des näheren verstanden wird, ein Unbegriff."[72]

Zur Annahme dieser Voraussetzung kann niemand allein durch noch so vernünftige Argumente genötigt werden. Die Menschwerdung Gottes in Jesus von Nazareth für wahr und wirklich zu halten, beruht auf einem Akt des Glaubens, von dem die christliche Theologie sagt, daß er die Wirksamkeit der göttlichen Gnade zur Voraussetzung hat. Der Glaube an die Menschwerdung Gottes ist – als theologische Tugend – eine Qualität, die das ganze Sein der Person, ihr Erkennen und ihr Lieben, prägt. Das muß eigens mitbedacht werden, wenn es einen „Mehrwert" des christlichen Philosophierens geben soll. Zum Philosophieren wird es nie genügen, einfachhin nur Sätze – ganz gleich ob theologische oder philosophische Sätze – zur Kenntnis zu nehmen. Ohne „die Macht des Fragens" (Heidegger) und ohne die innere Umkehr der Existenz in wirklichem Glauben gibt es keine christliche Philosophie. „Der eigentliche Boden christlicher Philosophie [ist] die lebendige Erfahrung des Christlichen als Wirklichkeit."[73]

Das vorausgeschickt, kann nun ohne rationalistische Verflachung gesagt werden, was christliches Philosophieren ist und worin es dem nicht-christlichen Philosophieren etwas voraushat. Wenn wir sagen, christliches Philosophieren heißt, im Licht der Offenbarung denken, was macht dann den Unterschied? Eine naheliegende, von Pieper kritisierte Auffassung sieht die Überlegenheit einer christlichen Philosophie darin, „im Besitz glatter, endgültiger Antworten zu sein. Das trifft nicht zu."[74] Wenn es eine Überlegenheit aufseiten christlicher Philosophie gibt, dann kann sie nur darin liegen, „in höherem Grade als jede andere Philosophie den Sinn für das Geheimnis zu besitzen."[75] Es ist derselbe christliche Schöpfungsglaube, der die Einsicht in die prinzipielle Erkennbarkeit wie in die Unbegreiflichkeit der geschaffenen Welt zur Folge hat: „daß die Welt und das Sein selbst ein Geheimnis ist und darum unausschöpfbar".[76] Im „Geheimnischarakter" und in der „Unausschöpfbarkeit" für alle menschliche Erkenntnis ist das kreatürliche Sein der Wirklichkeit „viel tiefer erkannt und erfaßt denn in einem luziden und scheinbar geschlossenen System von Thesen."[77] Das „negative Element" und die „Hoffnungsstruktur echten Philosophierens werden im christlichen Philosophieren nicht etwa eingeschränkt oder gar aufhoben, sondern bekräftigt und vertieft.

Solche „tiefere Erfassung des Geheimnischarakters der Welt"[78] hindert das Philosophieren daran, sich in selbstverfertigte Konstruktionen der Wirklichkeit einzuschließen. Piepers Beispiel ist die Geschichtsphilosophie, die mit dem guten Ende aller Dinge rechnet, weil es vom Menschen selbst herbeigeführt werden kann. Diese Fortschrittsidee als solche ist nicht bloß theoretisch fragwürdig; sie ist, wie man weiß, in ihrer politische „Anwendung" auf die menschliche Geschichte von einer verheerenden Wirkung gewesen. Was hat die Fortschrittsidee so überzeugend erscheinen lassen? Der Grund ist ganz einfach: ihre Dürftigkeit! „Die Geschichtsphilosophie des Fortschritts wird dadurch so einfach, daß sie wegsieht von der ‚Apokalypse'!"[79] Für christliches Philosophieren gilt das Gegenteil: es ist komplizierter und darum wahrer, und weil wahrer, auch politisch risikoärmer als die selbstverfertigten Vorstellungen einer philosophischen Vernunft, die nur sich selbst vertraut. Ohne „Weitung der Vernunft" sind die „Pathologien der Vernunft"[80] kaum zu vermeiden. Josef Pieper hat den Mehrwert des christlichen Philosophierens, seine Überlegenheit aber auch deren unabdingbare Voraussetzung, eindrucksvoll klar so formuliert:

1. „Christliches Philosophieren ist komplizierter, weil es sich verbietet, dadurch zu ‚einleuchtenden' Formulierungen kommen zu wollen, daß man von Wirklichkeiten absieht, daß man auswählt, daß man wegläßt; weil es, in fruchtbare Beunruhigung versetzt durch den Hinblick auf die geoffenbarte Wahrheit, gezwungen wird, großräumiger zu denken, vor allem: sich nicht zufrieden zu geben mit der Flachheit rationalistischer Harmonismen. Es ist dieses Aufschäumen des Geistes beim Aufprall auf den Fels der göttlichen Wahrheit, wodurch christliches Philosophieren sich unterscheidet."[81]

2. „Vorausgesetzt ist freilich, daß nicht allein der christliche Charakter dieses Philosophierens echt und stark ist, sondern auch sein philosophischer Charakter (man muß es immer wieder sagen, weil es so wenig selbstverständlich ist!)."[82]

Anmerkungen

[1] Josef Pieper, Was heißt Philosophieren? (1948); Verteidigungsrede für die Philosophie (1966); in: Josef Pieper, Werke Bd. 3, Schriften zum Philosophiebegriff, Hamburg 1995, 15-69; 76-155. (Josef Pieper, Werke in acht Bänden (Hrsg. B. Wald), Hamburg 1995 ff.; im folgenden zit. als Pieper, Werke, Band, Seite).

[2] Erstmals 1952 erschienen im Londoner Verlag Faber and Faber, von dem Verleger Kurt Wolff im selben Jahr auch bei Pantheon Books, New York, herausgebracht. Aktuell erscheint das Buch als Neuausgabe in drei weiteren Verlagen und ist der am meisten gelesene Titel von Josef Pieper in den USA.

[3] Pieper, Werke 3, 74. Das Cover der Ausgabe von 1999 im Verlag St. Augustine's Press vermerkt zu dem Buch: „Josef Pieper's *Leisure the basis of culture* is among the most important philosophy books of the twentieth century. More remarkable still is the fact that the book's significance is greater today than when it was written more than half a century ago."

[4] Über das problematische Metier des Intellektuellen (vor allem im Verhältnis zur Kirche); Pieper, Werke 7, 171.

[5] Jürgen Habermas, Politik, Kunst, Religion, Stuttgart 1978, 7.

[6] Klappentext von Stefan Müller-Doohm, Jürgen Habermas. Eine Biographie, Frankfurt a. M. 2014.

[7] Jürgen Kaube in der FAZ vom 18.6.2014.

[8] Hervorhebung von mir.

[9] Pieper spricht ausdrücklich von „Zerstörung durch Indienstnahme" in einem Kapitel seiner Schrift „Was heißt Akademisch?" (Pieper, Werke 6, 79 ff.)

[10] Ebd., 126. Der letzte Satz ist Piepers Übersetzung eines Newman-Zitats (The Idea of a University, London 1921, 42).

[11] Vgl. Thomas Möllenbeck, Berthold Wald (Hrsg.), Wahrheit und Selbstüberschreitung. C. S. Lewis und Josef Pieper über den Menschen, Paderborn 2011.

[12] Wilhelm Dilthey, Weltanschauungslehre. Abhandlungen zur Philosophie der Philosophie; Gesammelte Schriften, Bd. 8 (Hrsg. B. Groethuysen), Stuttgart 1977.

[13] Über das Dilemma einer nicht-christlichen Philosophie; Pieper, Werke 3, 300 f.

[14] Ebd., 301.

[15] Gespräche in Tusculum V, 3, § 7ff.

[16] Leben und Meinungen berühmter Philosophen I, 12.

[17] Phaidros 278 d.

[18] Über den Philosophiebegriff Platons; Pieper, Werke 3, 157 f. „Platon jedenfalls hat den antiken Bericht, wonach Pythagoras gesagt haben soll, kein Mensch könne weise (sophos) genannt werden, sondern höchstens ein philo-sophos, ein die Weisheit liebend Suchender – Platon hat diese Geschichte sehr prinzipiell genommen. Für Platon liegt in der Tat das Wesen des Philosophierens darin, auf eine Weisheit zu zielen, die wir dennoch nicht ,haben' können, prinzipiell nicht, niemals, solange wir uns in dem Zustand der leibhaftigen Existenz befinden." (Über das Dilemma einer nicht-christlichen Philosophie; Pieper, Werke 3, 301).

[19] Vgl. Metaphysik I, 2; 983 a 8 f.

[20] Über den Philosophiebegriff Platons; Pieper, Werke 3, 158.

[21] In einem Brief-Entwurf an seinen Schüler H. F. W. Hinrichs vom Sommer 1819. Briefe von und an Hegel (Hrsg. J. Hoffmeister), Hamburg 1952 ff., Bd. 2, 216.

[22] Vorlesungen über die Methode des akademischen Studiums, vierte Vorlesung; hrsg. unter dem Titel Studium Generale von H. Glockner, Stuttgart 1954, 70.

[23] Phänomenologie des Geistes, Vorrede; Georg Wilhelm Friedrich Hegel, Werke 3, Frankfurt a. M. 1970, 14 (Herv. Im Orig.).

[24] Herbert Schnädelbach, Warum Hegel? in: Information Philosophie Okt. 1999, Heft 4, 78.

[25] Aristoteles, Metaphysik II, 1; 993 b 9 ff.

[26] Über den Philosophiebegriff Platons; Pieper, Werke 3, 165.

[27] Vgl. Verteidigungsrede für die Philosophie; Pieper, Werke 3, 79 ff.

[28] Ebd., 79.

[29] Was heißt Philosophieren?; Pieper, Werke 3, 44.

[30] Ebd.

[31] Ebd., 45.

[32] Ebd., 46.

[33] Erste Strophe des Gedichts „Täglich zu singen"; in: Matthias Claudius, Sämtliche Werke, München 1968, 149.

[34] „There is in us a world of love to somewhat, though we know not what in the world that should be." (C. S. Lewis, Surprised by Joy, London 1955 (Vorspruch zum 5. Kap.), 61).

[35] Über die Musik. Ansprache während eines Bachabends; Pieper, Werke 8.2, 430.

[36] Ebd., 431.

[37] Verteidigungsrede für die Philosophie; Pieper, Werke 3, 93.

[38] Was heißt Philosophieren?; Pieper, Werke 3, 46.

[39] Ebd.

[40] Ebd., 45

[41] Ebd., 51.

[42] Ebd., 53.

[43] Über das Dilemma einer nicht-christlichen Philosophie; Pieper, Werke 3, 302.

[44] Vgl. Phaidon 61 d 9; Phaidros 235 d 1; Timaios 20 d 1. – Bei Pieper heißt es weiter: „Diese Wendung, die wörtlich im Griechisch des Neuen Testamentes wiederkehrt (‚Der Glaube kommt aus dem Hören'; Röm 10, 17), wird in den deutschen Platon-Übersetzungen durch ‚vom Hörensagen' wiedergegeben, was klarer weise nicht nur eine Ungenauigkeit ist, sondern eine Fälschung." (Pieper, Werke 3, 152, Anm. 145).

[45] Verteidigungsrede für die Philosophie; Pieper, Werke 3, 152.

[46] Was heißt Philosophieren?; Pieper, Werke 3, 16.

[47] Gibt es eine nicht-christliche Philosophie?; Pieper, Werke 8.1, 111 f.

[48] Was heißt Philosophieren?; Pieper, Werke 3, 55.

[49] Vgl. Pieper, Werke 3, 144-155.

[50] „fidem, si poteris, rationemque conjunge". (A. M. S. Boethius, Die Theologischen Traktate lt./dt. (Hrsg. M. Elsässer), Hamburg 1988, 32.

[51] Thomas von Aquin. Leben und Werk; Pieper, Werke 2, 291.

[52] Martin Heidegger, Einführung in die Metaphysik (1935), Frankfurt a. M. 1987, 5 f.

[53] Karl Jaspers, Philosophie, Berlin/ Göttingen/ Heidelberg 1948, 258.

[54] Vgl. Verteidigungsrede für die Philosophie (1966); Pieper, Werke 3, 149ff; Philosophieren – heute (1975); Pieper, Werke 8.1, 218 ff.

[55] Thomas von Aquin, Summa theologiae I, 44,2: „Endlich erhoben sich einige [jüdische und islamische Schriftgelehrte und Philosophen, gemeint ist vor allem Avicenna] bis zur Betrachtung des Seienden als Seienden, und betrachteten die Ursache der Dinge nicht nur [wie Aristoteles], sofern sie diese oder so-beschaffene sind (secundum quod sunt haec vel talia), sondern sofern sie seiende sind (inquantum sunt entia)".

[56] Vgl. Über den Philosophiebegriff Platons; Pieper, Werke 1, 159, mit Bezug auf Politeia 475 c.

[57] Vgl. Gotthold Ephraim Lessing, Über den Beweis des Geistes und der Kraft; in: A. Schilson (Hrsg.), Gotthold Ephraim Lessing, Werke 1774–1778, Frankfurt a. M. 1989, 437-445, 441.

[58] Georg Wilhelm Friedrich Hegel, Vorlesungen zur Geschichte der Philosophie; Werke Bd. 18 (Hrsg. E. Moldenhauer, M. Michel), Frankfurt a. M. 1971, 84.

[59] Ebd., 94.

[60] Ebd., 100.

[61] Ebd., 92.

[62] Die folgenden Überlegungen stützen sich auf: Über das Dilemma einer nicht-christlichen Philosophie; Pieper, Werke 3, 300-307; Gibt es eine nicht-christliche Philosophie?; Pieper, Werke, 8.1, 109-114.

[63] Gibt es eine nicht-christliche Philosophie?; Pieper, Werke 8.1, 112 f.

[64] Ebd., 113.

[65] So der Titel des nach Heideggers Tod am 31. Mai 1976 im Spiegel veröffentlichten Interviews, worin Heidegger diesen Satz geäußert hat.

[66] Gibt es eine nicht-christliche Philosophie?; Pieper, Werke, 8.1, 114.

[67] Ebd., 113.

[68] Ebd., 114.

[69] Ebd.

[70] Jacques Derrida, Grammatologie, Frankfurt a. M. 1992, 28.

[71] Über das Dilemma einer nicht-christlichen Philosophie; Pieper, Werke 3, 306 f.

[72] Scholastik. Gestalten und Probleme der mittelalterlichen Philosophie; Pieper, Werke 2, 305.

[73] Was heißt Philosophieren?; Pieper, Werke 3, 16.

[74] Das Geheimnis und die Philosophie; Pieper, Werke 3, 312. Wer hier gemeint sein dürfte, ist nicht unschwer zu erraten – ganz sicher die thomistische Schulphilosophie, aber vermutlich auch der überzogene Wissensanspruch christlicher Phänomenologen.

[75] Ebd.

[76] Ebd., 213.

[77] Ebd.

[78] Was heißt Philosophieren?; Pieper, Werke 3, 16.

[79] Ebd., 66.

[80] Benedikt XVI., Glaube, Vernunft und Universität. Die „Regensburger Vorlesung" vom 12. September 2006; in: ders., Die Ökologie des Menschen. Die großen Reden des Papstes, München 2012, 187 f.

[81] Was heißt Philosophieren?; Pieper, Werke 3, 67.

[82] Ebd.

Martin Hähnel

Josef Pieper und Karl Jaspers
über den philosophischen Glauben

> Credo ut intelligam.
> Übersetzen wir das so:
> Ich glaube, um intelligent zu werden.
>
> Nicolás Gómez Dávila

Im 21. Jahrhundert ist eine ernsthafte, mithin wissenschaftliche Rede über den Glauben zu einem Problem geworden, dessen Ursache vor allem in einer unheimlichen Selbstlegitimierung einzelner oder bestimmter Gruppen zu Taten zu suchen ist, die auf reine Abschreckungswirkung abzielt und dabei nicht auf begründbare Inhalte: Selbsternannte Glaubenshüter ermächtigen sich, „im Namen ihres Glaubens" Menschen zu töten und damit ganze Nationen und Kulturen zu bedrohen. Der Philosoph Sam Harris hat aus diesem Grund vor einiger Zeit öffentlichkeitswirksam das „Ende des Glaubens" gefordert, da dieser für ihn die entscheidende Ursache für Krieg und Terror zu sein scheint.[1]

Wohl aber nicht erst seit Harris bestreitet man eine konstruktive wissenschaftliche, ethische und politische Wirksamkeit des religiösen Glaubens, vor allem angesichts der kaum zu überschätzenden Bedeutung, die das empirisch gewonnene Wissen für die heutige Gesellschaft spielt. Der religiöse Glaube ist schon lange nicht mehr als Vollendung, Zu-sich-kommen oder Erschließungsmodus eines letztbegründenden Wissens anzusehen, sondern seine Funktion besteht vielmehr darin, jenem Wissen einen Vorwand, an dem es sich abarbeiten kann, zu liefern, um schließlich vom Wissen selbst in seiner Funktionalität durchschaut zu werden und in sich folglich in ihm auch aufzulösen. Letzteres hat allerdings zur Konsequenz, dass die Latenz tradierter Glaubensvorstellungen nicht getilgt wird, sondern in Form eines „neuen Glaubens" an die Wahrheiten eines vorwiegend empirisch gewonnenen und bestätigten Wissens wirksam bleibt, d.h. nur in Form des uns bereits bekannten „Wissenschaftsglaubens" fortzuleben in der Lage ist.

Dieser eben angedeutete fundamentale Wandel von der angeblich geschlossenen Glaubenswelt hin zur offenen Wissensgesellschaft weist bekanntlich eine lange Geschichte auf, die wir hier nur ansatzweise nachzeichnen können. So begann sich im Zuge der Entfaltung eines sich neu entdeckenden Individuums, des Aufkommens einer nicht revidierbaren Skepsis bezüglich eines naturteleologischen Verständnisses von Wirklichkeit und der Neubewertung der überlieferten biblischen Texte durch eine historisch-kritische Analyse das neuzeitliche Denken von früheren, als unbezweifelbar angenommenen Glaubenskognitivismen zu lösen. Dieses Denken befreite sich damit aus der Vormundschaft einer Theologie, die bis dato zur Stützung ihrer zu glaubenden Wahrheiten die Vernunft voll und ganz für sich beanspruchen konnte. Mit dem Eintreten der genannten Ereignisse verhalfen Vernunftwahrheiten aber nicht mehr allein dem Glauben zu seinem Recht, sondern unter Berufung auf diese Vernunftwahrheiten wurde die Wahrheitsfähigkeit des Glaubens mehr und mehr hinterfragt und durch ein reines Wissen abgelöst, das sogar vorgab, um sich selbst wissen zu können, ohne dabei des Glaubens zu bedürfen.

Diese Entwicklung ist bis heute nicht abgeschlossen und der vielfach angefochtene Glaube ist – nach einer erneuten Wendung – inzwischen zum letzten Mittel geworden, um die Gültigkeit einer immer mehr als „schwach" apostrophierten Vernunft, deren Wahrheitskraft von einem sich momentan zwischen szientistischem Naturalismus, antiessentialistischem Pragmatismus und spiritualistischem Panpsychismus einfindenden Denken bestritten wird, zu rechtfertigen. Wissen bedarf also, um glaubhaft zu sein – d.h. um

Wahrheitsfähigkeit generieren zu können – *nolens volens* der Vernunft. Wo diese durch die Vernunft garantierte Wahrheitsfähigkeit nicht mehr bestehen kann, weil sie sich als fallibel erwiesen hat oder ihr das *Telos* zu deren Realisierung abgesprochen wurde, dort bleibt ein hypothetisches Wissen zurück, das weder Anspruch auf Wahrheit noch auf Erkenntnis erheben darf und dem – um mit Karl Jaspers zu sprechen – „das positive Ergreifen eines Ernstes […] abgeht."[2]

Innerhalb dieser Konstellation, welche die Kraft der Schlussfolgerung nicht mehr an den Glauben an deren Gültigkeit zu koppeln erlaubt, wird es bisweilen unmöglich, die Frage nach einer objektiven Glaubensperspektive zu stellen, die nicht auf destruktive Folgen, sondern auf produktive und erhellende Momente abzielt. Gewiss kann jeder totalitäre Anspruch des Glaubens eine Milderung erfahren, eine Art Besinnung, die im Durchgang der Vernunft vollzogen werden kann und somit einerseits verbindliche Verallgemeinerungen, andererseits aber auch einige Entlastung hinsichtlich der Erfüllung normativer Forderungen zulässt. So treffen sich in dem Versuch, den Glauben als diskursives Element bzw. als genuine Aufgabe der Philosophie zu verstehen, schließlich zwei Denker, welche jenem Glauben die Schlussfolgerungskraft gerade nicht abzusprechen beabsichtigen, insofern sie behaupten, dass es überhaupt zum Sein des Menschen gehöre, *zu glauben*, unabhängig davon, an wen sich dieser Glauben zunächst richte – ich spreche von Josef Pieper und Karl Jaspers.

Auf der Basis existenzphilosophischer und spezifischer ontologischer Annahmen gehen beide Philosophen, der eine mit der Verve überzeugter Katholizität auftretend, der andere unter dem Einfluss und den existentiellen Erfordernissen eines vollständig säkularisierten Protestantismus stehend, davon aus, dass der Glaube ohne eine philosophische „Behandlung" nicht vernünftig sein könne. Ich möchte im Folgenden beide Konzeptionen etwas näher beleuchten und dann in einem zweiten Schritt einander gegenüberstellen. Im Anschluss daran versuche ich das autarke Modell des „philosophischen Glaubens" bei Jaspers mit Pieper – und teilweise auch über

Pieper hinaus – auf Grenzen und Anschlussmöglichkeiten zu prüfen. Es wird sich zeigen, dass Jaspers vorzugsweise ein antitotalitäres Konzept des philosophischen Glaubens entwickelt hat, das sich weder an Vergangenes bindet noch sich von Zukünftigem determiniert zeigen möchte. Dementsprechend versucht Jaspers in entschiedenem Gegensatz zu Pieper, den Glauben auf seine immanente Notwendigkeit zu eskamotieren, d.h. auf seine existentiell wirksamen Strukturen hin zu befragen, um damit dem tiefen existentiellen Bedürfnis Ausdruck zu verleihen, dass der Mensch ein sich selbst überschreitendes Wesen ist.

Allerdings bleibt bei alldem eine Frage offen, die Jaspers nicht beantworten kann oder will, eine Frage, die dagegen Pieper mit dem Verweis auf die vernünftigen Strukturen des Glaubens an einen Gott, der sich offenbart hat, weder stellen noch beantworten muss: Woraufhin transzendiert sich dieser Mensch eigentlich? Auf das Unbedingte selbst oder auf jene Surrogate dieses Unbedingten, welche selbst bestimmten Bedingungen unterliegen müssen, wenn sie es zulassen sollen, als Substitute gebildet zu werden? Jaspers scheint sich in Bezug auf das Transzendieren nun genau in diesem Dilemma zwischen existentieller Notwendigkeit und einer fundamentalen Selbsttäuschung, der zufolge ein solcher existentieller Zwang, wenn er angenommen wird, notwendigerweise auch bestehen muss, zu befinden. Es lassen sich bei Jaspers indes Passagen entdecken, die darauf hindeuten, dass der wahre Glaube auch für ihn nur ein Gottesglaube, der keine Derivate oder Surrogate von sich zulässt, sein kann.

1. Josef Pieper über den offenbarungsabhängigen Glauben

Josef Pieper selbst hat sich an vielen Stellen seines Werkes über den Zusammenhang von Glaube und Vernunft, Theologie und Philosophie, christliches und nicht-christliches Denken Gedanken gemacht. Als katholischer Philosoph steht er wie andere auch vor dem bereits umrissenen Problem der Selbstanwendung und Verallgemeinerbarkeit seiner Aussagen, die er von seinem christlichen Hintergrund abheben, aber nicht abtrennen möchte. Aus diesem Grund und ähnlich wie sein Lehrer Thomas von Aquin ist Pieper daher gewillt, Philosophie von Theologie zwar zu unterscheiden, aber nicht bereit, sie voneinander vollständig zu lösen: „Aber er (Thomas, M.H.) hat es (Theologie und Philosophie, M.H.) unterschieden, um zu verknüpfen, und nicht, um zu trennen."[3] Eine solche Verknüpfung darf dabei um keinen Preis weltanschaulich-synthetisch, sondern muss vielmehr in einem analytischen Sinne verstanden werden, da die Philosophie als Metaphysik Einsichten, welche die Theologie für sich unbegründet voraussetzt und auf ihre Weise nutzt, auch aus sich heraus, d.h. ohne Hilfe der Theologie, begründen kann. Philosophie und Theologie stehen daher in einem konspirativen und offenen Verhältnis zueinander. Dass diese Verknüpfung dabei auch von einer gewissen Kontingenz abhängig ist, zeigt allein die Tatsache, dass das neuzeitliche Wissen immer wieder auf Phänomene stößt, die der Theologie *avant la lettre* bekannt sind und welche sich nachträglich in eine Sprache kleiden lassen, die sowohl der Theologie als auch der Philosophie einen gemeinsamen Zugang erlaubt.

Allerdings kritisiert Pieper in diesem Zusammenhang die gängige Auffassung, der zufolge die Theologie genau das besäße, wonach die Philosophie suche. Pieper trifft an diesem Punkt eine wichtige Vorentscheidung, insofern er die Philosophie nicht abhängig von der Theologie sein lässt, dennoch aber die durch die Theologie vertretene Offenbarungswahrheit zum Richtmaß auch der philosophischen Explikation macht. Kann man dieser Ansicht, wonach der Philosoph – wenn er glaubt – sich auch immer der theologischen Quellen und Wahrheiten zu versichern habe, aus denen er sein Wissen speist und im Lichte derer er philosophiert, nun in jeder Hinsicht zustimmen? Pieper untermauert seine Argumentation, indem er darauf hinweist, dass sich der Philosoph andernfalls auf konkurrierende „Wahrheiten" berufen müsse und dabei Gefahr liefe, den Kontakt zur Quelle der wirklichen Wahrheit zu verlieren. Damit würde er gleichzeitig auch aus dem Licht heraustreten, in welchem er bislang philosophierend wandelte. Philosophische Weltweisheit, die nach Pieper nur der Philosoph *qua* Philosoph besitzt, ist zwar weiterhin ein sicheres

Brett, schließe aber keineswegs aus, dass es noch ein sichereres Bretter als dieses geben könne.[4] Dieses Brett darf aber nicht wiederum die Philosophie sein, sondern muss aus dem Holz eines unableitbaren und theologisch explizierbaren Glaubens an eine einmalige Offenbarung gemacht sein.

Vor diesem Hintergrund entfaltet Pieper auch seine zahlreichen Überlegungen zum Verhältnis von Glauben und Wissen. Dabei ist er der grundlegenden Ansicht, dass das philosophische Streben nach der Erkenntnis von Wahrheit, welches Vorrang vor der Suche nach der besten Meinung hat, zwangsläufig etwas mit einem Glauben zu tun habe bzw. nicht ohne diesen möglich sei. So schreibt Pieper: „Der Philosophierende ist zugleich ein explizit Glaubender, der auf eine ausdrücklich als wahr akzeptierte heilige Überlieferung zurückgreift und die in ihr enthaltenen Auskünfte bewusst mitzudenken versucht."[5] Das bewusste Mitdenken des durch den Glauben Überlieferten ist für den Denker ständiger Ansporn und nicht dispensierbare Herausforderung. Der Philosoph möchte in erster Linie das Überlieferte nicht auslegen, sondern sich dieses in Form einer konfrontativen Begegnung denkerisch aneignen und auf *seine* Weise mitteilen. Dieser Glaube des Philosophen ist nach Pieper damit immer auch der Glaube an die vernünftige Mitteilbarkeit des Überlieferten, als Ausfluss einer intellektuellen Auseinandersetzung, die sowohl in der philosophischen Distanzierung, also im Denken über etwas, als auch im ständigen Rückbezug auf die Überlieferungsinhalte, d.h. in einem *herkünftigen* Denken, besteht.

Bereits hier können wir feststellen, dass nach Pieper die Philosophie in erster Linie der Selbstauslegung der Vernünftigkeit des überlieferten Glaubens zu dienen habe. Sie tritt damit nicht in Konkurrenz zum Offenbarungsglauben, sondern ist dessen höchste Explikationsform. Die Frage allerdings, ob Pieper der Philosophie damit versehentlich auch die Möglichkeit einräume, den offenbarungsabhängigen Glauben durch ein offenbarungsunabhängiges Wissen zu ersetzen, muss unbeantwortet bleiben bzw. führt in eine mögliche Konfusion hinsichtlich der Verteilung von Kompetenzen zwischen Philosophie und Theologie. Wir werden allerdings sehen, dass Karl

Jaspers genau an diesem Punkt interveniert und eine scharfe Trennlinie einzieht, die jeglichen Rückgriff der Überzeugungen eines Philosophen auf überkommene Wahrheiten der Theologie verbietet.

2. Karl Jaspers und sein Konzept des „philosophischen Glaubens"

Anders als Josef Pieper versucht Karl Jaspers den philosophischen Glauben rein, d.h. unabhängig von irgendwelchen tradierten Offenbarungswahrheiten zu begründen.[6] Jaspers ist dabei nicht an der bindenden Gültigkeit der Offenbarung, an die sich der Glaube anschließt, gelegen, sein Interesse gilt vielmehr der Gestalt eines Glaubens, der einer für ihn kontingenten Offenbarungswahrheit entgegengebracht wird. Im Unterschied zu Piepers Konzept eines philosophischen Glaubens, der sich in Form einer glaubenden Philosophie zu erkennen gibt, greift Jaspers in seinen Arbeiten gerade nicht auf die ‚als wahr akzeptierte heilige Überlieferung' zurück. Aufgrund dieses ausgebliebenen Rekurses sieht sich Pieper letztlich dazu gezwungen, das Modell des philosophischen Glaubens von Jaspers – bei aller Sympathie, die er ihm entgegenbringt[7] – zu verwerfen und es schließlich dem Unglauben zuzuordnen. Mit Blick auf Jaspers schreibt Pieper daher: „Unglaube ist jener geistige Akt, in welchem jemand mit Überlegung einer Wahrheit die Zustimmung verweigert, die ihm hinreichend deutlich als Offenbarung, genauer gesagt als Rede Gottes in den Blick gekommen ist."[8] Es bleibt jedoch die Frage, inwiefern die Ablehnung der Offenbarung bei Jaspers überhaupt als Verweigerung verstanden werden könne; vielmehr liegt dem vermutlich eine existentielle Entscheidung zugrunde, die Jaspers wie folgt wiedergibt: „Entweder zum Gehorsam und Verzicht auf Unabhängigkeit, oder zur Freiheit und zum Verzicht auf Kultus und Offenbarung."[9]

Wenn wir nun diese Aussage Jaspers angemessen verstehen wollen, welche uns den maßgeblichen Unterschied zu Piepers Glaubenskonzeption vor Augen führt, auf den wir in einem eigenen Abschnitt zu sprechen kommen, müssen wir noch kurz auf einige Punkte eingehen, die die Charakterisierung der inneren und äußeren Natur des Glaubens bei Jaspers betreffen. Bezüglich der äußeren Natur des Glaubens lässt sich feststellen, dass Jaspers vor den gesellschaftlichen und wissenschaftlichen Veränderungen seiner Zeit nicht die Augen verschlossen hat. Ihm ist es nicht entgangen, dass uns die empirischen Naturwissenschaften über das, was ist, mehr und mehr „aufklären" und damit kaum mehr Raum für existentielle Fragen zulassen. Dies führt unter anderem dazu, dass wir es gewohnt sind, das Wissen als wissenschaftliches Wissen immer stärker vom Glauben, der trotz des Siegeszuges der Naturwissenschaften nicht ausgestorben ist, abzuheben.[10] Damit scheint, und dafür ist Jaspers ein vortrefflicher Zeuge, die damit verbundene Annahme einer vollständigen Erklärbarkeit der sub- und supralunaren Welt und ihrer Vorgänge das Bedürfnis zu nähren, an etwas glauben zu wollen, das nicht Teil dieses als geschlossen angenommenen Erklärungsuniversums ist. Hier treten allerdings auch erste Widersprüche der Argumentation bei Jaspers auf, da er einerseits die moderne Wissenschaft und deren Erfolge akzeptiert, aber die Ursache des Erfolges, d.h. die enthumanisierende Technik bzw. das damit einhergehende technisch-funktionalistische Denken, scharf kritisiert. Dieser naive Wissenschaftsbegriff von Jaspers führt letztlich dazu, dass sich sein Glaubensbegriff nicht mehr an den Gestalten einer schöpferischen Natur zu orientieren vermag, sondern sich nur der geschaffenen und vom Menschen technisch veränderten Natur entgegenzusetzen wagt, was jedoch darauf hinauslaufen muss, dass sich der Mensch gezwungen sieht, sich mit seiner Existenz in dieser Welt selbst zu setzen. Aus diesem unableitbaren Faktum der Selbstsetzung entspringt für Jaspers aber auch die Frage nach jener Kraft, die zu dieser Selbstsetzung befähigt. Diese Kraft ist für ihn der von allen Dogmen und ideologischen Vorgaben geläuterte philosophische Glauben bzw. dessen innere Natur.

Vieles ist in der Frage, ob ein philosophischer Glaube möglich sei oder nicht, abhängig von der Bestimmung des Verhältnisses von Philosophie und Religion. Jaspers vertritt dabei die Auffassung, dass ein philosophierender Mensch, der sich einer Religion anschließt oder angeschlossen hat, niemals ein Philosoph war bzw. niemals einer werden könne. Er schreibt: „Es ist zu vermuten, daß ein zum religiösen Glauben Gekommener, der vorher Philosoph war, niemals beim eigentlichen Philosophieren war."[11] Was heißt das? Ist dieser Hiatus überhaupt überwindbar und kann sich das *rationale obsequium* in Formen des Religiösen konkretisieren? Gerade der Versuch Jaspers, die Selbstgenügsamkeit der Philosophie zu transzendieren, allerdings den Glauben dabei als Moment dieser Überwindung zu qualifizieren zeigt, dass „der Rauch das Feuer nicht verleugnen kann". Jaspers hatte wohl eine Ahnung davon, dass eine existentielle Philosophie sich aufnahmebereit für das „Feuer des Glaubens" zeigen sollte: „Während die Philosophie meint, durch Ausweitung zum Universalen in die Tiefe der Religion zu dringen, verliert sie die Leibhaftigkeit der Religionen."[12] Gerade seine Kritik an Bultmanns Entmythologisierungskonzeption, die letztlich einen „gedachten Glaube"[13] fordere, der vielmehr „verstehen" möchte als auf die Kraft des Mythos zu vertrauen glaubt, zeigt für Jaspers die Notwendigkeit auf, Philosophie und Glauben nicht durch gegenseitige Verweise und hermeneutische Versöhnungsbestrebungen in ihrem Verhältnis zu neutralisieren, sondern die Philosophie weiterhin als ein In-Bereitschaft-Bleiben für den Sprung in den Glauben zu begreifen.[14] Glaube erscheint somit als eine praktische Notwendigkeit, d.h. *nicht anders zu können* als zu glauben, wenn man dem Verstehenkönnen all dessen, was einem begegnet, nicht mehr das Vertrauen schenken kann, das nötig wäre, um wirklich wissend sein zu können. Die Philosophie wird Jaspers zufolge durch eine „verhüllte Prophetie"[15] getragen, deren Enthüllung sowohl im Sinne des Entmythologisierungsprogramms Bultmanns als auch im Rahmen der "Entzauberungs"-These Max Webers, deren Opfer die Preisgabe des Mystischen infolge des Sieges der okzidentalen Rationalität ist, schließlich auch das unmöglich machen würde, wozu für Jaspers allein der philosophische Glaube als „letzte Kraft des Geistes"[16] imstande wäre. Der philosophische Glaube ist ein Glaube an die Wahrheit einer Transzendenz, dem die Vermittlung durch ein verzaubertes Zwischenreich abhandengekommen ist. Es wäre diesbezüglich einmal interessant zu untersuchen, inwieweit Jaspers die Chiffren der

Transzendenz nicht als Chiffren für so etwas wie eine „übernatürliche Natur" als Garant für die Geltung und den Schutz transzendenter Wahrheit, sondern als Chiffren für Gott selbst begreift. Wohl räumt Jaspers – wie bereits erwähnt – den empirischen Wissenschaften im Anschluss an den Kant der Ersten und Zweiten Kritik noch eindeutig den Vorrang in der Bestimmung dessen ein, was Natur ist. Hieraus ließe sich dann auch der von Jaspers eingeführte schroffe Gegensatz zwischen philosophischem Glauben und tradierter Offenbarung verständlich machen; aber Jaspers existenzphilosophischer Zugang zur Idee einer Natur versperrt ihm von vornherein den Weg, die eigene Existenz als den Nachvollzug einer allgemeinen Natur zu verstehen, dessen individuelle Instanziierung die Existenz ergibt.

3. Pieper und Jaspers – Eine kurze Gegenüberstellung

Es ist nun die Frage, ob man sich dieser Entscheidung zwischen Freiheit, d.h. Freiheit zu glauben, und Offenbarung, d.h. Unfreiheit und Unmöglichkeit glauben zu müssen, überhaupt stellen möchte bzw. sollte; man könnte ja auch sagen: „Interessiert mich nicht!" oder „Weiss ich nicht!" In der Tat scheint mir das die gegenwärtig wohl am häufigsten eingenommene Haltung gegenüber dem Phänomen des Glaubens zu sein. Soll aber am Ende kein *Ignoramus* stehen, dann können wir uns durchaus fragen, ob eine endgültige Abwendung im Sinne der Entzweiung nicht auch irgendwie eine heimliche Rückkehr, im Sinne der Hegelschen „List der Vernunft", einschließt.

Und tatsächlich finden wir bei Jaspers einen philosophischen Glauben vor, der – wenn wir ihn als Glauben konsequent zu Ende denken möchten – nicht länger umhin kommen kann, auf altbekannte Attribute des christlichen Glaubens (z.B. die Personalität Gottes) zu verzichten. Können wir aber soweit gehen und behaupten, dass der philosophische Glaube bei Jaspers nur eine Chiffrierung dessen ist, was der christliche Offenbarungsglaube meint? Wohl hängt dies von der Möglichkeit der Entwicklung eines genuin philosophischen Offenbarungsbegriffes ab, wie wir ihn klassisch bei

Schelling oder neuerdings auch bei Jean-Luc Marion vorfinden. Unabhängig von dieser Offenbarungsproblematik würde Jaspers mit Pieper noch darin überstimmen, was Philosophieren heißt. So schreibt Pieper: „Philosophieren heißt, den Blick gerichtet halten auf die Gesamtheit des Begegnenden und methodisch die Frage zu erörtern, was es mit dem Zusammenhang von alledem und mit der letzten Bedeutung dieses Ganzen auf sich habe, was das überhaupt sei: ‚etwas Wirkliches'."[17] Somit ist das, was für Pieper seit Platon gilt – das Ergriffensein durch das *megiston mathema* –, auch für Jaspers bindend. Der Unterschied zu Pieper besteht aber hauptsächlich in der Treue Piepers zum Überlieferten einer Offenbarung, die im Glauben das *rationale obsequium* sieht, einer Verbundenheit, für die Jaspers wahrscheinlich nicht die notwendige Geduld aufbringen konnte oder die sich seiner Auffassung nach mit vernünftigen Argumenten stützen ließ.

Jaspers spricht ähnlich wie Marion und Schelling von Offenbarung übrigens ohne die auf einen christlichen Sinn referierenden Anführungszeichen. Doch was wäre, wenn Jaspers hier bloß eine falsche Intuition gehabt hätte? Vielleicht setzt gerade die christliche Offenbarung auf jene Zitattilgung, da nur sie es zu verhindern vermag, den philosophischen Glauben als eine hypothetische Option zu sehen, die gerade nicht existentiell angeht. Dass der Glaube ein „schönes Wagnis" ist und mithin auch ein Gebot der Vernunft darstellt, das können wir bei Pieper, und auch in eingeschränkter Weise bei Karl Jaspers nachlesen, obwohl beide letztlich einer – Jaspers mehr als Pieper – von Kierkegaard herkommenden existentialistischen Auslegung des Christentums anhängen: bei Jaspers zum Zweck der Selbstvergewisserung einer unabhängigen Existenz,[18] welche angesichts der Unbeschreiblichkeit der Welt vor einem transzendenten Umgreifenden staunend zurücktritt, bei Pieper um willen einer Selbstvergewisserung des Glaubens aus diesem Glauben heraus, wobei die Vernunft nur ein Aspekt dieser Vergewisserung, wenngleich wohl der wichtigste, ist. An dieser Stelle ist anzumerken, dass Jaspers Auffassung vom „Umgreifenden" sehr den Überlegungen von Ludwig Wittgenstein – dessen Schriften den Einfluss von Kierkegaard ebenso nicht verhehlen können – zum Begriff des „Mystischen" ähnelt.[19]

Wir können als vorläufiges Ergebnis festhalten, dass beide Philosophen den gleichen Problemhorizont aus unterschiedlichen Perspektiven aufwerfen. Zwar stellen Pieper und Jaspers ähnliche Fragen, doch sind Ausgang und Ziel der Argumentation grundverschieden. Ist es nach Pieper notwendig, den Glauben durch philosophisches Befragen „aufzuhellen"[20] (nicht „aufzuklären"), besteht für Jaspers das Ziel und die zentrale Aufgabe darin, vermittels des philosophischen Glaubens seine eigene Existenz zu „erhellen". Für Pieper ist demnach Glauben etwas, das vorausgesetzt werden muss, um sein Wissen auch als wahres Wissen im Sinne des Verweises auf Offenbarung und natürliche Vernunfteinsicht rechtfertigen zu können. Jaspers zweifelt dagegen an dieser elaborierten Rechtfertigungsstrategie, einmal aufgrund der Unmöglichkeit, sich als Philosoph auf geglaubte Offenbarungen berufen zu können, einmal weil die Vernunft nicht „von Natur aus da ist"[21], sondern auf der Existenz als etwas Nicht-Natürlichem, d.h. letztlich auf sich selbst, gegründet werden müsse. Daraus folgt, dass für Jaspers philosophischer Glaube und Negativität in einem engen Zusammenhang stehen müssen, allerdings allein die Philosophie dazu disponiert ist, die Negativität des Glaubens mit Hilfe der Bejahung der eigenen Existenz zu „positivieren"[22]. Trotz dieses löblichen Transformationsversuches bleiben bei Jaspers letztlich zwei miteinander unvereinbare Glaubensbegriffe übrig, ein hypothetischer und ein existentieller. Dieser Dualismus ist vermutlich das Ergebnis einer Nichtannahme des Überlieferten, so wie es die Tradition es vermittelt hat, gleichwohl Jaspers der Überzeugung ist, dass die christliche Tradition auch für ihn prägend war. Diese Auffassung kommt in der folgenden Aussage Piepers über Jaspers zum Tragen: „Er (Jaspers, M.H.) hält manches von dem, was die christliche Glaubenslehre sagt, für wahr und verehrungswürdig; doch er tut es auf eine andere Weise als die des Glaubens."[23]

An dieser Stelle ist es übrigens müßig darüber zu spekulieren, ob Jaspers nur nach dem gesucht habe, was Pieper bereits gefunden zu haben glaubte. Die praktische Notwendigkeit zu glauben, ergibt sich bei beiden Denkern aus divergierenden Gründen und hängt mit dem persönlichen Vollzug und der Stützung des eigenen Glaubens durch verschiedene Faktoren ab. Für Jaspers Idee eines philosophischen Glaubens bleibt schließlich vor allem dessen Implizitheit konstitutiv; bei Pieper hingegen können wir von einer expliziten Notwendigkeit des Glaubens, der sich als Bekenntnisglauben konkretisiert, sprechen. Die schlussendliche Unvereinbarkeit dieser Perspektiven, die beide doch zunächst verschiedene Antworten auf das gleiche Unbehagen waren, ist zugleich Ausdruck und Motor einer fundamentalen Auseinandersetzung, die deutlich machen soll, dass das Wissen nicht dort aufhören kann, wo der Glauben schon begonnen hat.[24]

4. Einige Schlussfolgerungen

Wir haben ganz zu Anfang gesehen, dass die Frage nach einem philosophischen Glauben obsolet geworden ist, weil der Glaube als solcher über keine spezifischen Inhalte (im Sinne eines bestimmten propositionalen Gehaltes) mehr verfügen kann,[25] die ihn auszeichnen. Entweder glaubt man heutzutage an *alles* (z. B. daran, das alle vorkommenden Zustände materielle oder psychische Ursachen haben) oder an gar nichts mehr. Allerdings muss hier auf einen entscheidenden Bedeutungswandel hingewiesen werden. Glaube als etwas Subjektives könnte durchaus auch als Folge eines objektiven Glaubens gedacht werden, wenn gelte: Nicht ist es von Bedeutung, wer glaubt oder ob geglaubt werde, sondern, ob das, was wir tun, des Geglaubtwerdens überhaupt würdig sei. Hier ist unter anderem fraglich, ob für Jaspers das erste Subjekt des Glaubens jemals Gott sein könne: Hängt es letztlich nicht auch vom Glauben Gottes an uns Menschen ab, ob Menschen überhaupt an Gott glauben können? Wer fragt schon nach dem Glauben Gottes an den Menschen, wenn Gott nicht existiert? Wohl nur der, welcher an dessen Existenz glaubt, oder? Hat Jaspers Begründung eines „philosophischen Glaubens" überhaupt irgendetwas mit diesen Fragen zu tun oder haben wir es mit einem intellektuell aufgeblasenen säkularen Fideismus zu tun? Wahrscheinlich, so können wir vermuten, war Jaspers wohl auf dem vielversprechenden Weg, die Wahrheit des Glaubens nicht auf eine Doktrin bzw. den doktrinären Charakter von Offenbarungswahrheiten, sondern auf eine „Person" zu beziehen, die aber selbst nicht als Person oder Personen beschrieben werden kann. Wer aber kann diese „ultimative Person" denn anderes sein, als die, von der alle sagen, sie sei Gott.

Unabhängig davon ist man geneigt, Jaspers Idee des philosophischen Glaubens vor allem als eine Form der Selbstbeschreibung der Philosophie zu sehen. Aus einer kantischen Perspektive gesprochen verdeutlicht Jaspers, dass die Philosophie nicht jene eventuellen Wahrheiten in sich aufnehmen kann, von denen sie sich ursprünglich – zur Begründung ihrer selbst – bewusst verabschiedet habe. So macht der Gottesglaube, der nicht nur postuliert, sondern vorausgesetzt wird, eine kritische Philosophie nahezu unmöglich. Dann muss auch dasjenige zur Wahrheit werden, was für C. S. Lewis mit der Annahme der Realität Gottes unumgänglich scheint: „Angenommen wir hätten ihn wirklich gefunden […] Schlimmer noch, angenommen, Er hätte uns gefunden! […] Dann gibt es keinerlei Sicherheit gegen Wunder; dann kann man sich auf schlechterdings *alles* gefasst machen."[26]

Allerdings, so mein Eindruck, umgeht Jaspers mit seinem Rückgriff auf den philosophischen Glauben ein begriffliches Problem, das sich immer wieder stellt. Und zwar suggeriert der Begriff der Religion bzw. des Religiösen die Möglichkeit, ganz ohne Glauben auskommen zu können: D.h. ich kann ein religiöser Mensch sein, ohne zu glauben. Jaspers aber stellt seinen Begriff des Glaubens gerade nicht gegen den Begriff des Religiösen und erweckt damit den Anschein, als verlange der Glaube von sich aus ein personales Gegenüber bzw. einen personalen Grund, während es bei der Religion, im Sinne einer Religion ohne Gott, zwangsläufig nicht so sei.

Es bleibt noch abschließend zu fragen, ob bei Jaspers vielleicht nicht auch ein Rest protestantischen Ressentiments vorhanden ist, weil sich ihm zufolge jeder vor die „Wahl zwischen Katholizität und Vernunft"[27] gestellt sehen müsse. Die rationale Arbeit an der Über-

setzung religiöser Gehalte in nachmetaphysisches Handlungsvoka-
bular á la Jürgen Habermas kann nicht als manipulative und restlose
Substitution religiöser Gehalte gedacht werden. Jaspers selbst weiss
um den irreduziblen Eigenwert religiöser Gehalte und lehnt in dieser Hinsicht jegliche Form einer „feindlichen Übernahme"[28] ab. Er
übernimmt dabei insbesondere die „Leidenschaftlichkeit persönlichen Suchens der Persönlichkeit Gottes."[29] Hieße dies aber, dass Jaspers – erneut gefragt – am Ende zwangsläufig und aus guten Gründen an einen personalen Gott glauben müsse – ist der Gottesglaube
damit ein noch unausgesprochenes Korollar des philosophischen
Glaubens?[30] Die vielen Versuche, Gott zu kennzeichnen (Jaspers
würde sagen zu „chiffrieren") oder als Eigennamen zu qualifizieren,
scheitern letztlich am Anspruch, wirkliches Objekt des Glaubens zu
sein. Es ist zu vermuten, dass Jaspers in vielen Werken ohne Begründung und auf höchstwahrscheinlich intuitive Weise, das Umgreifende mit Gott reidentifizierte – ob er dies als gläubiger Philosoph oder
als philosophierender Gläubiger getan hat, ist uns nicht zugänglich.
Der Verdienst Jaspers ist es aber, den Offenbarungsglauben vom
philosophischen Glauben in hilfreicher Weise unterschieden zu haben, ohne damit die Frage beantworten zu können, ob der philosophische Glaube als Glaube in Gestalt des Offenbarungsglaubens an
einen Gott seine eigentliche Vollendung finden könne.

Obwohl für viele Philosophen die Offenbarungsreligion weiterhin
als „mächtigster Einspruch"[31] gegen die Philosophie gelten kann und
die neuzeitliche Philosophie es sich gerade zur Aufgabe gemacht hat,
sich diesem Einspruch zu widersetzen, bleibt doch die Frage nach
den gemeinsamen Quellen bestehen. Letztlich liegt diesem Problem
eine Entscheidung für oder gegen die Autorität von Überlieferungen
zugrunde, deren Anerkennung sich zwar philosophisch begründen
und exemplifizieren lässt, die aber nicht als Teil einer philosophischen Existenz begriffen werden kann, welche sich letztlich aus sich
selbst heraus zu begründen versucht.[32] Das Problem dabei ist nur,
inwieweit sich diese Selbstgenügsamkeit auf Dauer vor äußeren Ansprüchen zu schützen vermag oder ob sie schließlich den Wunsch
nach Entlastung nachgibt und ihr Ressentiment gegenüber einer Au-

torität, der zu vertrauen ist und die Gewissheit verspricht, überwindet.[33]

Eine allerletzte Bemerkung sei noch hinsichtlich der generellen Rolle des Glaubens in gegenwärtigen intellektuellen Diskursen erlaubt. Wie bereits gesehen, ist für Jaspers das Verhältnis von Katholizität und Vernunft disjunktiv, was gerade in aktuellen öffentlichen Debatten immer wieder bestätigt wird.[34] Der in diesem Zusammenhang stets hervorgebrachte Vorwurf, dass jemand, der aus seinem Glauben heraus argumentiere, gegen das Unparteilichkeits- und Redlichkeitsgebot im scheinbar herrschaftsfreien Diskurs verstoße, kann indes mit zwei schlagenden Gegenargumenten abgewehrt werden: Erstens argumentiert jeder Diskursteilnehmer stets aus irgendeinem „Glauben" heraus, ob er nun Christ, Marxist oder Szientist ist (den Ironiker klammern wir hier aus). Zweitens sind die Argumente, die in das Gespräch eingebracht werden, sozusagen „weltanschaulich neutral", da sich wirkliche Einsichten nicht an Partikularüberzeugungen messen lassen können. Was es hingegen tatsächlich gibt, sind feste Glaubenssätze, die es auch zulassen sollten, der vernünftigen Einsicht zugänglich zu sein. Aus diesem Grunde kann Intelligenz letztlich auch keine Frage des Bekenntnisses sein, sondern höchstens ein gelungener Ausdruck dafür, mit einem Bekenntnis, das man pflegt, klug und überzeugend umzugehen. Ein kluger und überzeugender Umgang mit seinem Bekenntnis ist aber wiederum ein Teil dieses Bekenntnisses selbst, d.h. der Umgang bleibt von seinem Inhalt abhängig bzw. der Inhalt konkretisiert sich in der jeweiligen Bekenntnishaltung. Ein Bekenntnis zum Zwecke der Versicherung der eigenen Authentizität ist hierbei aber nicht gemeint, sondern vielmehr der habitualisierte und begründbare Ausdruck von Treue gegenüber überlieferten Überzeugungsinhalten, aus denen sich ein Bekenntnis praktisch wie von selbst – d.h. ohne Fremdzuschreibung, ableiten lässt. Die intellektuelle Redlichkeit kann daher streng genommen nicht auf einem spezifischen Glauben beruhen, sondern muss der Fähigkeit entspringen, einen Glauben vernünftig explizieren zu können, sodass seine Selbstanwendung als überzeugend angesehen wird. Dass aber schlussendlich ein Glaube vernünftig expliziert werden kann und will, bleibt wohl die Überzeugung all derer, die die Vernunft nicht gegen den Glauben und den Glauben nicht gegen die Vernunft auszuspielen gedenken. Pieper und Jaspers sind intellektuelle Zeugen dafür, dass dieses Gespräch niemals aufhören darf. Denn wo dieses Gespräch bereits abgebrochen wurde, dort können wir auch keinen Resonanzraum mehr für die Vernünftigkeit des Glaubens und die Glaubhaftigkeit der Vernunft finden.

Anmerkungen

[1] Sam Harris, *Das Ende des Glaubens: Religion, Terror und das Licht der Vernunft*, Winterthur 2007.

[2] Karl Jaspers/ Rudolf Bultmann, *Die Frage der Entmythologisierung*, München 1981, 36.

[3] Josef Pieper, *Hinführung zu Thomas von Aquin*, München 1958, 212.

[4] Vgl. Platon, *Phaidon* 85d.

[5] Josef Pieper, „Verteidigungsrede für die Philosophie", in: *Werke* IX, 149.

[6] Über das Verhältnis zwischen Pieper und Jaspers siehe Berthold Wald, „Spiegelungen. Karl Jaspers und Josef Pieper", in: R. Schulz, G. Bonanni, M. Bormuth (Hrsg.), *Wahrheit ist, was uns verbindet. Karl Jaspers' Kunst zu Philosophieren*, Göttingen 2009, 289-311.

[7] Nicht zuletzt liegt dies wohl an den vielen existenzphilosophischen Implikationen im Werk Piepers, der sich trotz seiner intensiven Beschäftigung mit Thomas von Aquin vom denkerischen Einfluss Kierkegaards nie ganz lösen konnte.

[8] Josef Pieper, „Über die Schwierigkeit zu glauben", In: Werke VII, 183.

[9] Karl Jaspers, *Philosophie* Bd. 1. *Philosophische Weltorientierung*, Berlin/Heidelberg/New York 1973, 301. Die schroffe Entgegensetzung von philosophischem Glauben und biblischer Offenbarung in Form der Gegenüberstellung von Freiheit und radikaler Heteronomie resultiert bei Jaspers aus der existenzphilosophischen Idee der Wahl bzw. Selbstwahl. Zwei Einwände können hier gegen Jaspers Dualismus geltend gemacht werden: Erstens: die Einschränkung der Freiheit auf Wahlfreiheit. Nicht erst seit Schelling wissen wir, dass zur Freiheit mehr gehört als sich für das zu entscheiden, was der Erfüllung bzw. Ermöglichung der Freiheit dient. Zweitens: die Hypostasierung und Idiosynkratisierung des Offenbarungsbegriffes, aus dem sich kein hermeneutischer Offenbarungsbegriff ableiten lässt. Zu einer vernunftkompatiblen Lesart der Offenbarung im Rekurs auf Wittgenstein, Merleau-Ponty und Ricoeur siehe übrigens: Walter Schweidler, „Muss man glauben, um zu verstehen", in: *Auf Augenhöhe - Festschrift zum 65. Geburtstag von Heiner Roetz*, München 2015, 393-404.

[10] Jaspers übernimmt hier Max Webers Idee der okzidentalen Rationalität.

[11] Karl Jaspers, *Existenzphilosophie*, Berlin 1956, 80f. Pieper bestreitet diese Spannung nicht und bezieht sich auf Thomas von Aquin, der im Wissenden, der

glaubt, eine Art Märtyrer sieht. (S.th. II,II, 2, 10 ad 3). Übrigens wird hierbei eine Kontroverse berührt, die unlängst Heinrich Meier im Kontext der politischen Philosophie wiederbelebt hat. Philosophie und Offenbarung bleiben zwei Paar verschiedene Schuhe. Im freien, durch keine Offenbarungswahrheit behinderten Philosophieren könne es ausschließlich um das politische und das gute Leben gehen. (Siehe Fußnote 31)

[12] Ders., *Der philosophische Glaube*, Zürich 1948, 98.

[13] Ders., *Entmythologisierung*, a.a.O., 57. Was Jaspers hier m.e. erkannt hat, ist die Gefahr der Absorption des Glaubens im Verstehen, einem spezifischen Verstehen, dem der intentionale Nachvollzug des Verstandenen abhandengekommen ist.

[14] Vgl. Jaspers, *Philosophie*, Bd. 3: Metaphysik, Berlin 1932, 299.

[15] Reiner Wiehl, „Gewissheit und Vertrauen. Zur Kosmo-Anthropologie von Karl Jaspers", 26, in: *Glauben und Wissen*, a.a.O., 21-38.

[16] Karl Jaspers, *Psychologie der Weltanschauungen*, München 1971, 337.

[17] Josef Pieper, *Thomas von Aquin. Leben und Werk*, in: Werke Bd. 4, 286.

[18] Sicherlich dient der Glaube nach Jaspers hauptsächlich der Vergewisserung der eigenen Existenz. Allerdings handelt es sich hierbei um eine *petitio principii*, da Jaspers die Existenz schon voraussetzt, zu deren Vergewisserung der Glaube erst führen soll. Interessanter wäre es, den Prozess der Vergewisserung im Sinne von John Henry Newmans Weg zur Gewissheit des Glaubens an Gott über die Anhäufung von Wahrscheinlichkeiten (*accumulatio probabilitatum*) zu deuten, die schließlich keine andere Konklusion zulässt als den Gottesglauben selbst. Jaspers bietet hierfür allerdings einige Ansatzpunkte. So kann seine Rede über das „Umgreifende" in Analogie zu der Erkenntnislehre von Newman verstanden werden, denn wohin kann das Umgreifende anderes führen als zu seiner Konkretion als Gott?

[19] Das bestätigt auch Thomas Rentsch, „Transzendenz und Vernunft: Wie läßt sich ihr Verhältnis heute bestimmen?", 66, in: *Studia Philosophica 67/2008: Glaube und Wissen – Zum 125. Geburtstag von Karl Jaspers*, Basel 2008, 53-68, wenngleich er sich in seiner Analyse eher auf den späten als auf den frühen Wittgenstein bezieht: „Betrachten wir Jaspers´ Analysen zu den Chiffren, so lassen sich diese systematisch meines Erachtens am besten mit Wittgensteins Rekonstruktion authentischer existentieller, lebensformbezogener Sprachspiele ohne gegenständliche Referenz beziehen." Dass Jaspers und Wittgenstein in Kierkegaard einen gemeinsamen Bezugspunkt haben, ist – zumindest für Jaspers – eindeutig. Zur Bedeutung Kierkegaards für Wittgenstein bieten in letzter Zeit immer wieder neue Monographien aufschlussreiche Einblicke, so: Ginia Schönbaumsfeld, *A Confusion of the Spheres: Kierkegaard and Wittgenstein on Philosophy and Religion*, Oxford 2007. Kierkegaard, Wittgenstein und Jaspers bilden dabei eine Linie von Entwürfen, die entscheidenden Wert auf Aspekte der Negativität in Form des Unverfügbaren, Paradoxen etc. legen, und deren Analyse auch wertvolle Einsichten in das Wesen der Sprache bieten.

[20] Josef Pieper, *Über den Glauben*, in: Werke Bd. 4, a.a.O., 250.

[21] „Vernunft ist nicht da von Natur, sondern wirklich nur durch Entschluß. Sie ereignet sich nicht von selber, wie Naturgeschehen und wie das gesamte menschliche Dasein, soweit es Naturcharakter hat, sondern sie erwächst der Freiheit." (Karl Jaspers, *Vernunft und Widervernunft in unserer Zeit*, München 1950, 41.)

[22] Das ist jedoch nicht mit dem Entwurf einer „Positiven Philosophie" von Schelling zu verwechseln. Nach eigenen Aussagen hat sich Jaspers auch entschieden gegen diesen Entwurf ausgesprochen, weil dieser der allgemeinen Forderung

nach Chiffrierung der Transzendenz nicht nachgekommen sei. Schelling versucht sich nämlich an der Sagbarkeit des Unsagbaren; etwas, das für Jaspers, der bewusst bei der unverfügbaren Transzendenz stehen bleiben möchte, unmöglich erscheint. Allerdings gibt Jaspers auch keine zwingenden Gründe dafür an, warum man *unbedingt* bei der Transzendenz stehen bleiben müsse. Schelling dagegen bleibt offensichtlich nicht an jenem Faktum der Transzendenz stehen, sondern sucht für diese Transzendenz ein geschichtliches Faktum, das er im Christentum findet. Hier wird übrigens deutlich, dass Jaspers noch nicht die intellektuelle Tragweite der Spätphilosophie von Schelling mit ihrer Begründung eines „spekulativen Empirismus", innerhalb dessen (existentielle) Notwendigkeit nicht vorausgesetzt, sondern nachträglich erfahren wird, erahnen konnte.

[23] Pieper, *Über den Glauben*, a.a.O., 242.

[24] Allerdings verbindet Jaspers dies nicht mit dem gigantischen erkenntnistheoretischen Unternehmen Kants, der bekanntlich das Wissen aufheben wollte, um für den Glauben Platz zu machen (KrV B XXX (AA III 19)).

[25] Es ist der modernen Religionspsychologie zu verdanken, dass die Inhalte des Glaubens in Expressionen einer bestimmten Einstellung transformiert worden sind. Ob jemand *an Gott* oder *an* das fliegende Spaghettimonster glaubt, ist irrelevant, da dieser Jemand *ja ohnehin schon glaubt*.

[26] Clive Staples Lewis, *Wunder*, Köln 1952, 107. Die von Lewis nahegebrachte Aussage ist natürlich eine Perspektive, die den Kantischen Ansatz einer Religion innerhalb der Grenzen der Vernunft, dem Jaspers sich bekanntlich anschließt, sprengt. Die Ablehnung der Offenbarung scheint damit für Jaspers aller Wahrscheinlichkeit nach am Festhalten an den Kantischen Erkenntnisbedingungen zu liegen.

[27] Karl Jaspers, *Von der Wahrheit*, München 1947, 857ff.

[28] Ich bin mir nicht sicher, ob Jaspers sich gegenüber den gegenwärtigen Bestrebungen der Begründung eines „sanften Atheismus" (z.B. Philip Kitcher), welcher den religiösen Glauben nicht bekämpfen, sondern sinnvoll und sogar kollektiv nutzbringend in sein säkulares System integrieren möchte, aufgeschlossen zeigen würde. Gewiss scheint hingegen, dass Jaspers ein Vordenker dieses Ansatzes war, wohl aber noch zu fest auf christlichem Boden stand, um eine vollständige Alternative dazu zu ersinnen.

[29] Karl Jaspers, *Der philosophische Glaube*, a.a.O., 38.

[30] Wird nicht jede Selbstvergewisserung durch die Vergewisserung der Existenz eines personalen Gottes erst verwirklicht? So gestand Kierkegaard sich noch ein: „So wollen wir dieses Unbekannte *den Gott* nennen." (*Philosophische Bissen*, Hamburg 1989, 38)

[31] Heinrich Meier, *Politische Philosophie und die Herausforderung der Offenbarungsreligion*, München 2013, 7.

[32] Jaspers selbst ist nicht zu einem Existenzbegriff vorgedrungen, der sich über die Idee eines Selbstverhältnisses explizieren ließe, obwohl Anton Hügli, „Von der Subjektivität des Glaubens und der Objektivität des Wissens", 146, in: *Glauben und Wissen*, a.a.O., 127-150, Ansätze dafür in Jaspers Überlegungen zu erkennen glaubt, wenn dieser die Existenz als Selbstbezug auslegt; zu einem vollständigen Verständnis dessen, was unter heutigen Gesichtspunkten als „Personen" verstanden werden kann, reicht dies jedoch nicht aus.

[33] Jaspersens unübersehbares Interesse für solche Figuren wie Hiob deutet darauf hin, dass jener durchaus Gefallen an existentiellen Renitenzhaltungen der Gehorsamsverweigerung hatte. Jaspers Stil ist auch nicht frei von Anklage und Ressentiment, weshalb sich seine Thesen auch gut in eine bestimmte protestantische

Tradition einfügen lassen. Der Rückgriff auf die partikulare Existenzialität als solche selbst scheint bereits eine implizite Absage an die umfassenden und allgemeinen scholastisch-metaphysischen Erklärungssysteme katholischer Provenienz
zu sein.

[34] So hat der Jenaer Zeithistoriker Stefan Gerber unlängst in einer Studie darauf
aufmerksam gemacht, dass zeitgenössische Gelehrtendiskurse, so es diese
heutzutage überhaupt noch gibt, größtenteils ohne eine dezidiert katholische
Stimme auszukommen vermögen. Das liegt nach Ansicht Gerbers insbesondere
daran, dass viele katholisch sozialisierte Intellektuelle sich nur ungern mit einem
sie vermutlich deklassierenden Bekenntnis zu schmücken wagen, da sie meinen,
dadurch ihre Unabhängigkeit zu verlieren bzw. ihre intellektuelle Redlichkeit zu
gefährden. Deshalb führe derzeit ein neuer Typus, der des „postkatholischen Intellektuellen" – ob er sich als Überwinder der durch seine eigene Herkunft mitge-
gebenen Ansichten oder als weltanschaulicher Gegner von Anfang an versteht,
das ist erst einmal unerheblich – das Regiment jener auf Niveau bedachten Mei-
nungsmacher und Debattenstifter an. Allerdings kann aus den Überlegungen zu
Pieper und Jaspers meiner Ansicht nach auch nicht folgen, dass es ein genuin
„katholisches" bzw. christliches Denken gibt, genauso wenig wie es ein „eckiges
Denken" geben kann. Für Jaspers dagegen scheint die Perspektive eines vernünftigen Gehorsams gegenüber nicht verifizierbaren Glaubenssätzen im Sinne der
Katholizität unmöglich zu sein, da er Gehorsam allein dem geschichtlichen Fortgang der Vernunft und ihrer individuellen Aneignung zuschreibt: „Diese Bejahung der Autorität ist nun etwas radikal anderes als die Bejahung der Katholizität. Vernunft trägt den Gehorsam gegen Autorität in geschichtlicher Gestalt, unbedingt für Existenz, aber ohne Anspruch an alle, weil gerade in der Unbedingt-
heit ohne den Charakter der einen ausschließenden Wahrheit. Katholizität dagegen rechtfertigt den Gehorsam in der Unterwerfung unter die allgemeine und all-
gemeingültige Wahrheit in der bestimmten unveränderlich gemeinten Gestalt für
alle." (Karl Jaspers, *Von der Wahrheit*, München 1958, 866)

HANNA-BARBARA GERL-FALKOVITZ

PHILOSOPHIE AUS ZUSTIMMUNG
ODER ABLEHNUNG DER WELT?

Zum Anstoß der Offenbarung.

Josef Pieper versus Emil Cioran (1911-1995)

1. Grundlegender Widerspruch

„Zustimmung zur Welt" – mit dieser Bejahung überschreibt Josef
Pieper seine Weltsicht, die zur Theorie des Festes führt, wie es dem
Dasein geschuldet sei[1]. „Die verfehlte Schöpfung" und „Lehre vom
Zerfall" lauten umgekehrt Titel seines Zeitgenossen Emil Cioran, deren Grundhaltung das Nein zur Welt anzielt. Der Gegensatz lautet,
in Sätze gefaßt: „Schließlich heißt philosophieren, seine Vernunft
auf sehr radikale Weise gebrauchen; philosophieren heißt: fragen,
was der Sinn von alledem sei, das wir ‚das Leben' nennen oder ‚die
Wirklichkeit', ‚die Welt' oder einfach ‚dies Ganze da.'"[2] So Pieper. –
„Ich weiß überhaupt nicht, weshalb wir hienieden etwas tun, warum
wir Freude und Bestrebungen, Hoffnungen und Träume haben müssen. [...] Aber was gibt es in dieser Welt schon zu gewinnen? [...] Es
gibt keinerlei Argumente für das Leben."[3] So Cioran.
  Leben und Welt erfordern in beiden Betrachtungen ein Wozu
oder Weshalb? Bei Pieper bedürfen Leben und Welt der Aufdeckung

eines Sinns – das bedeutet, sie bedürfen einer Aus-Richtung, sind nicht einfach naiv-positivistisch „da". Vernunft hat Sinn anzufragen, und diese Frage ist nicht grundlos. Bei Cioran aber sind Welt und Leben von vornherein und ohne Frage sinnlos; anstelle von Vernunft agieren Gefühle, Stimmungen, die als solche keine Antwort auf ein Wozu geben.

Weiterhin: Pieper bezieht sich nicht allein auf philosophische Vernunft, er bezieht sich auch auf Offenbarung:

> „Wenn ich eine philosophische Frage stelle und erwäge, wenn ich also etwa frage ‚Was ist, überhaupt und letzten Grundes, Erkennen?, was ist der Mensch?, was ist Wirklichsein?, aber auch: was ist – überhaupt und letzten Grundes eigentlich dieses Stückchen Materie, das ich in Gestalt eines Blattes Papier in der Hand halte?' – wann immer ich so frage, frage ich zugleich nach der Bauform der Welt im Ganzen; ich trete, indem ich so frage, der Wirklichkeit als Ganzem gegenüber, und ich muß, indem ich jene – philosophische – Frage bedenke, ‚von Gott und der Welt' reden."[4]

Cioran tut desgleichen, gänzlich ablehnend, wenn er von einer „verfehlten Schöpfung" spricht und damit den Schöpfer voraussetzt. Auf Cioran trifft zu, was Pieper im Blick auf Sartre formulierte: Man müsse Christ ein, um Sartre zu verstehen. Ausführlich:

> „Das Verhältnis des Existenzialismus, etwa des Sartreschen, zur christlichen Theologie ist sehr kompliziert, gar nicht leicht zu bestimmen. So widerchristlich Sartre sich gibt – ein Grieche, ein Sophist, ein Nihilist vom Schlage des Gorgias würde ihn nicht haben lesen können; ich meine: ein antiker Mensch würde Sartre nicht verstehen, weil – ja, weil man dazu Christ sein muß! ‚Es gibt kein Wesen des Menschen, weil es keinen Gott gibt, der es erdenken könnte' – wie sollte wohl ein vorchristlicher Grieche diesen Sartreschen Satz verstehen? So sehr hat diese Philosophie etwas mit dem Christentum zu tun. – Gut, aber es wäre doch absurd, Sartre deswegen als ‚christlichen Philosophen' deklarieren zu wollen? Ja, das wäre freilich absurd. – Also gibt es – auch in dieser unserer westlichen Welt – Philosophie, die nicht christlich ist und dennoch Philosophie, echte Philosophie, die zweifellos nicht allein den Fachmann angeht, sondern den Menschen? Dies ist eben die Frage, die ich mit Nein zu beantworten geneigt bin: Solcherart Philosophieren, das der Zuordnung zu einer wahren Theologie beraubt ist, kann nicht eigentlich mehr *philosophia* heißen; es ist nicht mehr liebende Suche nach der Weisheit. Suchen kann man nur das, wovon man annimmt, daß es wirklich existiere, daß es, irgendwo und irgendwann, auch gefunden werden könne."[5]

Läßt sich dieses Urteil halten und tiefer begründen? Läßt sich zeigen, daß ohne den Impuls des Christentums ganze Wirklichkeitsbereiche aus dem Blick verschwinden? Gibt es „Wahrheiten [...], die an sich in der Natur- und Schöpfungswelt fundiert sind, dort aber erst, wie ein ‚Katzenauge', im Angestrahltwerden durch die Gnade aufleuchten"[6]? Das heißt im Umkehrschluß, daß durch Nicht-Glauben Wahrheiten erlöschen.

2. Emil Cioran (1911-1995): Verfehlte Schöpfung

2.1 Verneinung des Daseins

Bei Pieper heißt Philosophieren, die Gesamtheit des Begegnenden auf seine letztgründige Bedeutung zu bedenken; bei Cioran heißt Philosophieren, die Gesamtheit des Begegnenden in ein vorgängiges Nichts aufzulösen. Im Nichts soll die Schöpfung ausdrücklich zusammen mit dem Schöpfer, sollen das Ich, überhaupt jede Gestalt, damit aber auch Philosophie selbst verschwinden. Der Anspruch, den ein solches Denken erhebt, gibt sich als reine Negation des Bestehenden. „Ich würde eine Welt lieben, in der es gar kein Kriterium gäbe, keine Form und keinerlei Prinzip, eine Welt der absoluten Unbestimmtheit. Denn in unserer Welt sind alle Kriterien, Formen und Prinzipien schal."[7] Cioran nach-zudenken bedeutet, aus dem Denkvorgang als solchen willentlich auszusteigen, die intellektuelle Anstrengung nach „rückwärts" zu vollziehen, vor alle Formwerdung und vor alles „Herrschende" (Prinzip) hinabzusteigen, ins Gestaltlose. Alles Gestaltete, Geschaffene ist Fehl. „Man denkt, man beginnt zu denken, um Bindungen zu zerreißen, um Verwandtschaften aufzulösen, um das Gerüst des ‚Wirklichen' zu untergraben."[8] In seinem Hauptwerk *Lehre vom Zerfall* (*Précis de décomposition*) von 1949, das Paul Celan 1953 ins Deutsche übersetzte, nimmt Cioran die spätere Dekonstruktion vorweg, die mit dem Namen Jacques Derrida verbunden wird. Im Grunde ist es bereits der Versuch, die „Erzählung" von autonomer Vernunft (als dem europäischen Groß-Mythos) zu unterlaufen.

2.2 Löschung des Ich, Suche nach dem Nichts

Décomposition bedeutet folgerichtig, den Denkenden selbst abzu-
bauen und alles strukturierte Denken hinter sich zu lassen. Cioran
nimmt dafür den Tod – nicht in Kauf, sondern als Lohn, als einzige
Freiheit: „Ich möchte frei sein, aufs äußerste frei. Frei wie ein Totge-
borener."[9] Allerdings spricht diese Freiheit gegen den Suizid, der ja
das Geborenwerden nicht aufhebt: „Es lohnt nicht die Mühe sich zu
töten, denn man tötet sich immer zu spät."[10]

Andererseits macht auch Cioran den Versuch, die beständige
Nur-Negation zu unterlaufen: im Glück des Verschwindens in der
Leere, im Unbewußten.

> „Die Leere – das Selbst ohne das Selbst – ist die Liquidierung des
> Abenteuers des ‚Ich‘, es ist das Sein ohne jede Spur von Sein, ein seli-
> ges Untergehen, eine unvergleichliche Katastrophe."[11]
> „Je mehr man sich dem Nichtigen öffnet, je mehr man sich von ihm
> durchdringen läßt, desto mehr entzieht man sich der
> Schicksalhaftigkeit, man selber zu sein, Mensch zu sein, Lebender zu
> sein."[12]
> „Das Unbewußtsein hingegen ist nahrhaft, stärkt, läßt uns an unseren
> Anfängen teilhaben, an unserer ursprünglichen Integrität, und taucht
> uns wieder in das wohltuende Chaos, das vor der Wunde der
> Individualisierung war."[13]

Heilung beginnt dergestalt mit Aufbruch vom unglücklichen Ich-
punkt – auf welches Glück aber zu? Offenbar auf das Glück der „Ver-
schmelzung", das kannibalische Glück, vom Chaos verzehrt und auf-
gesogen zu werden.

2.3 Verneinung des Begehrens: Prägung durch Schopenhauer

Die ersehnte Rückbewegung in ein flutendes „Vor-Ich" oder „Nichts"
läßt den Denkanstoß Ciorans erkennen: Schopenhauers Vermittlung
des klassischen Buddhismus. In Anlehnung an die *Upanishaden* und
die altindische Zirkulartheorie sah Schopenhauer den apersonalen
Weltgrund als Ursprung unendlicher, zielloser Weltentstehung und
ebenso von Welt-Untergang und Neubildung. Diese unendliche kos-
mische Entstehung wiederholt sich im kreisläufigen Dasein des

Menschen, aber auch der Pflanze und des Tieres. Individuation ist Schmerz schlechthin wegen der Vereinzelung der Wesen; erst Tod ist der große Löser, um in den Weltgrund zurücksinken und aus ihm erneut schmerzhaft aufzutauchen. Sterben ist Rücknahme der Eigenheit und des Eigensinns; Leben ist Leiden (am Einzelsein). Der Mensch übernimmt zudem in der Individuation eine bewußte Objektivation: Mittels seiner Vernunft macht er sich zum Herrn über andere Wesen. Der menschliche Wille zum Leben, der sich in jedem Atemzug manifestiert, entwirft Welt ins Gegenständliche und betrachtet die eigene Individuation fälschlich als Wirklichkeit. Damit setzt der Mensch seinen Egoismus durch, ängstigt und bedrängt die anderen Wesen. Ethisch gesehen muß er den Willen zum Leben verneinen, allerdings nicht durch Selbstmord, sondern in einer allem entsagenden Bewußtseinshaltung, einem „metaphysischen Pessimismus".

> „Die Welt ist ‚Samsara', ewige, verfluchte Wiederkehr alles Gleichen, des immer gehegten Durstes (trsna, christlich: Konkupiszenz), dessen Befriedigung durch Endliches neuen, ärgeren Durst erweckt [...]: der Durst selbst muß vernichtet und überstiegen werden in die volle ‚Leidenschaftslosigkeit' allem Weltlichen gegenüber."[14]

Durst, Wirklichkeit, Leid und Individualität sind derselbe immer wirksame Trug der *maya*. Erst im Nichtsein (Nirwana) wird *maya* gelöscht, einschließlich dessen, was „ich" heißt: Das Begehren stirbt mit dem Begehrenden. Nicht der Durst, vielmehr die Quelle des Durstes hat sich aufzulösen. Die große Erkenntnis des Buddha spricht vom notwendigen Versiegen des hiesigen Bedürfens und Stillens, um in das leidenslose, leidenschaftslose Glück einzugehen: „Und was, o Mönche, ist die edle Wahrheit von der Aufhebung des Leidens? Es ist eben dieses Durstes Aufhebung durch (seine) restlose Vernichtung; (es ist) das Aufgeben (des Durstes), der Verzicht (auf ihn), die Loslösung (von ihm, seine) Beseitigung."[15]

Auch bei Cioran – ganz nach dem Kanon der Vier Edlen Wahrheiten – geht es um das Beenden jedweden Begehrens.

> „Sobald man begehrt, lebt man in der Unterwerfung, ist man der Welt ausgeliefert; sobald man zu begehren aufhört, genießt man die Vorrechte eines Gegenstandes und eines Gottes [...] man hängt von

niemandem mehr ab. Sobald man aufhört zu begehren, wird man Bürger aller Welten und keiner: es ist durch die Begierde, daß wir von hier sind: wenn die Begierde überwunden ist, dann ist man von nirgends mehr und hat einen Heiligen oder ein Gespenst um nichts mehr zu beneiden. Es kann geschehen, daß es Glück in einer Begierde gibt, aber die Glückseligkeit erscheint nur da, wo alle Bande gebrochen sind. Die Glückseligkeit ist mit dieser Welt nicht vereinbar. Um ihretwillen zerstört der Eremit alle seine Bindungen, um ihretwillen zerstört er sich."[16]

2.4 Löschung der Liebe und der Zeugung

Die Grundübung wird „Erlösung des Herzens (von seiner Sehnsucht), nicht des Herzens positive Beseligung"[17]. ‚Liebe' gibt es nur als eine Art distant-passives Mitleid mit dem Schicksalsgenossen, der im selben unwirklichen Wahn steckt. Buddhismus zielt letztlich auf die „Aufhebung des Daseinscharakters der Welt durch Durchschauung des Begierdebandes, das uns an die Welt knüpft"[18]. Zu diesem Begierdeband gehört ausdrücklich die Liebe.

Cioran dazu, wenig überraschend:

> „Der Anblick des Menschen: welch Brechmittel! Die Liebe: Begegnung zweier Speichel... Sämtliche Gefühle schöpfen ihre Unendlichkeit aus dem Elend der Drüsen. Adel gibt es allein in der Verneinung des Daseins, in einem Lächeln, das über ausgelöschten Landschaften lagert."[19]

Eine solche Anklage der Liebe wird zu einer Anklage des Lebens überhaupt; Theodizee wandelt sich zu Erodizee und folgerichtig zu Biodizee. Sexualhedonismus, Kinderfeindlichkeit und Anklage des Daseins gehen Hand in Hand.

> „Wir alle haben sie geerbt, die Unfähigkeit, bei sich zu bleiben, von welcher der Schöpfer eine so bedauerliche Demonstration geboten hat: Zeugen, das heißt, auf andere Weise, in anderer Größenordnung das Unternehmen fortsetzen, das seinen Namen trägt, es heißt, aus beklagenswerter Nachäffung seiner ‚Schöpfung' etwas hinzufügen. Ohne den von ihm gegebenen Impuls würde das Bedürfnis, die Kette der Wesen zu verlängern, nicht bestehen, noch auch die Notwendigkeit, die Umtriebe des Fleisches zu unterschreiben. Jedes Gebären ist verdächtig; die Engel sind dazu glücklicherweise unfähig, denn die Fortsetzung des Lebens ist den Gefallenen vorbehalten."[20]

„Die kriminelle Aufforderung der Genesis: ‚Wachset und mehret euch' konnte nicht aus dem Munde eines guten Gottes gekommen sein" – vielmehr aus dem Mund eines bösen, „dessen hemmungsloser Narzissmus seine Geschöpfe zum folgenreichsten aller Nachahmungsakte angestiftet hat"[21].

Mit Cioran empfahl daher vor kurzem auch Ludger Lütkehaus „die Fortpflanzung zu entmutigen", zumal die Enthaltsamkeit vom Zeugen heute kein Opfer mehr sei: „Ja, muss man denn noch überhaupt von ‚Opfer' sprechen, wenn heute, im Zeitalter einer sanften Geburtenkontrolle, ganz ohne Verzicht, ganz ohne die Strapazen der Enthaltsamkeit der bequeme Heilsweg ins Paradies der Ungeborenen eröffnet ist?"[22] Cioran wird der Satz unterstellt, er habe alle Verbrechen begangen, nur das eine nicht: Vater zu werden.

In der Ablehnung, anderen das Leben zu gönnen, wirkt das mythisch-vorchristliche Grundgefühl nach, das Leben werde gewoben von blinden, mehr noch: bösen Mächten, denen gegenüber es kein Entkommen gebe.

2.5 Kritik

Cioran kommt über die Haltung des Parasiten nicht hinaus. Jede seiner Negationen setzt eine Position voraus. Noch schärfer: Jede seiner Negationen ist zugleich eine Affirmation – wie der Kahn, der sich vom Ufer abstößt, die Kraft des Abstoßes dem Ufer verdankt. Das ist mehr als eine formale Behauptung, aber reflektiert Cioran diese Tatsache? Für die angestrebte Radikalität der „Leidenschaftslosigkeit" investiert er zuviel Haß, zuviel Verachtung, zuviel Empörung. Welche Alternative zum Dasein oder zur Vernunft stellt er auf?

Mit dem „Feind" Christentum im Rücken, in der gesamten Genese seines Denkens und Fühlens als Sohn eines orthodoxen rumänischen Popen, ist für Cioran kein unschuldiger, bewußtloser Rückzug in das 6. vorchristliche Jahrhundert des Buddha möglich. Was damals den Akzent der „Flucht" aus dem ausweglosen Kreisen sinnloser Welten und endloser Geburten trug, trägt bei Cioran den Akzent der Gegenwehr gegen die von Christus eröffnete sinnvolle Finalität des Ganzen und die durch Christus aufleuchtende einmalige Personalität (nicht nur das Ich). Da es diese letzte Finalität nicht geben darf, geben soll, ebenso wenig wie die Person, verstellt sich Cioran auch die vermittelnden Kräfte, am entlarvendsten die Liebe, und ihr folgend das Leben. Die Nietzsche-Züge des Einsamen, des Selbst-verächters, des Unbefriedigten wiederholen sich bei ihm, ohne wirklich neu zu sein. „Nur im Schatten verbrauchter Gottheiten kann man frei atmen."[23] Cioran macht im biblischen Denken den Ursprung der Fehldeutung von Welt aus. In vielem ähnelt er in seiner Christus-Aversion Nietzsche, obwohl er diesen letztlich nicht radikal genug findet: Der Übermensch sei selbst nur ein Götze. Freiheit vom Götzendienst leiste allein das Nichts.

In der Ablehnung des gesamten Daseins, einschließlich des Selbst, geht Cioran daher über Nietzsche hinaus. Bei diesem führt die Empörung gegen Gott zur „Erde": Es gebe nichts außer ihr, nichts über ihr, nichts hinter ihr. Der Mensch müsse ganz im eigenen Leibe, in dessen Bedürfen, und auf der Erde, in der vorschuldigen Natur, zu Hause sein. Leiblichkeit wird das Glück des Menschen, denn Leib enthält tiefere Weisheit als der spaltende, selbst abgespaltene Geist. Wird die Intensität des Hiesigen erreicht, so verleiht sie ein nach-atheistisches, nach-nihi-listisches Urvertrauen: Die Erde gewinnt ihren schuldlosen Anfang zurück, der Mensch sein in sich gerechtfertigtes Dasein.

Nietzsche spricht daher von einer Intensität des Endlichen, einem tiefen Empfinden der Göttlichkeit des Irdischen. Die Erde sei selbst von Herrlichkeit und Tiefe durchströmt, sie sei numinos. Ihre Autonomsetzung erreicht dabei offenbar den Charakter des Heiligen, einer Sinnfülle, die zur unbedingten Verehrung auffordert. Eben das gelingt bei Cioran nicht mehr.

Sein großes Motiv und Stichwort des Widerstandes heißt „Freiheit". Aber ist nicht Freiheit nur „ein anderes Wort für Subjektivität"[24]? Freiheit ohne Subjekt ist undenkbar. Also ist Freiheit wiederum nur im Abstoß vom Subjekt möglich; immer noch nicht ist sie damit eine ursprüngliche Bewegung, ein reines a priori. Das Glück solcher ertrotzter Freiheit ist nichts anderes als Bewußtlosigkeit. Gottried Benn sagt es entlarvend: „O wär' ich doch ein Klümpchen Schleim in einem warmen Meer!"

Bei Cioran gerinnt der Protest zu einer „Freiheit, die anfängt, sich als Mehltau auf das Talent zu legen und Züge der Sterilität zu zeigen"[25]. Sterilität deswegen, weil buchstäblich „nichts" übrigbleibt. Cioran setzt eine Zerstörung des Menschlichen, des Mit-Seins in Gang, wovor der „Übermensch" Nietzsches verblaßt oder selbst nur als Verkehrung des verleugneten Gottes erscheint. Als Anwalt des Nichts wird Cioran sogar die „Erde" verleumden und ein Niemandsland suchen - ein unentzweites, warumloses Nichts. Die Versteifung auf das Unrecht des Daseins zeitigt zudem Selbsthaß, verbunden mit der Anklage eines fremden Urhebers. Solches Denken hat die Form eines „Attentats auf sich selbst"[26]. „Sich befreien heißt, sich über die Irrealität *freuen* und sie in jedem Augenblick suchen."[27]

Eine derart zum Nichts drängende Sicht steht in krassem Gegensatz zu einer christlich radikal gedachten Phänomenologie des Lebens, in der das Leben als *datum* aufscheint. Die größte aller Gaben zeigt sich dabei gerade nicht als Verhängnis, sondern als Urgabe: ins Dasein geschickt zu sein und, wenn die Sprache recht behalten soll: für das Dasein geschickt zu sein. Der Zusammenhang von Gabe – Empfangen – Wiedergabe kann bei Cioran nicht wirksam werden. Vor lauter Nichts wird Alles entbehrlich.

3. Josef Pieper: Zustimmung zur Welt

3.1 Unerschöpfliche Erkenntnis von Sein, Wahrem und Gutem

Piepers Philosophiebegriff geht – mit Platon und Aristoteles – normativ vom Wahrheitsanspruch der Wirklichkeit aus, aber keineswegs von naiver Wirklichkeit. Kritisch freigelegt wird die neuzeitliche Verschiebung von Wahrheit auf Gewißheit des Erkennens (bei Vico wird *verum* gleich *factum*), was mit Subjektivierung des Weltverhältnisses erkauft und von daher auch bei Heidegger kritisiert wird. Was Pieper scheinbar in Gegensatz zur Erkenntnislehre und Existenzphilosophie des 20. Jahrhunderts setzt, ist sein Aufgreifen einer scholastisch grundgelegten „Konversionsontologie": der Konvertibilität von Sein, Wahrem und Gutem. Diese drei klassischen

Transzendentalien fundieren nach Pieper alles Wirklichkeitsverständnis; so sucht er sie als genuinen Gegenstand von Philosophie gegen den Wirklichkeits- und Transzendenzverlust sei es des Existentialismus französischer Prägung oder des Konstruktivismus, sei es aber auch des Immanentismus von Sozialwissenschaften und philosophischer Anthropologie in Stellung zu bringen.

Ein solches Verstehen von Wirklichkeit aufgrund der genannten Konvertibilität bildet einen Schlüssel zur Rechtfertigung von Piepers Philosophieren. Es resultiert – alle vermeintlich naiv-positive Setzung sprengend – in einer Negativität: daß Wirklichkeit, die seiend, wahr, gut ist, begrifflich gerade nicht erschöpfend zu bestimmen sei. Damit gewinnt „Wirklichkeit" eine erkenntnisleitende, aber auch erkenntnisresistente Tiefe, die sich auf ihre Fundierungen in Sein, Wahrem und Gutem rückverlagert: All diese „Begriffe" überragen das Erkenntnisvermögen und lösen eine unabschließbare Erkenntnisbewegung aus. Diese Negativität stellt Piepers Argumentation für die Wahrheitsverpflichtung von Philosophie in eine fruchtbare und anschlußfähige Offenheit. Betont wird dabei, daß Sein, Wahres und Gutes keine dezidiert christlichen Bestimmungen sind, vielmehr bereits seit Platon zum Kernbestand des Philosophierens gehören – ihr Ausschluß wäre also vor der Vernunft begründungspflichtig.

Pieper führt noch eine Bestimmung ein, deren Herkunft nicht griechisch, sondern jüdisch ist: Er kennzeichnet Wirklichkeit als Geschöpflichkeit, von woher sich die Erkennbarkeit des Geschaffenen für den – selbst geschöpflichen – Menschen ableitet, unbeschadet aller grundsätzlichen Unerschöpflichkeit der Schöpfung (um im Wortspiel zu bleiben). Auch dieser Sachverhalt lähmt das Denken nicht, noch weniger macht er es unmöglich: Der Geheimnischarakter der Wirklichkeit wird durch Philosophie gesteigert, nicht verkürzt. Gerade ihre Helligkeit macht die Dinge unbegreiflich. Pieper sieht das Geheimnis des Wirklichen gerade in seiner Offenbarkeit, keineswegs aber in der Irrationalität. Alles Nichteinholbare der Wirklichkeit durch Philosophie macht kenntlich, daß Leben einen ontologischen Vorrang vor der Erfassung durch Begriffe hat. Zustimmen könnte Pieper Heideggers Dictum, Erkennen sei Eindringen in einen Widerstand.

Grundsätzlich ist festzuhalten: Wirklichkeit ist qualitativ unerschöpflich und zugleich auf die Erkenntniskraft des Menschen bezogen. Anders: Die ontologische Wahrheit der Dinge, ihr Ursprung aus dem göttlichen Erkennen, ist zugleich in Beziehung auf den menschlichen Geist wahr, er steht in einer Adäquation zu ihnen. Noch deutlicher: Die wahre Ontologie ist nicht dinglich zu verstehen, sondern als „Responsivität" auf das Erkennen; Wirklichkeit hat appellativen Charakter. „Die „seinsgerechte Erkenntnishaltung des Menschen" ist demnach „Sachlichkeit" als „die gemäße Antwort auf die wesenhafte Wirklichkeitsbestimmtheit des Erkennens"[28].

Vom Wirklichen führt unmittelbar ein Weg zum Guten: „Gerade die Sachlichkeit, das Absehen des Menschen von sich selbst und das Hinblicken auf die gegenständliche Wirklichkeit […], werden in der Ethik von Thomas von Aquin in voller Klarheit als das zentrale Gebot sittlichen Lebens erwiesen."[29] Denn das Sittliche ist von der Wirklichkeit bestimmt:

> „Alles Sollen gründet im Sein […] Das Gute ist das Wirklichkeitsgemäße. Wer das Gute wissen und tun will, der muß seinen Blick richten auf die gegenständliche Seinswelt. Nicht auf die eigene ‚Gesinnung', nicht auf das ‚Gewissen', nicht auf die ‚Werte', nicht auf eigenmächtig gesetzte ‚Ideale' und ‚Vorbilder'. Er muß absehen von seinem eigenen Akt und hinblicken auf die Wirklichkeit."[30]

Daher steht in der Tugendlehre die Klugheit auch an erster Stelle, fällt sie doch in der Not des Handelns das wirklichkeitsgerechte Urteil. Pieper geht es um eine Entmoralisierung des Guten, wie schon im ersten Gedanken um eine Entsubjektivierung des Wahren. Die Entästhetisierung des Schönen ergibt sich folgerichtig, soll aber hier nicht ausgeführt werden.

In der Subjektzentrierung des Erkennens und des sittlichen Handelns (wie des „Geschmacks" am Schönen) sieht Pieper die Verengung neuzeitlichen Denkens, bis zu dessen sich aufgipfelnder Absurdität im Existentialismus. Subjekt bedeutet neuzeitlich: Ichsein gedacht ohne Mitsein; Atomisierung des Ich. Neben dem Subjekt wird alles andere zum Objekt: zum „Vorwurf" in der Genauigkeit der Sprache. Aus dieser Vereinzelung inmitten alles anderen steigt der Wunsch des Verschwindens – so hat er ein *fundamentum in re*.

Denn Geschaffensein meint Aufstieg aus dem Nichts ins Sein – was der Kreatur nicht eigenmächtig gelingt, ebensowenig wie eine selbständige Sicherung im Sein.[31]

3.2 Wahrheit der Dinge und ihre Kontemplation

Zu der Tatsache des Geschaffenseins aus dem Nichts gehört zugleich die Tatsache, nie mehr nicht zu sein. Die Positivität des Daseins verweist bereits darauf, daß nichts Wirkliches völlig verschwinden kann, sich allerdings keineswegs aus eigener Vollmacht erhält.

Was läßt sich nach Pieper daraus sehen? Daß „alle Dinge über jegliches Begreifen ‚gut‘ sind"; der Schauende „sieht es und ist glücklich"[32]. Kern des Schauens ist die Erfahrung, daß die Schöpfung insgesamt wunderbar, staunenswert, unerschöpflich großartig im Kleinsten wie im Größten ist. Allerdings ist diese Erfahrung immer nur einem Einzelnen, der sein Auge öffnen läßt, zugänglich. Es gehört daher „zum Wesen aller Kontemplation, daß sie nicht mitgeteilt werden kann. Sie trägt sich zu in der innersten Zelle. Es gibt keinen Zuschauer. Und eine ‚Niederschrift‘ ist unmöglich."[33]

Den Künstlern schreibt Pieper die Fähigkeit und Aufgabe zu, kontemplative Schau anzubahnen und damit die Glückseligkeit, daß Gott und seine Schöpfung gut sind. Auch Philosophen leisten Ähnliches: Wer ein Leben lang seine Vernunft betätigt, wird die sachgerechte Wahrnehmung von schön und häßlich, von gut und böse, von wahr und falsch erlangen; er wird das Menschenmögliche erreichen: die Schau/*theoria* dessen, was ist. So kommt es zur sachhaltigen Zuordnung von „Glück und Kontemplation". Denn Glück ist weit mehr als Bedürfnisbefriedigung; Glück ist vollzogene Schau. Kontemplation heißt die aus dem Griechischen ins Lateinische übersetzte *theoria*. Sie besagt „die rein empfangende, von aller ‚praktischen‘ Bezweckung des tätigen Lebens durchaus unabhängige Zuwendung zur Wirklichkeit". Kontemplation ist demnach das schweigende Vernehmen von Wirklichkeit, ein nicht denkendes, sondern schauendes Erkennen, das von Erstaunen begleitet sei. Kontemplativ seien vor allem die Dinge der Schöpfung wahrzunehmen, und zwar vornehmlich mit den Augen, aber auch durch Hören, Riechen und Schmecken. Jede Art von Erfassung könne selbst bei jenen zum Schauen werden, denen der Begriff Kontemplation völlig unbekannt sei.

Was aber wird kontemplativ geschaut? „Philosophieren heißt: sich entfernen – nicht von den Dingen des Alltags, aber von den gängigen Deutungen, von den alltäglich geltenden Wertungen dieser Dinge. […] Es ist genau dieser Sachverhalt: daß in den alltäglich gehandhabten Dingen selbst das tiefere Antlitz des Wirklichen gewahrbar wird.“[34] Es geht nicht nur um die Positivität des Daseins, es geht um Wahrheit – „als das Kenntlichsein von Realität.“[35] „Wahrheit bedeutet das Offenbarsein und Sich-Zeigen der wirklichen Dinge.“[36] Sie zu ergreifen heißt sie nicht einfach neutral zu spiegeln – sondern sie gutzuheißen, zu feiern.

3.3 Festlichkeit des Daseins

Letztlich wird in Kontemplation erkennbar und erlebbar, daß „im Grunde alles, was ist, gut ist, und daß es gut ist zu sein"[37]. Solches ontologische Gutsein führt zum Lob Gottes und der Welt, von Dasein und Ich. Darum gehört – schon vorchristlich – Kult wesentlich zum Fest: „Ein Fest feiern heißt: die immer schon und alle Tage vollzogene Gutheißung der Welt aus besonderem Anlaß auf unalltägliche Weise begehen.“[38] Darin liegt die innere Beziehung des Festes zum Alltag. So wird einsichtig, weshalb gerade der Kult die Ursprungsstelle von Kultur, Theater, Kunst ist.

> „Freiwillige, schenkende Darbietung, gerade *nicht* Nutzung, just das denkbar äußerste Gegenteil von Nutzung. So entsteht im Mitvollzug des Kultes, einzig von dort her, ein durch die Arbeitswelt nicht aufzuzehrender Vorrat, ein durch das sich drehende Rad des Verschleißes unberührbarer Raum nicht-rechnender Verschwendung, zweckentbundenen Überströmens, wirklichen Reichtums: der Fest-Zeitraum.“[39]

Kultische Preisung des Ganzen ist Ursprung des Festes. „Die Liturgie der Kirche kennt in der Tat nur Feiertage“, stellt Pieper lapidar fest.[40]

„Der Mensch übersteigt, indem er das Fest festlich begeht, die Schranken der zeitlich-hiesigen Existenz. Die Festlosigkeit anderseits […] bedeutet die ‚Einmauerung‘ des Menschen in den Sperrbezirk der jeweiligen Aktualität."[41] Genauer: Im kultischen Fest werden die Alltagsdinge „unversehens paradiesisch neu; die Welt ist ‚wie am ersten Tag‘."[42] „Ein Fest feiern heißt, sich in die Gegenwart der Gottheit begeben."[43]

3.4 Glück der Liebe

Schöpfung und ihre Gutheißung, vor allem die Antwort durch Liebe gehören wesenhaft zusammen.[44] Im Menschlichen ausgedrückt: Ohne Natur keine Vollendung, auch keine Vollendung des Liebens. Im Gegenteil: Die gesamte Natur, auch und gerade ihr Bedürftigsein und ihre Selbstbezogenheit, werden in das Lieben hinein- und hinaufgerissen – so der ursprüngliche Sinn von *mania*, Ekstase.

Schöpfung ist Ruf zum Mitsein, sie wünscht *condiligentes*. Sich vorzufinden, geschaffen zu sein ist ja schon die Erfahrung, gewollt zu sein. Dasein ist Sich-Gegönnt-Sein – als eigenes Dasein, nicht als Eigentum eines anderen. Dieser geheimnisvolle, aller Zustimmung entzogene Urwille ist das Wasserzeichen aller Schöpfung. Anders gewendet: Eros ist die Signatur der Schöpfung. Dasein, Geliebtsein und Wert-Sein gehören nach Pieper zutiefst zusammen.

Aber der Gedanke strahlt noch weiter aus: Einen anderen Menschen lieben heißt teilnehmen am Schöpfungswillen Gottes, heißt diesen Willen noch einmal wiederholen und bestätigen. Daher weist die Liebe auch das nur romantische Gefühl ab – durch ihre „harte", unaufgebbare Forderung nach dem wahren Gesicht des anderen, das ihm nicht erlaubt, sich zu unterschreiten. Der andere wird in seinem „Ursprung" gesehen: in seinem Sprung aus dem Willen des Schöpfers. Piepers Folgerung lautet: Wenn zwei sich lieben und zusammenschlagen im Brand der Liebe, dann bedeutet das im Kern: mit Gott auf den anderen Menschen zugehen und mit dem anderen auf Gott; jeder ist Mittler, keiner ist Mittel.

Dies ist die Hochform von Liebe, die Hochform ihrer Erfahrung. Sie ist warumlos, unentzweit, einigend (aber nicht: verschmelzend).

4. Phänomenologie des abwehrenden und des zulassenden Blicks

Die Zustimmung zur *Welt* führt zur Freude der *Geschöpfe* aneinander. In ihrem gegenseitigen Lob[45] oder, wie Thomas Mann formuliert, im „herzsprengenden Entzücken"[46] aneinander liegt tiefere Freude als in der Widerlegung eines Daseins, die beständig von der Kraft dessen zehrt, was sie verneint.

In der Tiefe des Sehens ruht eine Entscheidung: nicht *was*, sondern *wie* gesehen wird. Sehen ist ein Hervorbringen – nicht des Gegenstandes, sondern seiner Bedeutung: *amor oculus intellectus*, „Liebe ist das Auge der Einsicht", so Richard von St. Victor (1110-1178); aber auch: *odium oculus intellectus*, gleichermaßen sieht der Haß. Kierkegaard nennt den bösen Blick ein Ausspähen des anderen; fremde Schuld dient zwecklich zur Entschuldung eigener Verkehrtheit, zur hämischen Selbsterbauung. Damit wird nach außen ein „erbärmlicher Wahrheitsdienst" geleistet, mehr noch aber das Böse verantwortungslos verbreitet. „Man muß niemanden Zerbrochenheit lehren. Die Künste, die vom Müll der Welt erzählen, vermehren ihn nur."[47] Unter dem Deckmantel von Anprangern und Widerstand wird das Böse keineswegs eingedämmt, sondern veröffentlicht und in seiner Streuwirkung unbesehbar. Nicht nur der feststellende, auch der böse Blick bannt: sowohl den Betrachter als auch den Betrachteten.

In vormoralischer, phänomenologischer Hinsicht hat Jean-Luc Marion den „feststellenden" Blick in seiner konsequenten (allerdings unbeabsichtigten) sachlichen Einengung untersucht.[48] Von da aus erschließt sich die Analogie zum anklagenden Blick: Auch im Anklagen verhindert die Fest-Stellung, das unbedingte Sehenwollen des Nachteiligen, daß das Ganze in seiner verdeckten, mehrbödigen Tiefe erfaßt wird. Die Suche nach Eindeutigkeit verzerrt das Urteil, gerade weil sie die Beweislast anhäuft. Der Verfolgungseifer wächst mit dem Rechthaben, und das Auge des Anklägers wird starr. Rechthaben setzt merkwürdigerweise von sich aus ins Unrechthaben, *summum ius summa iniuria*. Das ist eine jener Umkehrungen, die im Endlichen als dem Grenzziehenden wirksam sind und erst im Absehen von der selbstgesetzten Absicht Freiheit erlangen.

Zeitgenössisch zu Kierkegaard skizzierte Hans Christian Andersen in dem Märchen von der *Schneekönigin* den gefrorenen Blick. Wer von ihr einen Eissplitter ins Auge gesetzt bekommt, sieht die Welt kristallinisch gebrochen. Diese Entstellung des Blicks führt zur Mißdeutung der Phänomene; sie fallen von selbst in den Starrkrampf des Zufälligen, Unbedeutenden oder Nichts-Bedeutenden. Selbst die Liebe ist davor nicht gefeit; sie erscheint in Andersens Erzählung nur noch in der abgedämpften Gestalt des Eigen-Interesses, des hintergründig eingefädelten Haben-Wollens.

Kierkegaard stellt den messenden, anmaßenden Blick vor ein einzigartiges Gericht – in dem Sinne, daß er sich selbst nur in einem entmachtenden Umsturz entzogen werden kann; erst dieses Entmachten, das vom Unangenehmen bis zum Schmerzlichen reicht, bedeutet Heilung, Wiedereinsetzen ins Ganze:

> „Der Predigtvortrag in unsrer Zeit hat zum ersten rein übersehen und zum andern es ganz vergessen gemacht, daß die christliche Wahrheit eigentlich nicht Gegenstand von ‚Betrachtung' sein kann. Denn die christliche Wahrheit hat, wenn ich so sagen darf, selber Augen, damit zu sehen, ja, sie ist wie lauter Auge; aber es wäre ja recht störend, ja, es würde mir dadurch unmöglich werden, ein Gemälde oder ein Stück Tuch zu betrachten, wenn ich, indem ich mich anschicke, es zu betrachten, entdecken müßte, daß da das Gemälde oder das Tuch auf mich blickten – und so ist es eben der Fall mit der christlichen Wahrheit; sie ist es, die mich betrachtet, ob ich tue, was sie sagt, daß ich tun soll."[49]

Pieper setzt fort: Es

> „könnte kommen, daß am Ende der Geschichte die Wurzel aller Dinge und die äußerste Bedeutung der Existenz – und das heißt doch: der spezifische Gegenstand des Philosophierens – nur noch von denen in den Blick genommen und bedacht wird, welche glauben."[50]
> „Wer des Glaubens ist, daß der Logos Gottes sich in Christus mit der leibhaftigen Menschen-Natur verbunden hat, der kann unmöglich zugleich annehmen, die materielle Weltwirklichkeit sei nicht gut. Und wie können die sichtbaren Dinge böse sein, wenn doch die von jenem Ur-Sakrament sich herleitende ‚Arznei des Heiles' in den gleichen sichtbaren Dingen, *per ipsa visibilia*, dem Menschen dargeboten wird, im Vollzug der Sakramente!"[51]

Allerdings: Nicht jeder besitzt von sich aus unmittelbaren Zugang zur Offenbarung, sondern „an dieser göttlichen Botschaft" kann er „nur auf die Weise Anteil gewinnen", „daß er mit ihren ersten Empfängern, also mit den Alten, hörend verbunden ist"[52]. Wenn aber dieses Zuhören reißt und das Sich-Zeigen gestört wird?

Europa scheint heute des Christentums in seiner herkömmlichen Gestalt und Sprache müde. Vielleicht ist es eine Frage der „Übersetzung" in die Postmoderne? Ohne Verankerung in einer Sinngebung von Welt, genauer: im Aufdecken ihrer Sinnhaftigkeit, sind keine Tiefenbohrungen zu machen. Ohne „offenen Blick" kommt nichts zu, gibt es keinen Advent. „Sehen, was ist, ist eine ungeheure Gnade." (Carossa) Welt ist, biblisch „zugelassen", Ant-Wort auf ein schöpferisches Wort (nicht nur neutrale Natur), der Mensch ist Ebenbild eines Gottes (nicht nur entwickeltes Tier, nicht nur Spielball mythischer Götter). Aus diesen Vorgaben wächst, was Europa zur Suche antrieb: nach der sichtbaren Grammatik der Welt, nach der hörbaren Grammatik des Menschen. Die Sprache, in der die Schöpfung gesprochen wurde, erschöpft sich nicht im Faktischen, im Nützlichen, im Pragmatischen, sie ist Sprache einer „theologisch gegründete(n) Weltlichkeit"[53]. Diese Rückkopplung an das *augenscheinliche* Geheimnis einer göttlichen Initiative wurde in Europa buchstabiert – allerdings auch zerstört. Dem Wiederöffnen der Augen für unerschöpfliche Einsichten dient die Lektüre Piepers. „Erkennen und Wissen werden dabei von uns nicht verstanden in ihrer Unterschiedenheit gegen den Glauben; in diesen Begriffen ist vielmehr jedes ‚Vernehmen' und Gewahrwerden einer Wirklichkeit gemeint."[54]

Anmerkungen

[1] Josef Pieper, Zustimmung zur Welt. Eine Theorie des Festes, München ²1964.
[2] Josef Pieper, Alle Philosophie ist christlich, in: Die Zeit, 2. 4. 1953.
[3] Emil Cioran, Auf den Gipfeln der Verzweiflung, Frankfurt 1989, 11.
[4] Pieper, Alle Philosophie (Anm. 2), ebd.
[5] Ebd.
[6] Hans Urs von Balthasar, Pneuma und Institution, Einsiedeln 1974, 201: zum Denkstil Romano Guardinis.
[7] Emil Cioran, Auf den Gipfeln der Verzweiflung, Frankfurt 1989, 86.
[8] Emil Cioran, Die verfehlte Schöpfung, Frankfurt ²1981, 100.
[9] Emil Cioran, Vom Nachteil, geboren zu sein, Frankfurt 1993, 10.
[10] Ebd., 29.
[11] Ebd., 75.
[12] Ebd., 48.
[13] Ebd., 78.
[14] Hans Urs von Balthasar, Meditation als Verrat, in: Geist und Leben 50 (1977), 262.
[15] Klaus Mylius (Hg.), Die vier edlen Wahrheiten. Texte des ursprünglichen Buddhismus, Ditzingen 1998.
[16] Cioran, Die verfehlte Schöpfung, 50.
[17] Max Scheler, Vom Sinn des Leidens, in: ders., Von der Ganzheit des Menschen, Bonn 1991, 95-134; hier: 113.
[18] Ebd., 122.
[19] Emil Cioran, Lehre vom Zerfall. Essays, übers. v. Paul Celan, Reinbek 1953, Stuttgart ⁷2010.
[20] Cioran, Die verfehlte Schöpfung, 100.
[21] Ludger Lütkehaus, Natalität. Philosophie der Geburt, Kusterdingen 2006, 102f.
[22] Ebd., 106.
[23] Cioran, Die verfehlte Schöpfung, 22.
[24] Thomas Mann, Doktor Faustus. Das Leben des deutschen Tonsetzers Adrian Leverkühn, erzählt von einem Freunde, Frankfurt 1986, 190.
[25] Ebd.
[26] Emil Cioran, Vom Nachteil, geboren zu sein, Frankfurt 1993, 4: „Indem die Natur den Menschen zuließ, hat sie viel mehr als einen Rechenfehler begangen: ein Attentat auf sich selbst."
[27] Cioran, Die verfehlte Schöpfung, 44.
[28] Josef Pieper, Die Wirklichkeit und das Gute, Leipzig 1935, 85.
[29] Josef Pieper, Sachlichkeit und Klugheit. Über das Verhältnis von moderner Charakterologie und thomistischer Ethik, in: Der Katholische Gedanke 5 (1932), 68-81; hier: 76.
[30] Josef Pieper, Die Wirklichkeit und das Gute, München 1949, 11.
[31] Josef Pieper, Tod und Unsterblichkeit, München 1968, 172.
[32] Josef Pieper, Glück und Kontemplation, München 1957, 91.
[33] Ebd., 90.
[34] Josef Pieper, Was heißt philosophieren?, München 1948, ⁴1959, 63f.
[35] Josef Pieper, Lesebuch, München 1981, 183.
[36] Ebd., 181.
[37] Pieper, Zustimmung zur Welt, 47.
[38] Ebd., 33.

[39] Josef Pieper, Muße und Kult, München 1948, 81.
[40] Pieper, Zustimmung zur Welt, 52.
[41] Ebd., 68.
[42] Ebd., 64.
[43] Ebd., 67.
[44] Vgl. Josef Pieper, Über die Liebe, München 1978; Neuauflage München 2014 mit Vorwort von H.-B. Gerl-Falkovitz. Daraus stammen die folgenden Ausführungen.
[45] Johann Wolfgang von Goethe, West-Östlicher Diwan, Ende: „Denn ich weiß, du liebst das Droben, / Das Unendliche zu schauen, / Wenn sie sich einander loben / Jene Feuer in dem Blauen..."
[46] Thomas Mann, Joseph und seine Brüder (1933ff), Frankfurt 1964, 1083.
[47] Botho Strauß, Aufstand gegen die sekundäre Welt, München 1999, 100.
[48] Jean-Luc Marion, Idol und Bild, in: Bernhard Casper (Hg.), Phänomenologie des Idols, Freiburg 1981, 107-132.
[49] Sören Kierkegaard, Einübung im Christentum, SW XII, 214.
[50] Josef Pieper, Die mögliche Zukunft der Philosophie, in: ders., Über die Schwierigkeit heute zu glauben, 303.
[51] Josef Pieper 1990, 182. xx
[52] Josef Pieper, Gefährdung und Bewahrung der Tradition, in: GW 7, 188-209, hier: 198.
[53] Josef Pieper, GW 8/2, 446.
[54] Josef Pieper, Totale Bildung, in: GW, EB 1, 311.

ANDREAS KORITENSKY

RENAISSANCE DER TRADITION?

Josef Pieper und Alasdair MacIntyre

Das Unbehagen an der philosophischen Praxis

(1) Philosophie gehört sicher zu den faszinierendsten Phänomenen, die Menschen hervorgebracht haben. Ihr Entstehen ist eng an die sozialen und kulturellen Bedingungen der griechischen Polisgesellschaften geknüpft; sie hat aber deren Transformation und Auflösung überlebt, weil sie selbst zu einem kulturprägenden Faktor geworden ist. Ja, man könnte sogar überlegen, ob sich nicht die Grenzen unseres Kulturraumes gerade durch die Präsenz der Philosophie ziehen lassen. Diese Präsenz ist als reziprokes Verhältnis zu verstehen. Diese Wechselwirkung kann auf sehr unterschiedlichen Gebieten und auch in unterschiedlichem Grad stattfinden.

(2) Das erklärt auch, warum Philosophie immer ein sehr prekäres Phänomen zu sein scheint, das einer permanenten Selbstreflexion und Selbstvergewisserung bedarf. Dabei sind sowohl der kulturelle Rahmen, in den die Philosophie eingebettet ist, und dessen Veränderungen zu beachten, als auch das Wesen der philosophischen Betätigung selbst:

(a) Philosophie als Selbstreflexion ist erst möglich, wenn sich Menschen aus den instinktiven und kulturellen Gewohnheiten lösen. Sicherheit und Orientierung gehen beim Eintreten in die Philosophie zunächst verloren. Das gewohnte Umfeld muss erklärungsbedürftig und unwirklich werden. Der philosophierende Mensch tastet sich in einem zweiten Schritt mit mehr oder weniger großer Zuversicht in einen „tiefen Raum" hinein, der sich hinter der fragwürdig gewordenen „Oberfläche" der Lebenswelt aufzutun scheint und der keine Grenzen erkennen lässt. Dieses Grundgefühl beschreiben sowohl Platon als auch Bertrand Russell, die bei ihrem Ausgreifen über das Gewohnte sehr verschiedene Wege einschlagen.[1] Das Leben in einer solchen Grenzregion ist nicht immer einfach und angenehm, so dass die Philosophierenden sich ständig vor der Flucht in eine dogmatische oder – vielleicht heute der beliebtere Ausweg – in eine skeptische Haltung hüten müssen.

(b) Der zweite Faktor, der genuines Philosophieren bedroht, ist eine Art Petrifizierung von Diskursen, wie sie gerade auch durch die Eigendynamik akademischer Systeme befördert werden. Es werden dann nur noch Begriffe subtil unterschieden und Teilargumentationen liebevoll ausdifferenziert. Die Philosophie wird unbemerkt zu einem Unterfangen, das Hilary Putnam als *fantastic parascience* bezeichnet hat[2] oder zieht sich in die Betrachtung ihrer eigenen Geschichte zurück – was z.B. von Alasdair MacIntyre moniert wird.[3] Was so immer mehr aus dem Blick gerät, ist die eigentliche Problemstellung der Philosophie. Im akademischen Studium wird das philosophische Denken zunächst über diese äußeren Formen vermittelt. Die Fragen, auf die sie antworten, erschließen sich oft erst später. Dass die Antworten den Bezug zur Frage verlieren können, ist nicht nur die Folge der kulturellen Verschiebungen, die der philosophischen Problemstellung eine neue Gestalt und neue Schwerpunkte geben. Hier kommt noch etwas anderes zum Ausdruck: Die Philosophie sucht nach etwas, das über den Horizont des theoretischen Diskurses hinausgeht. Philosophie in diesem Sinne zielt auf eine Verwirklichung des Menschen, bei der geistige Vollzüge eine wichtige Rolle spielen. Aber die Suchbewegung der Philosophie geht darin sicher nicht auf. Die Lösung schließt auch eine Lebensform ein   unter den Bedingungen dieser Welt. *Bios theoretikos* und *bios politikos* lassen sich nicht trennen.

Die Aufgabenstellung dieses Tagungsbandes verstehe ich in diesem Kontext: Sie fragt nach Josef Piepers Verhältnisbestimmung von

Philosophie und religiöser Tradition und ihre Aktualität für die Philosophie. Eine Antwort möchte ich in drei Schritten geben und abschließend einige Ergebnisse zusammentragen:

1. Pieper argumentiert dafür, dass es der Philosophie nicht nur erlaubt sei, religiöse Traditionen in den Blick zu nehmen. Vielmehr seien sie sogar von großer Wichtigkeit für das Projekt der Philosophie. Weniger klar wird, inwiefern diese Traditionen wesentlicher und daher unverzichtbarer Teil der Philosophie sind.

2. In Piepers Überlegungen kommt die Kritik an einem falsch verstandenen Autonomieideal in der neuzeitlichen Philosophie zum Ausdruck, die auf eine radikalere Neubesinnung auf das Wesen der menschlichen Vernunfttätigkeit verweist. Auf dieses Problem aufmerksam zu machen, ist m.E. ein wichtiger Dienst, den Pieper der Philosophie leistet.

3. Auf das gleiche Problem stößt Alasdair MacIntyre bei seinem Versuch, die Ethik dem liberalen Individualismus zu entreißen. Auch er greift zur Lösung auf den Begriff der Tradition zurück, zögert jedoch nicht wie Pieper, Tradition zu einer notwendigen Voraussetzung für die Fähigkeit zu machen, das *telos* des menschlichen Lebens zu erkennen.

4. Abschließend sollen einige der Konsequenzen für die Ausgestaltung von Philosophie benannt werden, die durch die Einbeziehung der Tradition notwendig werden.

Pieper über die Funktion der Tradition für die Philosophie

Ein Dilemma der modernen Philosophie

Im Kontext der philosophischen Selbstreflexion steht Piepers Frage nach der Rolle der Tradition für das Projekt der Philosophie. Er formuliert sie in einem Manuskript aus dem Jahr 1950 als „Dilemma einer nichtchristlichen Philosophie".[4] Es lässt sich in drei Problemkreise auffächern:

(1) Das Ausgangsdilemma lautet: Die Idee der Philosophie entwickelte sich im antiken Griechenland, wobei Pieper drei Gründungs-

väter identifiziert, nämlich Platon, Aristoteles und, überraschenderweise, Pythagoras. Kennzeichnend für diese Art der Philosophie sei ein Element, das Pieper mit Platon „Weisheit in den göttlichen Dingen" nennt.[5] Zu dieser Zielsetzung komme es, weil die „Gründungsväter" der Philosophie sich in ihrem Denken immer wieder auf eine vorphilosophische Überlieferung berufen, die argumentativ nicht nachvollzogen ist. Wenn zeitgenössische Denkströmungen den Rekurs auf solche Überlieferungen als unstatthaft zurückweisen, stelle sich die Frage, ob es sich dann noch um Philosophie handelt – oder neue, andersgeartete intellektuelle Betätigung.

(2) Pieper spitzt dieses Dilemma noch durch eine zweite These zu: Die vorphilosophische Überlieferung habe einen religiösen Charakter. In der gegenwärtigen Gesellschaft – gemeint ist das Deutschland der Nachkriegsjahre – sei es allein die christliche Theologie, die als Analogon zur mythischen Überlieferung herangezogen werden könne.[6] Das Dilemma lautet nun: Darf sich etwas hier und heute als Philosophie verstehen, das sich nicht mit der christlichen Überlieferung auseinandersetzt?

(3) Das Dilemma lässt sich aber auch grundsätzlich formulieren: Philosophie ist eine autonome Betätigung, die bei der Erfahrung ansetzt und durch Vernunftargumente voranschreitet.[7] Wie ist das vereinbar mit der Annahme, sie sei auf eine vorphilosophische – religiöse oder christliche – Überlieferung angewiesen?

Bevor wir uns diesen Problemen zuwenden, müssen wir uns Piepers Konzeption von Philosophie und Tradition noch etwas genauer anschauen und klären, wie sie ineinandergreifen.

Die Ziele der Philosophie

Warum insistiert Pieper auf der Tradition als einem konstitutiven Element der Philosophie? Es ist die Urerfahrung des Staunens, die Pieper als Wurzel der Philosophie begreift. Und dieses Staunen expliziert er mit den Mitteln einer klassischen Geistmetaphysik.

(1) Das philosophische Staunen wird als eine besondere Form der Betrachtung der Dinge der Alltagswelt eingeführt.[8] Es entsteht,

wenn sich die Selbstverständlichkeit der Alltäglichkeiten auflöst. Zunächst ist es eine Erfahrung der Fremdheit dessen, was den Menschen unreflektiert vertraut erschien. Die Oberfläche der Welt scheint auf eine begründende Tiefenstruktur angewiesen zu sein. In der Neuzeit wird diese Erfahrung als Zweifel an den Dingen unserer unmittelbaren Welt interpretiert. Die Lösung besteht dann in der Suche nach argumentativer Begründung. Pieper sieht in dieser Deutung eine verkürzte Auffassung des Phänomens. Das Fremdwerden ist mit einer weiteren Erfahrung verbunden, die Pieper als Durchsichtig-werden bezeichnet.[9] Die Welt erscheint auf einmal „tiefer". Und diese Tiefe ist Wahrnehmung der konkreten Einzeldinge als Teil einer Gesamtwirklichkeit.

(2) Diese Deutung der Erfahrung des Staunens hat ihr Fundament in der klassischen Geistmetaphysik.[10] Erkenntnis ist nicht einfach das Sammeln, Addieren und Verknüpfen von einzelnen propositionalen Einsichten. Sie ist Selbstvollzug eines Geistes, der als sich aktiv realisierende Rationalität mit der Gesamtwirklichkeit in Beziehung steht. Pieper steht hier in der klassischen und scholastischen Tradition, die diesen Zusammenhang durch die Formel ausdrückt: „Die Seele [sc. des Menschen] ist irgendwie alles Seiende"[11] – nämlich insofern die Geist-Seele das Potential hat, die intelligible Struktur von allem nachzubilden, bzw. zu realisieren. Erkennen in diesem Sinne dient nicht der Erreichung anderer Ziele wie in den „technischen" und ökonomischen Überlegungen, durch die wir unsere Leben praktisch gestalten – Pieper spricht von der „Arbeitswelt". Das Erkennen des Einzelnen im Horizont der Gesamtwirklichkeit (*theôria*) ist Selbstzweck und insofern frei. In ihm verwirklicht sich der Mensch als geistiges Wesen.

(3) Allerdings ist der Mensch nicht nur ein geistiges, sondern auch ein kontingentes Wesen. Ein endlicher Geist kann die Totalität der Wirklichkeit niemals vollständig erkennend realisieren.[12] Dies ist einem rein geistigen und seine Möglichkeiten voll ausschöpfenden Wesen vorbehalten. Ein solches Wesen beschreibt z.B. Aristoteles mit seinem Gottesbegriff. Insofern kann Pieper die Zielvorstellung für eine Philosophie mit dem Begriff der „Weisheit" bestimmen, „wie Gott sie besitzt".[13]

Der Traditionsbegriff

Dem Philosophiebegriff als einem unabschließbaren Erkenntnisprozess, der über die konkreten Dinge auf die Gesamtwirklichkeit ausgreift, stellt Pieper seinen Begriff der (religiösen) Tradition zur Seite. Auch diese sei auf das Verstehen der Gesamtwirklichkeit ausgerichtet.

(1) Sie unterscheidet sich aber von der Philosophie erstens durch ihren Ursprung. Während die Philosophie immer den Weg vom konkreten Wahrnehmbaren nimmt und die Totalität mit den Mitteln der Vernunft erschließt, beruht die Tradition auf Autorität und Glauben.[14] Zweitens: Ihr Inhalt kann nicht „durchschaut" werden.[15] Die Tradition ist kein Ersatz für Menschen mit schwacher Vernunft. Tradition kann nur bewahrt und durch einen Vorgang, den Pieper Interpretation nennt, intakt und lebendig gehalten werden.[16] Pieper unterscheidet sie daher vom Kulturfortschritt, bei dem etwas zunächst nur Gelerntes angeeignet und mit der Vernunft nachvollzogen wird. Bei diesem Prozess ist die Vertiefung und Erweiterung des Erkenntnisbestandes möglich – Pieper spricht von „Anreicherung".

(2) Wenn die Tradition nicht von den Empfängern überprüfbar ist, hängt ihre Glaubwürdigkeit von der Kette der Überliefernden und vor allem von den Ersten in dieser Reihe ab.[17] Pieper nennt sie „die Alten", wobei dieser Personenkreis, was nicht überrascht, etwas im Dunkeln bleibt. Diese müssen über eine privilegierte Erkenntnisquelle verfügen. Pieper denkt hier an eine Erkenntnisvermittlung durch eine übermenschliche, „göttliche" Quelle, die dann auch die eigentliche Bürgin für die Wahrheit des Überlieferten zu gelten hat. Pieper äußert in diesem Zusammenhang große Sympathie für die Idee einer Uroffenbarung, deren Spuren in den mythischen Erzählungen aller Kulturen zum Ausdruck kommt. Wobei das *Traditum* mehr oder weniger klar in den einzelnen Traditionen erhalten ist.[18] Die Idee der Uroffenbarung macht es möglich, altgriechische Mythologie und christliche Lehre als Alternativen für die philosophisch relevante Tradition zu präsentieren. Außerdem lassen sich Widersprüche erklären oder die mögliche Priorität einer Traditionslinie begründen.

(3) Ein sehr wichtiger Aspekt von Tradition ist die Einheit aller an diesem Prozess Beteiligten. Pieper versteht sie sowohl als das Ergebnis, als auch als Voraussetzung für Überlieferung.[19] Diese Überlieferungsgemeinschaft ist zeit- und kulturübergreifend. Überlieferung sei damit wie die platonische Konzeption der Erinnerung ein überindividuelles und transpsychologisches Phänomen.[20]

Religiöse Tradition und Philosophie –
Eine bleibende Herausforderung

(1) Vor diesem Hintergrund können wir uns die Verhältnisbestimmung von Tradition und Philosophie durch Pieper genauer anschauen. Es lassen sich zwei Varianten unterscheiden:

(a) Die religiöse Tradition mit ihrem „Wissen" über die Gesamtwirklichkeit ist zunächst einmal ein Faktum, das die Philosophie bei ihrem Entstehen bereits vorfindet.[21] Wer zudem in einer Traditionsgemeinschaft steht, wird kaum darum herum kommen, diese Überlieferung bei seinen philosophischen Bemühen einzubeziehen.[22]

(b) An anderen Stellen geht Pieper offenbar davon aus, dass es mehr war als nur ein kontingentes Zusammentreffen, das die frühen Philosophen dazu bewogen hat, ihre religiösen Traditionen bei der Gestaltung des Projekts der Philosophie einzubeziehen. Die Leitmetapher ist hier der „Kontrapunkt". Die Einsichten der religiösen Tradition nennt Pieper „Impulse" für das philosophische Fragen, insofern sie einen bestimmten Zielhorizont vermitteln[23] und so dem Prozess des Philosophierens Richtung und Stetigkeit verleihen. Wesentlich seien dabei nicht die Einführung neuer Einsichten, sondern die Vertiefung des Problembewusstseins: Die Tradition stelle sicher, dass die Philosophie auf den Horizont der Gesamtwirklichkeit ausgerichtet bleibt, auch wenn sie ihn nie vollständig erschließen kann.[24] Das Kontrapunktische bestehe darin, dass die Tradition der Philosophie jene Spannung verleiht, die ihr Richtung und Stetigkeit gibt.

(2) Aber reichen diese beiden Bestimmungen aus, um die starke Ausgangsthese vom Dilemma einer nichtchristlichen Philosophie zu stützen?

(a) Die erste Variante ist allein zu schwach, um diese Aufgabe zu bewältigen. Sie stellt lediglich fest, dass Menschen, die in einer Tradition stehen, nicht umhin können, diese Traditionen bei der Suchbewegung über die Alltagswelt hinaus einzubeziehen, und sie behauptet, dass dieser Einbezug legitim ist. Damit ist nicht gesagt, Menschen außerhalb einer solchen Tradition müssten diese beim Philosophieren einbeziehen.

(b) Die zweite Variante kann die Dilemma-These dann stützen, wenn der „Kontrapunkt" der Tradition konstitutiv für die Philosophie ist. Hier scheint folgendes Problem zu entstehen: Pieper spricht davon, dass Philosophie durch die empirisch-rationale Methode bestimmt sei. Diese Bestimmung ist sehr weit und kann sowohl auf die aristotelische Metaphysik wie auch auf den logischen Positivismus angewandt werden. Die Tradition macht vor allem dann als Kontrapunkt Sinn, wenn die Philosophie, die Einsicht, die die Tradition offeriert, nicht selbst hervorbringen kann. Das scheint eher bei den modernen Formen der empirisch-rationalen Welterschließung der Fall zu sein. Geht man hingegen von der klassischen Geistmetaphysik aus, dann überschneidet sich die Funktion der (religiösen) Tradition mit der des (philosophischen) Staunens. Die Tradition gerät dann leicht in die Rolle einer bloßen Verstärkung des philosophischen Staunens, so dass wir auf die erste Variante zurückverwiesen würden.

(3) Piepers Herausforderung besteht darin, zwei Grundideen miteinander verbinden zu müssen, die Autonomie der Philosophie als rationale menschliche Betätigung *und* deren Angewiesenheit auf Traditionen, die einer andersgearteten Erkenntnisquelle entspringt. Ich vermute, dass sich beide Ideen nur verbinden lassen, wenn man Abstriche an der Idee der Autonomie vornimmt. Philosophisches Staunen und religiöse (Ur-)Offenbarung rücken dann näher zusammen. In diese Richtung verweisen auch jene antiken Philosophiekonzeptionen, die Pieper für maßgeblich erklärt. Religiöse und „philosophische" Aspekte lassen sich dort oft nicht scharf trennen. Im Grunde genommen ist es erst die Philosophie der Neuzeit, die diese Verbindung gekappt hat.

Gründe für die Wiederaufnahme des Traditionsbegriffs

Die Reichweite von Piepers Kritik

(1) Piepers Arbeitsweise macht es nicht leicht, die Verhältnisbestimmung von Philosophie und religiöser Tradition noch präziser zu fassen. Sein Schreibstil ist durch eine feiertägliche Sprache und einen eher autoritativen Duktus geprägt. Dies mag mit dem akademischen Stil dieser Jahre zusammenhängen. Diese Sprache kann aber auch insofern als angemessen gelten, als es darum geht, das Gefühl des Staunens den Lesern zu vermitteln, das der Philosophie, wie er sie versteht, zukommen muss. Der Stil könnte als Umsetzung des Programms einer Philosophie gewertet werden, die aus dem Vorwissen religiöser Traditionen heraus arbeitet. Dieses Vorgehen hat seinen Preis: Es ist nicht immer leicht, eine detaillierte Argumentationsstruktur zu rekonstruieren, so dass die Gefahr entsteht, dass Philosophie in Tradition konvertiert wird, die sich einer kritischen Reflexion entzieht.

(2) Dennoch scheint mir das Anliegen Piepers für die Gegenwart von großer Wichtigkeit zu sein, insofern er die eingangs genannten Gefahren für das Philosophieren, das Ausweichen in Dogmatismus und Skeptizismus und den Rückzug in einen akademischen Diskurs ohne Lebensbezug, in den Blick nimmt. Er legt dabei einen grundlegenden Konflikt offen, der zwischen dem Ideal einer autonomen, allein auf Vernunft (und Wahrnehmung) gestützten Philosophie und den vielfältigen Voraussetzungen besteht, die die Philosophie aus den vor- und außerphilosophischen Sinndiskursen übernimmt – oder übernehmen muss. Pieper stellt zudem fest, dass dieser Konflikt in dieser Form noch nicht bei den großen, klassischen Denkern wie Platon, Aristoteles und Thomas zu finden ist.

(3) Die argumentative Kraft des von Pieper entworfenen Tableaus steht und fällt damit, dass es gelingt, den Begriff der Uroffenbarung zu konkretisieren und mit dem philosophischen Staunen ins Verhältnis zu setzen. Da Pieper selbst diesbezüglich zurückhaltend bleibt, was eine Evaluation seiner These schwierig macht, möchte ich hier einen anderen Weg bei der Reflexion seines Entwurfes ein-

schlagen und seine Aussagen zu Philosophie und religiöser Tradition als Wegweiser zu einer radikaleren Kritik an der Entwicklung der neuzeitlichen Philosophie nehmen.

Was Pieper anbietet, kann auf den ersten Blick wie eine willkürliche Auflösung des Dilemmas in seiner dritten Formulierung erscheinen: Der Widerspruch von autoritativer Tradition und autonomer Vernunft scheint einfach durch den Verweis auf die Praxis der Antike gelöst. Prinzipiell ließe sich aus der Situation auch ein Argument gegen die Konsistenz des überkommenen Philosophiekonzeptes gewinnen, das noch religiös überfrachtet war. Ein Argument zugunsten der Maßgeblichkeit des antiken Philosophieverständnisses muss mit einer Kritik seines neuzeitlichen Pendants beginnen.

Das Problem der neuzeitlichen Philosophie

Ein Kennzeichen des neuzeitlichen Denkens ist eine Ausdifferenzierung, die nicht nur Unterscheidung, sondern Trennung bedeutet. Sie macht sich auf drei Ebenen bemerkbar:

(1) Es verschwindet der analoge Seinsbegriffs. Es entstehen autonome Wirklichkeitsfelder, wie das der physischen Tatsachen, der mentalen Phänomene, der sittlichen Werte und schließlich auch die Welt der Religion. Insbesondere das späte Entstehen der Religion hat zu deren prekärem Status beigetragen. Schleiermacher versucht sie durch eine besondere Bewusstseinsform zu erklären – in Abgrenzung der von der Vernunft verwalteten Metaphysik und Moral. Es ist sehr auffällig, dass Pieper den Inhalt der Uroffenbarung als von der Vernunft nicht einholbar betrachtet. Thomas sah zwischen Glaube und philosophischer Erkenntnis durchaus Überschneidungen. Es hat den Anschein, als wirke bei Pieper eine Tradition nach, die an der Neuschaffung des Religionsbegriffs durch Schleiermacher anknüpft. Insofern scheint es mir ein Anachronismus zu sein, wenn dieser Gegensatz von empirisch-rationalen Prozessen und den mythisch-religiösen Erzählungen in die Antike zurückprojiziert würde. Gerhard Krüger hat dieses Problem in seiner gegen die kantianische Interpretation Natorps gerichteten Analyse des Wesens der platoni-

schen Philosophie in den Blick genommen.[25] Für eine Philosophie, die sich durch die Freiheit vom religiösen Dogma definiert und die Religion nur als Gegenstand ihrer Interpretation kennt, müsse Platons religiös durchdrungene Philosophie, wie sie sich z.b. in der Konzeption des *erôs* ausdrückt, als große Herausforderung erscheinen. Denn sie stellt das (neuzeitliche) Selbstverständnis der Philosophie grundsätzlich in Frage. Der Unterschied liegt in der Anthropologie. Der Mensch sei bei Platon, so Krüger, nicht erklärbar, ohne das Wirken göttlicher Mächte einzubeziehen.

(2) Wenn Krüger mit diesem Hinweis Recht hat, drängt sich die Frage auf, ob das neuzeitliche Denken gut daran tut, die Idee der Vernunft zu isolieren. Die Vernunft wird dabei klar gegenüber Affekten und Willen abgegrenzt. Sie wird zudem ganz ins Individuum hineingelegt. Sie verändert damit nicht nur ihren ontologischen Status. Sie gerät auch in Gegensatz zur sozialen Einbindung in einer Gemeinschaft und deren Geschichte.

(3) Schließlich kommt es zu einer Abspaltung der intellektuellen Betätigung von der Lebenspraxis. Für die antike Philosophie und auch noch lange für ihre christliche Weiterführung ist aber die enge Verknüpfung von Fragen der Lebensführung und des intellektuellen Diskurses kennzeichnend.

Wittgenstein als Kritiker der neuzeitlichen Philosophie

Einer der konsequentesten Kritiker des neuzeitlichen Ansatzes ist Ludwig Wittgenstein. Aus diesem Grund nimmt ihn Alasdair MacIntyre in die Genealogie der katholischen Philosophie auf und präsentiert ihn neben Thomas und Husserl als dritte bedeutende Quelle katholischen Philosophierens im 20. Jahrhundert.[26]

Wittgenstein hatte zunächst in seinem *Tractatus* das neuzeitliche Modell in seinen letzten Konsequenzen ausbuchstabiert, dann aber gemerkt, dass das Subjekt, das die Wirklichkeit erkennt und sprachlich abbilden soll, ein anämisches, abstraktes Wesen geworden ist. Wittgenstein nimmt drei Faktoren in den Blick, die die Sprach- und damit auch die Erkenntnisfähigkeit des Menschen konstituieren:

(1) Der Mensch ist ein leibliches Wesen. Die erste Form des Umgangs mit der Welt ist nicht das abbildende Erkennen, sondern die *Interaktion*, die Praxis. Wir lernen die Basisvollzüge des Sprechens im Kontext von bestimmten Handlungsabläufen.

(2) Der Mensch ist ein *soziales* Wesen. Der primäre Träger der Sprache ist nicht das Individuum, sondern die Kommunikationsgemeinschaft. Die Konzeptualisierung ist das Gemeinschaftswerk einer Gruppe von Sprechern. Die Sprachgemeinschaft konstituiert die Bedeutung und erhält sie auch aufrecht (Wittgensteins Privatsprachenargument). In der Sprache lagert sich die Weltauffassung der Sprecher ab. Und gerade für die grundlegenden Sprachformen gilt, dass sie eine Weltsicht widerspiegeln, die noch nicht vom abstrakt-begrifflichen Denken geformt ist: „Unsere Sprache ist eine Verkörperung alter Mythen."[27] Bereits die Sprache ist Ausdruck einer Tradition.

(3) Der Mensch ist ein impulsives, *instinktgesteuertes* Wesen. Die Kommunikationsfähigkeit von Kleinkindern beruht zunächst auf spontanen primitiven Reaktionen. Dazu gehören der Schrei als Schmerzmitteilung oder die Fähigkeit, Zeigegesten zu interpretieren und die Aufmerksamkeit in eine bestimmte Richtung zu lenken. Wittgenstein nimmt an, dass solche unreflektierten und daher spontanen Muster auch das Denken und Auffassen der Wirklichkeit in einer entfalteten Lebensform mitbestimmen.

(4) Mit zunehmender Komplexität der Lebens- und damit der Sprachformen entstehen Handlungsspielräume, die nicht mehr durch Instinkt und Tradition abgedeckt sind. Der Mensch ist zur Stellungnahme, zur Ziel- bzw. Sinnfindung gezwungen. Wittgenstein spricht in diesem Zusammenhang vom erwachenden Intellekt bzw. erwachenden Geist. Leitbild der *Rationalität* ist damit nicht die spekulative Erschließung der Wirklichkeit, sondern die lebensgestaltende, oft nachträglich reflektierende praktische Vernunft.

MacIntyres Konzeption der Tradition

Die Krise bei der Suche nach einer Begründung von Ethik

(1) Warum nun konnte Wittgenstein zum Inspirator katholischer Philosophie in der angelsächsischen Welt werden? Seine Kritik an der Isolierung der Vernunft in der Neuzeit schuf Raum für eine Neubewertung der klassischen (antiken und mittelalterlichen) Philosophie. Genau diese Bewegung vollzieht Alasdair MacIntyre. Die moderne Philosophie erscheint auch ihm unvollständig. Pieper scheint zu monieren, dass eine Philosophie, die sich auf Empirie und Logik zurückzieht, an Orientierung verliert. Es ist das Hören auf die religiöse Tradition, das dem menschlichen Denken einen Eindruck von der Größe seines Zielhorizontes gibt, selbst wenn er ihn nie vollständig entfalten kann. Ich gehe davon aus, dass Pieper hier nicht einfach ein Mehr an Erkenntnisinhalt im Auge hat, sondern dass die Tradition dem Denken sein *telos* verdeutlicht. Sie vermittelt einen Eindruck von dem Ziel, das der Mensch durch den geistigen Selbstvollzug erreichen soll. Nicht nur die Grenze zwischen Philosophie und Religion wird so durchbrochen, auch diejenige, die die Neuzeit zwischen den „Tatsachen" und den „Werten" errichtet hat, erweist sich als brüchig.

(2) MacIntyre zeichnet folgendes Bild von der Entstehung des Problems.[28] Für die antike Ethik ist es selbstverständliche Voraussetzung, dass dem Menschen *qua* Mensch ein bestimmtes *telos* zukommt. Sittliche Normen und Haltungen werden dadurch definiert, dass sie dieses Ziel erreichen helfen. In der Reformationszeit kommen Zweifel auf, dass die Vernunft in der Lage ist, das menschliche *telos* korrekt zu erfassen. Die göttliche Gnade – also ein Äquivalent zur religiösen Tradition – muss einspringen, um den Zweck der menschlichen Existenz zu identifizieren. Damit wäre einer unabhängigen philosophischen Ethik jedoch der Boden entzogen. MacIntyre deutet die Ethik der Aufklärung als Versuch, die Normen, die ihre Grundlage in der Philosophie verloren haben, mit einer neuen rationalen Rechtfertigung zu versehen. Dabei bleiben die traditionellen Normen vielfach erhalten, ihre Verbindlichkeit und die

teleologische Struktur werden aber letztlich unerklärlich. Es ist dann nur noch eine Frage der Zeit, bis sich Menschen gegen die nachträglich und – wofür MacIntyre argumentiert – sehr unzureichend rationalisierte Normenwelt auflehnen. Die autonome rationale Ethik des Aufklärungstyps ist zum Scheitern verurteilt, weil sie das Wesen der Ethik, das vom klassischen Konzept der Tugenden abhängig ist, verkennt.

MacIntyre hat also gute Gründe, warum er das antike Denken in diesem Kontext für maßgeblich gegenüber dem neuzeitlichen Selbstverständnis von Philosophie erklärt.

Praxis, Narration und Tradition

Wie kommt MacIntyre dazu, dem Begriff der Tradition einen prominenten Platz einzuräumen, wenn er doch eine Rückbesinnung auf das antike Verständnis von Ethik fordert und deren Höhepunkt in die Theorie der Tugendethik verlegt, wie sie in den Werken des Aristoteles Gestalt angenommen hat?

(1) MacIntyre bleibt hinsichtlich eines wichtigen Aspekts in der Theorie des Aristoteles skeptisch. Die Vielzahl von inkompatiblen Vorstellungen vom *telos* des Menschen lassen es fraglich erscheinen, ob es ein natürliches *telos* gibt. Bringt die Kritik an der „metaphysischen Biologie" – um MacIntyres Terminologie zu gebrauchen – aber nicht die aristotelische Ethik zum Scheitern? Das sei nicht der Fall, weil Aristoteles seine Ethik doppelt grundgelegt hat. Neben der statischen metaphysischen Komponente des *ergon*-Arguments ruht der aristotelische Werthorizont auf dem Common Sense, den *endoxa* der griechischen Polisgemeinschaft. Die Ethik kommt nicht ohne die vorphilosophische Praxis dieser Gemeinschaft aus.

(2) MacIntryre bestimmt jene Formen menschlicher Tätigkeit als *Praktiken*, die kohärent und sozial etabliert sind, sich durch ein intrinsisches Gut auszeichnen, das ohne die jeweilige Praxis weder identifiziert noch erreicht werden kann, wenn bestimmte Exzellenzstandards dabei angestrebt werden. Durch das Ausüben einer Praxis wird nicht nur die Exzellenz der Fähigkeiten, die es zur Ausübung

braucht, gesteigert, sondern auch das Konzept des mit der Praxis in-
tendierten Gutes systematisch erweitert und vertieft.[29] Gemeint ist
damit Folgendes: Während im statischen Konzept der Tugend bei
Aristoteles zum Beispiel die Exzellenz des Flötenspiels an einem bestimmten Punkt der Ausbildung erreicht ist und nicht mehr gesteigert werden kann, denkt MacIntyre bei Praktiken an Tätigkeiten wie
etwa die Portraitmalerei im Spätmittelalter und der frühen Neuzeit,
deren Standards sozial etabliert sind, die sich aber immer weiter
fortentwickeln lassen (ein Höhepunkt wären dann etwa die Portraits
von Hans Holbein dem Jüngeren). Eine Praxis ist verkörpert daher
das, was MacIntyre eine Tradition nennt.

(3) Menschen sind in eine Vielzahl von Praktiken involviert. Daher ist in einem zweiten Schritt die Beantwortung der Frage von
Wichtigkeit, ob sich die Güter der Praktiken gegeneinander abwägen
und auf ein umfassendes *telos* für ein menschliches Leben ordnen
lassen. Wie können wir das menschliche Leben als Einheit begreifen,
wenn wir nicht auf die metaphysische Biologie zurückgreifen können? MacIntyre glaubt, dies durch die narrative Einheit einer Erzählung leisten zu können. Handlungen werden durch Intentionen
identifiziert und eine Intention durch ihren sozialen Rahmen, der in
einer Geschichte ausgedrückt wird. Um verständlich zu bleiben,
müssen die einzelnen Handlungen eines Lebens sich zu einer kohä-
renten Erzählung zusammenfügen. Kohärent sind Erzählungen
durch die narrative Handlungsfolge. Lebensgeschichten werden
nicht von Individuen beliebig fabuliert, sondern beruhen auf bestimmten überkommenen narrativen Mustern und Charakteren.
Um verstehbare Handlungen setzen zu können, ist es notwendig, die
eigene Rolle in einer Geschichte zu kennen. MacIntyre gründet die
Tugendethik nicht auf Metaphysik, sondern auf Mythologie.

Auf die Frage, was das Gut meines Lebens ist, lautet die Antwort
MacIntyres: Was es mir ermöglicht, die Einheit zu leben. Ein solches
telos lässt sich nicht unabhängig von den biologischen, sozialen,
kulturellen und individuellen Rahmenbedingungen der menschlichen Existenz bestimmen. Insofern sich einige diese Faktoren wandeln können, stellt sich die Einheit des Lebens nicht von selbst ein.

Sie ist zu suchen. Wobei diese Suche einen Vorgriff auf das Ziel beinhaltet, ohne dass dieses schon voll erfasst ist. An diesem Punkt kommt MacIntyre Piepers Position sehr nahe.

(4) Diese Suche kann nicht alleine vollzogen werden, denn der Einzelne *ist* immer auch Teil konkreter Gemeinschaften, die die Grunderzählmuster und Charaktere entwickelt, auf die das Individuum zurückgreifen kann. Im Gegensatz zu den Teilpraktiken spricht MacIntyre bei der Gesamtlebenspraxis von großen, übergeordneten *Traditionen*. Diese Traditionen verkörpern immer Konflikte. Sie sind die Geschichte des Verstehenwollens des Gutes, auf das die Tradition ausgerichtet ist. Traditionen zeichnen sich gerade durch ihre Zukunftsfähigkeit aus.

Hier kommt nun ein wichtiger Gedanke ins Spiel, den MacIntyre vor allem in den späteren Jahren ausbauen wird. MacIntyre hat seine Konzeption der Tradition entwickelt, um Probleme des liberalen Selbstverständnisses in den modernen westlichen Gesellschaften zu überwinden. Der Staat ist dort der wertneutrale Rahmen, dessen Aufgabe es ist, die letztlich willkürlichen und revidierbaren Entscheidungen der Individuen für Wertsysteme zu sichern und zu koordinieren. Die großen Traditionen sind nicht identisch mit der Gesamtgesellschaft eines Gemeinwesens. Sie stehen für konkurrierende weltanschauliche Systeme, die den Individuen *durch ihre Partizipation* Wertmaßstäbe bieten. Die Konkurrenzsituation versteht MacIntyre nicht als problematisch. Sie erhöht die Selbstreflexionsfähigkeit der Traditionen und erhöht ihre Fähigkeit, bei der Suche nach dem *telos* des Lebens erfolgreich zu sein. Traditionen leben von ihrer Bewährung im Leben. Traditionen, die die Fähigkeit verlieren, die Einheit des Lebens zu gewährleisten, sind dem Untergang geweiht.

MacIntyres Konzeption von Tradition nimmt die Pluralisierung der modernen Gesellschaften in den Blick. Insofern sind die Mythologien und narrativen Traditionen nicht mehr notwendig religiös. Wenn allerdings solche narrativen Sinndiskurse als Traditionen über eine Geschichte verfügen müssen, wird für die meisten gelten, dass sie in Kontinuität zu den Zeiten stehen, in denen noch nicht zwischen religiösen und profanen Diskursen unterschieden werden konnte. MacIntyres Deutung der Geschichte der Ethik lässt aber deutlich werden, dass areligiöse Sinnsuche meist nicht die Form einer Tradition annimmt, sondern als Ersatz für die narrative Tradition durch eine autonome Vernunft, Werte begründen will oder Werte als freie Wahl eines autonomen Individuums versteht. Insofern haben die großen Traditionen in MacIntyres Sinn eine hohe Affinität zum Religiösen.

Philosophie und ihre Voraussetzungen

Zum Abschluss seien hier drei Herausforderungen für die Gestaltung des Projektes der Philosophie benannt, die sich aus der Debatte um den Traditionsbegriff ergeben:

(1) Für Pieper ist die Tradition ein wichtiges Mittel, um die Zwecke der „Arbeitswelt" zu überwinden. Sie überwindet deren Absolutsetzung, indem sie die kontemplative Tätigkeit als Selbstzweck etabliert. So formuliert gerät die Philosophie (und die Religion) in die Gefahr, in den Bereich des Feiertäglichen abgeschoben zu werden. Die platonische *sophia* beinhaltete auch, das individuelle und gemeinschaftliche Leben ordnen zu können.[30] MacIntyres Konzeption des *telos*, das es erlaubt die Zwecke der einzelnen Praktiken zu ordnen, überwindet die Abschiebung von Philosophie und Religion in ein „Feiertagsexil". Ihre Stärke können beide vor allem dann entfalten, wenn sie auch das Leben durchformen.

(2) MacIntyre macht uns auf eine Problematik aufmerksam, die in der deutschen Nachkriegsgesellschaft, in der Pieper seine Dilemma-These vorträgt, noch keine große Rolle gespielt hat, die Pluralität von Traditionen. Pieper geht letztlich von einem Traditionsbegriff aus, der durch die christliche Vorstellung von Offenbarung geprägt ist und der nichtchristliche religiöse Überlieferungen als Vorformen des Christentums betrachtet. MacIntyres Pluralisierung der Tradition macht einen Aspekt deutlich, der in Piepers Ansatz etwas verdeckt bleibt: Die Abhängigkeit des philosophischen Diskurses von Traditionen zieht dessen Partikularität nach sich. Für MacIntyre ist es gerade die Pluralität der Traditionen, die „kontra-

punktisch" wirkt und die Fähigkeit zur Selbstreflexion sowie zur Ausgestaltung des *telos* erhöht. Die Existenz fremder Traditionen relativiert die eigene nicht, sie fordert aber eine „Entschiedenheit" im Festhalten an der eigenen Tradition ein. Das führt zu einem dritten Problemkreis:

(3) Pieper geht wie selbstverständlich davon aus, dass Menschen in der Regel in Traditionen großwerden. MacIntyre steht dagegen vor dem Problem, dass der liberale Staat nicht mehr wie die griechische Polis Träger des gesellschaftlichen Werthorizonts ist. Gegen die vollständige Individualisierung fordert er die Schaffung von Gemeinschaften (*communities*), die ein umfassendes *telos* schaffen und aufrechterhalten können.[31] Er selbst wird wenig später durch seine Konversion zum Katholizismus sich einer bestehenden Wertgemeinschaft anschließen. Es wird dann zu einer wichtigen Aufgabe der Philosophie, die Bedingungen des Zugangs zu Traditionen zu reflektieren, und so ihre eigenen Voraussetzungen sicherzustellen.

Anmerkungen

[1] Vgl. Platon, Politeia 514a-517a, in: Platon: Clitopho, Res Publica, Timaeus, Critias (Opera IV), hg. von John Burnet, Oxford 1978; Russell, Bertrand: History of Western Philosophy. And its Connection with Political and Social Circumstances from the Earliest Times to the Present Day, London [2]1961, hier 13.

[2] Vgl. Putnam, Hilary: Renewing Philosophy, Cambridge/London 1992, hier 141.

[3] Vgl. MacIntyre, Alasdair: The Ends of Life, the Ends of Philosophical Writing, in: Ders.: The Tasks of Philosophy. Selected Essays 1, Cambridge 2006, 125-142, 127f.

[4] Vgl. Pieper, Josef: Über das Dilemma einer nichtchristlichen Philosophie, in: Ders.: Schriften zum Philosophiebegriff (Werke 3), Hamburg 1995, 300-307, hier 300-307.

[5] Vgl. Pieper, Dilemma, 303 unter Berufung auf Platons *Menon*.

[6] Vgl. Pieper, Dilemma, 304-307.

[7] Vgl. Pieper, Josef: Was heißt Philosophieren?, in: Ders.: Schriften zum Philosophiebegriff (Werke 3), Hamburg 1995, 15-70, hier 59.

[8] Vgl. Pieper, Philosophieren, 43-48.

[9] Vgl. Pieper, Philosophieren, 45.

[10] Vgl. Pieper, Philosophieren, 17-34.

[11] Aristoteles, De Anima, hg. von W. David Ross, Oxford 1956, hier 431b21.

[12] Vgl. Pieper, Philosophieren, 38f.

[13] Vgl. Pieper, Philosophieren, 60.

[14] Vgl. Pieper, Josef: Überlieferung. Begriff und Anspruch, in: Ders.: Schriften zum Philosophiebegriff (Werke 3), Hamburg 1995, 236-299, hier 241, 253.

[15] Vgl. Pieper, Überlieferung, 254.

[16] Vgl. Pieper, Überlieferung, 256, 284, 288.

[17] Vgl. Pieper, Überlieferung, 258.

[18] Vgl. Pieper, Überlieferung, 284.

[19] Vgl. Pieper, Überlieferung, 286f.

[20] Vgl. Pieper, Überlieferung, 288.

[21] Vgl. Pieper, Philosophieren, 57.

[22] Vgl. Pieper, Überlieferung, 294.

[23] Vgl. Pieper, Philosophieren, 60.

[24] Vgl. Pieper, Philosophieren, 64f.

[25] Vgl. Krüger, Gerhard: Einsicht und Leidenschaft. Das Wesen des platonischen Denkens, Frankfurt ^{2}1948, hier 6-8.

[26] Vgl. MacIntyre, Alasdair: God, Philosophy, Universities. A Selective History of the Catholic Philosophical Tradition, Lanham u.a. 2009, hier 160-162.

[27] Wittgenstein, Ludwig: Bemerkungen. Philosophische Bemerkungen (Wiener Ausgabe 3), Wien/New York 1999, MS 110, 256.

[28] Vgl. MacIntyre, Alasdair: After Virtue. A Study in Moral Theory, Notre Dame ^{3}2007, hier 51-56.

[29] Vgl. MacIntyre, After Virtue, 187.

[30] Vgl. Platon, Politeia, 428c/d.

[31] Vgl. MacIntyre, After Virtue, 263.

PERSONENVERZEICHNIS

HINWEISE ZU DEN AUTOREN

HANNA-BARBARA GERL-FALKOVITZ, geb. 1945 in Oberwappen-öst/Oberpfalz. Studium in München und Heidelberg (Philosophie, Germanistik, Politische Wissenschaften), 1970 Promotion bei Ernesto Grassi über Renaissancephilosophie; 1979 Habilitation an der LMU München. 1993-2011 Lehrstuhl für Religionsphilosophie und vergleichende Religionswissenschaft an der TU Dresden. Seit 2011 Vorstand des Europäischen Instituts für Philosophie und Religion (Euphrat) an der Hochschule Benedikt XVI. in Heiligenkreuz/Wien.

MARTIN HÄHNEL, geb. 1980, Dr. phil., ist wissenschaftlicher Mitarbeiter am Lehrstuhl für Philosophie/Professur für Bioethik der KU Eichstätt-Ingolstadt und Projektmitarbeiter am BMBF-Forschungsprojekt "Der manipulierbare Embryo". Neuere Veröffentlichungen (Auswahl): Das Ethos der Ethik. Zur Anthropologie der Tugend, Wiesbaden 2015; gem. mit M. Rothhaar, Normativität des Lebens – Normativität der Vernunft?, Berlin 2015; gem. mit A. Schlitte und R. Torkler, Was ist Liebe?, Stuttgart 2015.

MARCUS KNAUP, geb. 1979, Dr. phil., Dipl. theol., ist Wissenschaftlicher Mitarbeiter am Institut für Philosophie der FernUniversität in Hagen. Veröffentlichungen (Auswahl): Leib und Seele oder mind and brain? Zu einem Paradigmenwechsel im Menschenbild der Moderne, Freiburg [3]2015; gem. mit Martin Hähnel (Hg.): Leib und Leben. Perspektiven für eine neue Kultur der Körperlichkeit, Darmstadt 2014; gem. mit Tobias Müller und Patrick Spät (Hg.): Post-Physikalismus, Freiburg 2011.

TILL KINZEL, geb. 1968, ist Privatdozent für Anglistik und Amerikanistik an der Technischen Universität Berlin. Er hat u. a. Bücher über Allan Blooms platonische Kulturkritik (2002), Philip Roths Amerika-Trilogie (2006), Nicolás Gómez Dávila (2003, 4. erweiterte

Auflage 2015) und Michael Oakeshott (2007) veröffentlicht. Er ist Herausgeber bzw. Mitherausgeber u.a. von Büchern über imaginäre Dialoge in der angloamerikanischen Literatur und Philosophie (mit Jarmila Mildorf; 2012 und 2014) sowie zu Johann Joachim Eschenburg (2013, 2015) und Edward Gibbon (2015).

ANDREAS KORITENSKY, geb. 1971. Privatdozent an der Hochschule für Philosophie, München. Studium der Philosophie und Theologie in Mainz, Frankfurt St. Georgen München und Paderborn. Veröffentlichungen zu Wittgenstein, Newman und der Analytischen Religionsphilosophie.

THOMAS MÖLLENBECK, geb. 1966 in Wesel, ist Privatdozent an der Katholisch-Theologischen Fakultät in Wien, Dozent an der Philoso phisch-Theologischen Hochschule in Münster und Assistant Professor am International Theological Institute in Trumau bei Wien. Studium in München und Münster (Philosophie und Theologie), seit 1993 seelsorglicher Einsatz als Priester der Diözese Münster, Promotion mit einer Arbeit über das Verhältnis von Theologie und Metaphysik bei Karl Rahner, Hans Urs von Balthasar und Johannes Duns Scotus (2005). Habilitationsschrift über die *conversion narratives* von John Henry Newman als Interpretament seiner Rechtfertigungslehre und der Rolle von Augustinus und Martin Luther in den *Lectures on the Doctrine of Justification* (2015).

JÖRG SPLETT, geb. 1936 in Magdeburg. Studien in Pullach, Köln und München (Philosophie; nebenfachlich Psychologie, Fundamentaltheologie, Pädagogik). Nach der Promotion bei M. Müller Assistent bei K. Rahner; zudem seit 1968 Dozent am Berchmanskolleg, Pullach. 1971 Habilitation und Berufung an die Philosophisch-Theologische Hochschule Sankt Georgen, Frankfurt/M. Zugleich Gastprofessor an der Hochschule für Philosophie, München. Beides über die Emeritierung (2005) hinaus, wie auch die „Nebentätigkeit" in der Erwachsenen-, Lehrer-, Priesterfortbildung und Schülerarbeit. Seit 1964 verheiratet; Vater zweier Söhne.

BERTHOLD WALD, geb. 1952. Studium der Philosophie, Germanistik, Katholischen Theologie in Freiburg und Münster/Westf.; Promotion und Habilitation in Philosophie an der Westfälischen Wilhelms-Universität Münster (1986 und 2002); Ordentlicher Professor für Systematische Philosophie an der Theologischen Fakultät Paderborn (seit 2002), Gründer und Leiter der Josef-Pieper-Arbeitsstelle an der Theologischen Fakultät Paderborn (seit 2008). Veröffentlichungen zum Personbegriff und zu Grundlegungsfragen im Bereich von Ethik und Rechtsphilosophie. Ein besonderer Schwerpunkt ist die Herausgabe der Werke des Philosophen Josef Pieper und die Er-schließung ihrer Bedeutung für die Gegenwart.